U0858110

山东省高等学校统编教材

有氧健身教程

主　编　张　颖
副主编　陈文新　曲爱宁

山东大学出版社

《有氧健身教程》编委会

主　编　张　颖
副主编　陈文新　曲爱宁
编　委　张　颖　陈文新　曲爱宁
　　　　宋志平　李　兵　展　凯

前 言

有氧健身运动是近年来随着社会经济发展和人类文明进步而迅速兴起的体育运动。在全面实施素质教育,特别是贯彻落实教育部《全国普通高等学校体育课程教学指导纲要》的新形势下,“健康第一”、“终身体育”等体育理念已深受大学生的认同,一些不同于传统竞技项目的体育运动形式开始走进高校体育课堂,有氧健身运动课程以其独特的运动魅力和青春旋律深受大学生的喜爱。

有氧健身运动主要发端于西方,改革开放后陆续传入我国,目前,在我国高校已经形成了以健美操、瑜伽、啦啦队、有氧踏板、有氧拉丁、有氧搏击、形体训练、定向运动、游泳等体育运动形式的有氧健身运动课程体系。为适应新形势下体育课程改革的需要,满足普通高校大学生学习和实践有氧健身运动课程的需要,急需一套相应全面的教材。

山东大学威海分校历经三年,在有氧健身课程体系建设方面,坚持“健康第一”的宗旨和“以学生为本”的理念,注重素质教育,探索开发有氧健身课程新的开课形式与内容,在各项制度健全的情况下,构建有氧健身课程体系。经过实践探索与总结,于2007年建设成为山东省的有氧健身精品课程。

本教材即是山东省级精品课程《有氧健身》的专用教材。其教材编写具有以下特点:一是注重理论与实践的结合。教材的第一章全面系统地介绍了有氧运动及有氧运动课程的相关理论,第二章至第九章则分门别类地介绍了各种有氧运动项目,既介绍了它们的起源、发展等理论,又指明了具体的运动方法和技巧。二是体系完整,种类齐全。本教材列明了目前在社会上特别是在高校流行的多种有氧运动形式,形成了有氧运动课程体系。三是指导性强,方便学生自学自练。本教材编写过程中插入大量的图片和图解,对动作要求讲解详细,简洁明了,既有利于课堂教学,也方便学生的业余自学。

本教材由多位经验丰富的教师共同编写,其中:第一章至第三章和第八章第二节由张颖撰稿,第四章由李兵撰稿,第五章和第七章由曲爱宁撰稿,第六章由宋志平撰稿,第八章的第一节和第九章由陈文新撰稿,附录部分由展凯编稿并绘制全书的人物动作图解,本书最后由主编和副主编统稿、定稿。

有氧健身运动发展变化快,而与之相关的、成熟的教学和研究成果较为缺乏,教材中的不足之处在所难免,恳请各专家、学者和同行批评指正。

本教材的编写和出版,得到了山东大学威海分校教务处、体育教学部等有关部门和领导的关心和支持,在此一并表示感谢!

本教材在编写过程中借鉴、参考了一些本学科领域的专家、学者、同行的教学和研究成果,对此表示诚挚的感谢。由于本教材编写较为仓促,资料来源广泛,有些引用文献的作者至今未能联系上,在此深表歉意。欢迎有关作者在知晓后主动来函联系有关付酬事宜。联系邮箱:zhangying8898@sina.com,联系电话:0631-5688589。

2008 年 7 月 11 日

目　录

第一章　有氧健身课程体系

有氧健身课程体系是依据体育课程体系的基本特征，以实现有氧健身课程目标为出发点，对有氧健身课程的课堂教学、课外群体、学生社团、训练与竞赛这四个方位和对课程性质、课程目标、课程设置、课程结构、课程内容与教学方法、课程建设与课程资源的开发、课程评价七个层面进行建设的具有课内外、校内外一体化教学模式的课程体系。

一、有氧健身运动

（一）有氧运动的产生

法国思想家伏尔泰的名言“生命在于运动”不仅道出了生命活动的基本规律，而且也为人们指明了预防疾病、消除疲劳、保持身心健康的重要途径。但是值得注意的是，实践证明，过度运动不仅对健康无益，而且还会给机体带来伤病（如运动性猝死），所以，“生命在于科学的运动”才是新世纪国人要遵循的健身基本原则。

“什么是科学的运动？”“如何去运动？”面对这最常见的疑问，美国空军运动研究室医学博士库珀(Dr. Kenneth H. Cooper)经多年的研究、探索，创造了闻名世界的“有氧运动法”及其运动处方。其一经问世，立即风靡全球。它是得到全世界最多人认同并实践的运动健身方法。

库珀认为，健康的标准并不是通常认为的肌肉发达、外表强壮，只有心、肺功能健康才是真正的健康。因为要维持身体内多得惊人的细胞的营养供应及功能正常，就要求为它们提供足够的氧气和营养物质。而这就必须要有健康的心、肺功能才能使得全身各组织、器官保持在良好的功能状态，并需要有一定的功能储备（耐力）。

有氧运动即除了主要由氧气参与供能外，它还要求全身主要肌群长时间地有韵律地参与运动。有氧运动能锻炼心、肺，使心血管系统能更有效地、快速地把氧气传输到身体的每一个部位。通过经常参加有氧运动锻炼，人的心脏会更健康、发达，每搏输出量就会更大些，身体每部分的供氧就不需要很多的脉搏数。一个有氧运动素质好的人可以参加较长时间的高强度的有氧运动，其运动恢复速度也较有氧运动素质差的人快。因为有氧运动是体内糖分在氧气供应充足时，氧化分解产生二氧化碳和水，并释放能量，来维持10分钟到数小时的运动。由于糖分能充分氧化分解，体内没有乳酸堆积，时间长些还能消耗体内脂肪。所以有氧运动是健身和减肥的主要运动方式。它要求人们每次锻炼时间为45～60分钟，运动时心率应达到最大心率的60%～80%，每周坚持3～5次为宜，如慢跑、游泳、骑自行车、步行、原地跑、有氧健身操等。

（二）有氧运动的健身效果

有氧运动能增加血液量，血液量的增加又增强了氧气输送能力。

（1）改善心脏功能，使心肌变得强壮有力，能改善心肌血供应，并提高血液胆固醇中的高密度脂蛋白的比例，从而减少冠心病和动脉硬化发生的可能性。

（2）增强肺功能，使呼吸加深加快，从而提高肺活量和吸入氧气的能力。

（3）增加骨密度，防止骨质疏松。

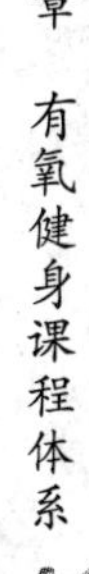

(4)促进脂肪分解代谢,减少多余脂肪,防止肥胖及与肥胖有关的疾病。

(5)改善心理状态,可以增强自信、体现自我价值,可以完善人格,能增强幸福体验、降低抑郁,减少心理疾病的发生,使人精神愉快、心情舒畅,增加应付生活中各种压力的能力。

(6)锻炼人的毅力,增强生活信心,增强体质,有助于人际关系的协调。

(三)有氧健身课程的产生与发展

20世纪80年代初,健美操运动的代表人物、美国著名的健美操发起人之一——简·方达,为健美操在世界的推广作出了杰出的贡献。她根据自己通过健美操来保持身体健康和体态苗条的成功体验,撰写了《简·方达健身术》一书,以自己的名声和现身说法提倡健美操运动。该书自1981年首次在美国出版以来,一直畅销不衰,被译成20多种文字,在世界上30多个国家发行。在她的感召和影响下,健美操热潮在世界各地迅速兴起。

世界性的健美操热传到我国,是在20世纪80年代初。那时,随着我国教育改革的不断深入,"美育"教育逐渐在学校教育中占有一席之地。因此,健美操的引进与兴起为我国美育教育提供了一个重要手段。

在健美操传入我国的初期,女青年健美操、哑铃健美操、形体健美操等套路健美操迅速被全国普通高校所接受。由北京体育学院编排并推出的青年韵律操传遍全国各大专院校,无数青年学生投入到学习青年韵律操的热潮,使健美操在我国各大专院校迅速得到普及。各地高校将健美操内容列入教学大纲,各种教材也相继出版,但此时的教学内容与教学形式既单一,又不成体系。

20世纪90年代,国家教育部颁布及倡导了一系列改革措施及新的教育理念,"健康第一"、"以人为本"、"终身体育"等理论思想便在新的历史时期下,引领高校体育改革逐渐走向深入、完善。

学生对体育的需要也呈现多元化态势,主要表现为健身需要、健美需要、娱乐需要、终身体育需要、个性化和多样化需要。在此背景下由"大众健身"、"休闲体育"倡导下的一系列社会流行的、新兴的、代表当今时尚的健身项目又迅速地走进普通高校体育课堂。如大众健美操、有氧健身操、瑜伽、普拉提、体育舞蹈、有氧踏板操、有氧搏击操、街舞健身操、轻器械操、啦啦队、形体训练、游泳和定向运动等社会时尚的有氧运动项目在全国普通高校如火如荼地开展起来,真正打破了原有的"普通高等学校体育课程＝田径＋三大球"的格局。

(四)有氧健身课程体系的概念与主要内容

有氧健身课程是具有有氧运动特点的,以发展学生体质、提高学生综合素质、实现体育与美育完美结合、增进学生身心健康、实现终身体育为目的的体育课程。

目前,从我国普通高校体育课程体系设置来看,包括体育专业院校在内,大多数高校开设了大众健美操、有氧健身操、瑜伽、普拉提、体育舞蹈、有氧踏板操、有氧搏击操、轻器械操、啦啦队、形体训练、定向运动和游泳等有氧健身项目,其主要课程有:

(1)有氧健身操:授课以大众健美操为主,融合了现代舞、拉丁健身操、搏击操及时下流行的啪啦啪啦舞等,在运动的同时提高了乐感、协调性和趣味性,使学生能在短时间内接触到更多运动形式的有氧运动。

(2)有氧踏板操:有氧踏板操是一种集有氧健身操、拉丁健身操为一体的中强度的有氧运动,通常在一块4～10英寸的踏板及地面上进行,学生在自己踏板周围运动,非常具有挑战性和愉快感。

(3)有氧搏击操:有氧搏击操是起源于跆拳道和拳击的一种有氧健身运动,该课程将拳击、空手道、跆拳道等功夫,甚至一些舞蹈动作混合在一起,在节奏强烈的音乐中,教学生进行一些拳击和跆拳道的基本拳法和腿法练习。

(4)瑜伽:授课以瑜伽的呼吸、姿势和冥想为基础,又将芭蕾、健美操、舞蹈等内容融合进去,能够解除心理压力,排除体内毒素,是有效调理身心的一门课程。

(5)健身球操:健身球操是一项新兴、有趣、特殊的有氧健身运动。具有良好弹性和柔韧性的健身球直径从45厘米到75厘米不等,锻炼者根据自己的身高和身体比例选用适合的球,锻炼是比较安全的,不容易出现损伤。

(6)形体训练:形体训练是配合音乐有节奏舞动的有氧运动,能够对腹、腰、臀及大腿内外侧进行减脂塑形。由于芭蕾动作放松、自由多变,能够提高锻炼者的协调性,更可在愉悦身心的同时提高艺术修养等综合能力。

(7)啦啦队:啦啦队英文原名为cheerleading,是起源于美国的一项现代体育运动,是指在音乐的衬托下,通过运动员完成高超的啦啦队特殊运动技巧并结合各种舞蹈动作,集中体现青春活力、健康向上的团队精神,并追求最高团队荣誉感的一项体育运动。授课内容以舞蹈啦啦队项目为主,以舞蹈动作为辅。

(8)轻器械健美操:轻器械健美操是利用轻器械、以力量练习为主的一种有氧健美操,学生利用各种可移动的轻器械进行练习,既增强了健身的效果,同时也使健美操的练习方式更加多样化,如哑铃操、小球操、橡皮筋操等。

(9)体育舞蹈:体育舞蹈是根据人体解剖、生理特征,在音乐伴奏下,通过人体各关节有节奏地进行各种变化,表现各自的情感和技艺,达到自娱自乐和增强体质或进行竞技的一项体育活动,是集动作美、形体美、音乐美、服装美于一身,具有健身娱乐功能或进行竞技的一项有氧运动。

(10)街舞:街舞是由黑人街头即兴舞蹈演变而来的,融入了有氧舞蹈,以明显的节奏搭配,全身上下自由摆动。该课程可以增进协调性、心肺功能,甚至肌力等,最明显的就是瘦大腿、小腿。

(11)普拉提:普拉提是一门舒缓全身肌肉及提高人体躯干控制能力的课程,授课融入了瑜伽、太极拳、芭蕾形体的一些理念以及教练个性化的内容。

(12)水中有氧操:水中有氧操是在轻柔的音乐伴随下,学生在水中跟随教师而进行的一种有氧健身运动。一般在齐腰或齐胸的水中进行,学生可以根据自己的身高,选择不同的位置,水位越高则做动作时难度越大,学生一定要根据自身的身体情况选择动作的难度。

由于受场馆、师资和器械设备等条件的制约和限制,全国只有部分高校开设了游泳课,极少数高校开设了自行车课和定向运动课,而跳绳、快走、慢跑只在部分高校中的部分专项体育课堂中出现在准备部分和结束放松部分。

二、有氧健身课程体系建设

(一)"四自主"的教学体系

有氧健身课程建设应在《全国普通高等学校体育课程教学指导纲要》的精神指导下,加大改革力度,优化教学体制,实行任选学期上课制,即学生可在8个长学期内任选4个学期,修满规定的4个体育学分,每学期1学分;按照课程的修习要求不同,学生所修课程分为体育必修课程(4 个学期、4 个学分)、体育通识课程(1 学分)和体育任选课程(0.5 学分)。体育必修课程为学年课程即核心课程,体育通识课程为长学期课程,体育任选课程为小学期课程,面向全校学生(包括研究生)开设体育通识课程和体育任选课程,修满规定学分、达到基本要求是学生毕业并获得学位的必要条件之一。

有氧健身必修课程以开放式教学为主,学生根据自己的兴趣爱好自主选择有氧健身课程内容、自主选择任课教师、自主选择上课时间及自主选择上课学期,即学生可在 8 个长学期内任选 4 个学期共 120 学时,修满规定的 4 个体育学分的“四自教学”。

(二)多元化的课程结构

有氧健身必修课程即核心课程,实行分级教学基础入门课程、中级课程、提高课程与运动训练综合课程。课程内容主要包括大众健美操、有氧搏击操、有氧踏板操、啦啦队、瑜伽和芭蕾形体等;而在通识课和任选课中,可设有基础的普拉提、体育舞蹈、有氧踏板操、有氧搏击操、街舞健身操和定向运动等课程。普通高校可根据本校特点灵活多变地组织有氧健身课的教学内容。

为实现有氧健身课程目标,有氧健身课程应注重课堂创编教学与学生社团合作,使课外健美操的群体活动、校外健美操的大众健身、竞技比赛和大型团体操等体育活动相结合,使学校与社会紧密相结合,把有目的、有计划、有组织的健美操课外体育锻炼、校外活动纳入有氧健身课程中,形成课内外、校内外有机联系的课内外一体化教学模式的有氧健身课程体系结构(见图 1-1)。

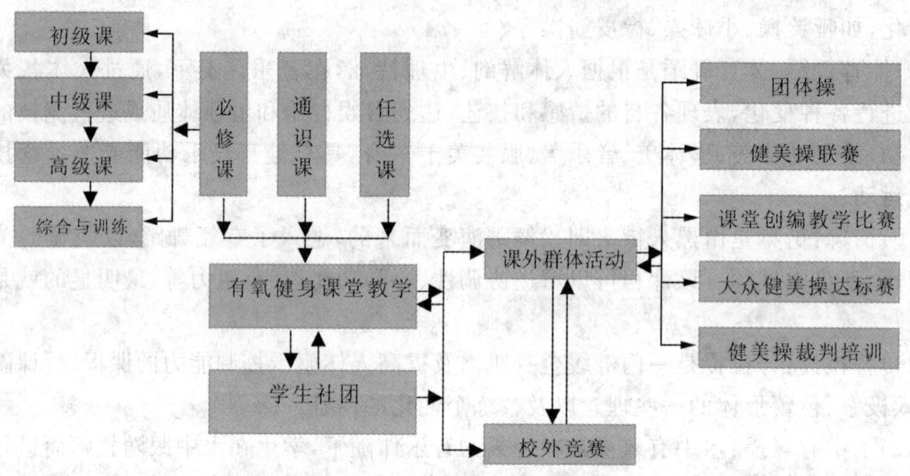

图 1-1　有氧健身课程体系结构

(1)有氧健身课程:必修课程(4 个学期,4 个学分,共计 120 学时)、有氧健身通识课程(全校学生,包括研究生)和有氧健身任选课程(全校学生)。

(2)有氧健身课外活动:运动会团体操表演(有氧健身课必修学生)、有氧健身课堂创编教学汇报比赛(有氧健身课必修学生)、体育文化节健美操比赛(全校学生)、《全国健美操大众锻炼标准》等级达标赛(全校学生)、健美操裁判员培训班(健美操爱好者)。

(3)健美操运动训练与比赛(健美操爱好者)。

(4)学生社团(健美操爱好者)。

在《全国普通高校体育课程教学指导纲要》的指导下,全面贯彻党的教育方针,以科学发展观为指导,遵循大学生身心发展规律,注重课堂教学内容建设。有氧健身课程分为理论教学与实践教学，理论教学内容为健美操发展简况、健美操分类及特点、健美操锻炼价值及发展趋势、健美操音乐选配、创编健美操的原则和方法、有氧健身健美操和竞技健美操的裁判规则。

有氧健身实践教学设计思想为：①课堂实践教学：必修课教学、通识课教学、任选课教学；②课外实践活动；③学校健美操运动队的训练与比赛；④学生社团。

有氧健身课程的课堂实践教学充分体现"以学生为本"的指导思想，加大改革力度，优化教学体制，实行任选学期上课制，其教学内容设置经历了一个"认识由浅入深"、"操作由易到难"、"由追求共性到寻求个性"的过程，即新生入学后可在第一个学期内根据自己的意愿选择有氧健身的基础入门课程，在以后的 7 个学期内，通过对学校的了解与对任课教师的了解，可自由选择上课学期、上课内容、上课时间和任课教师来完成自己剩余的 3 个体育必修学分，每学期 1 学分。

必修课各学分教学设计思想：实行分级教学即基础入门课程、中级课程、提高课程与运动训练综合课程。第 1 学分为有氧健身基础入门课程及相关素质课程，第 2 学分为有氧健身的基础入门课程、中级课程，第 3 学分为有氧健身的基础入门课程、中级课程与提高课程，第 4 学分为有氧健身的基础入门课程、中级课程、提高课程与运动训练综合课程(见图 1-2)。

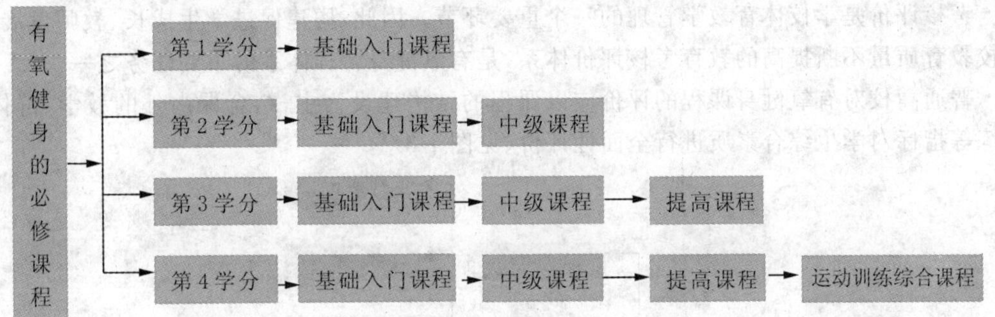

图 1-2　必修课程学分安排

有氧健身课程实践内容的选择，体现了现代体育教育理念及社会需求，信息量大、知识面广，能满足普通高校公共体育课学生的需求。在打破原有系别、班级、重新组合上课的情况下，满足不同层次、不同水平、不同兴趣学生的需要；充分发挥学生的主体作用和教师的主导作用，努力倡导开放式、探究式教学，努力拓展体育课的时间和空间；在教师的指导下，在硬件具备或许可下，实行网上选课机制，学生是具有自主选择有氧健身课程内容、自主选择任课教师、自主选择上课时间及自主选择学期的"四自主"教学的主体。重视健美操理论与比赛实践相结合，在课堂实践教学中注意渗透健美操各类比赛相关的竞赛规则等理论知识，并运用健美操网页上的信息咨询及课堂上观看各类比赛录像等多种形式和多媒体现代教学手段，安排约 10％的有氧健身理论教学内容(每学期约 4 学时)，扩大有氧健身知识面，提高学生的认知能力。

改革有氧健身课程现有课程体系，探索开发有氧健身课程新的开课形式与内容，在各项制度健全的情况下，遵循大学生的身心发展规律和兴趣爱好，既考虑了主动适应学生个性发展的需要，也考虑了主动适应社会发展的需要，为学生所用，便于学生课外自学、自练；把有氧健身课程的理论与实践结合起来，完成课内外、校内外一体化的总体设计。

有氧健身课程整体设计效果体现在它从四个方面全方位地展示学生积极参与有氧健身活动，课内外、校内外一体化的教学模式，使学生形成了良好地、科学地进行体育锻炼的习

惯，能普遍提高自己的运动能力，能积极参加具有挑战性的团体操表演和健美操比赛，能充分掌握有效提高身体素质、全面发展体能的知识与方法，具有健康、健美的体魄，并根据自己的能力设置有氧健身的学习目标，自觉通过有氧健身活动改善心理状态、克服心理障碍，在具有挑战性的运动环境中表现出勇敢顽强的意志品质。生活态度积极乐观，能运用适宜的方法调节自己的情绪，在有氧健身运动中体验运动的乐趣和成功的感觉，在课堂上的健身健美操创编过程中表现出良好的体育道德和合作精神。能正确处理竞争与合作的关系，主动关心、积极参加社区体育事务。有氧健身课程设计能够真正地提高学生的身心素质，在培养高素质、全方位的新型高校人才中有不可忽视的地位。

(三)丰富多彩的课外活动

有氧健身课堂教学内容应与各普通高校的课外群体活动相结合；以课堂教学为源泉，与学生社团活动相结合，组织学校各级别的与有氧健身项目相关的各种类型的团体操表操、健美操比赛，集中展示课堂教学成果，并通过比赛选拔优秀运动员进入学校的运动队，代表学校参加校外竞赛。

(四)科学灵活的课程考核

考核评价是学校体育教学管理的一个重要环节。因此，构建促进学生成长、教师发展和学校教育质量不断提高的教育考核评价体系，是有氧健身课程体系的重要任务之一。

普通高校对有氧健身课程的评价应以课程的结构建设为主，结合课内外的教学、群体、训练等指标对学生综合素质进行全面性评价(见图 1-3)。

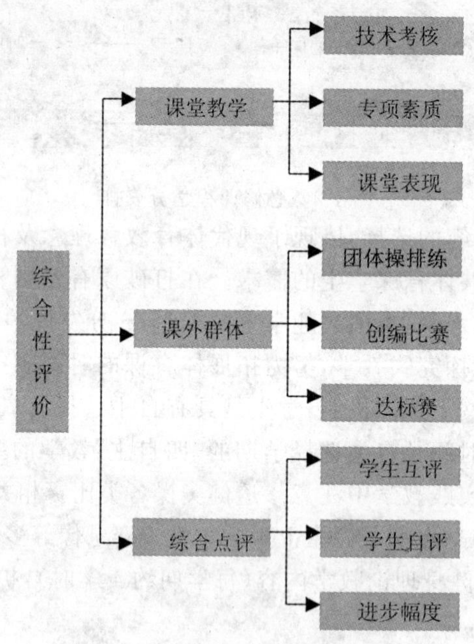

图 1-3　学生素质综合性评价图

评价学生有氧健身必修课成绩，每个学期应采用不同比例的考核标准。

第 1 学分：采用“技术考核成绩(60%)＋理论(10%)＋学生自评与互评成绩(20%)＋平时成绩(10%)”的综合评定的方法。

第 2 学分：采用“技术考核成绩(40%)＋团体操排练成绩(40%)＋学生自评与互评成绩

(10%)+平时成绩(10%)”的综合评定的方法。

第 3 学分:采用“技术考核成绩(60%)+理论(10%)+学生自评与互评成绩(20%)+平时成绩(10%)”的综合评定的方法。

第 4 学分:采用“技术考核成绩(40%)+团体操排练成绩(40%)+学生自评与互评成绩(10%)+平时成绩(10%)”的综合评定的方法。

技术考核成绩:采用《国家学生体质健康标准》“测试成绩(25%)+专项素质成绩(25%)+技评考核成绩(15%)”的综合评定的方法。

学生自评与互评成绩:让学生成为考核评价的主体,在教师的积极引导下,鼓励学生参与到评价之中,让学生学会客观公正地自我评价和评价他人。评价中应淡化甄别、选拔功能,强化激励、发展功能,把学生的进步幅度纳入评价内容。

平时成绩:包括课堂常规和随堂抽查及学习态度。

团体操排练成绩:团体操应作为有氧健身课程教学的重要组成部分,在每年的校级及市级运动会的开幕式中均要求所有选修健美操专项的同学参加。在历时两个月的课堂学习与室外的早操排练过程中,对学生提高体能和技能、端正学习态度、磨炼意志品质、提高心理素质、培养团队意识等方面进行评价。既注重了终结性评价,又注重了过程性评价,是一个多元化的、综合性的与课程目标相一致的评价。

有氧健身课程评价体系应在评价主体、评价内容、评价方法等方面突显教育评价的发展性功能,脱离以往教学考核评价的定位和定式,发挥考核评价的激励、诊断和发展的功能。发挥培养体育爱好的积极作用。考核评价应做到课内、课外并重,注重健身过程的评价和健身能力的评价,把体育爱好的培养作为考核评价的一项重要指标,以积极促进终身体育思想的形成。

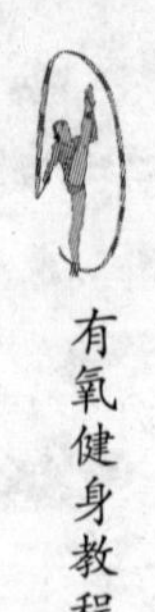

第二章　健美操

健美操是体育运动的一个新兴项目，与其他体育运动项目一样，它源于生活，源于人类对于人体健与美的追求，它是体操、舞蹈、音乐三者有机结合的产物，是有氧运动的一种。健美操运动，由大众健身、娱乐兴起，逐渐引入表演、竞技。从健美操运动总体任务和发展情况看，健美操运动可分为健身性健美操和竞技性健美操两大类。健身性健美操所具有的普及性，为竞技性健美操的产生和发展奠定了坚实的群众基础；而竞技性健美操技术动作的不断创新，观赏性的不断增强，又极大地促进了大众健美操的发展。

本章重点阐释了健美操的起源与发展，健美操的概念、分类、特点以及健美操的功能作用，使学生对健美操的概况有一个基本的了解。

第一节　健美操概述

一、健美操的起源与发展

（一）国际健美操的起源与发展

健美操的起源可追溯到两千多年前，古希腊人对人体美的崇尚举世闻名。他们喜爱采用跑跳、投掷、柔软体操和健美舞蹈等各种体育项目进行人体美的锻炼。而古印度很早就有瑜伽术，其中的一些瑜伽体位一直被当前流行的健美操所采用。由此可见，古代人对人体美的追求是现代健美操形成与发展的基础。

早在19世纪，欧洲一些国家开始出现了身体活动和音乐伴奏相结合的韵律体操，这对健美操的创新与发展起到了推波助澜的作用。20世纪80年代初，美、英、法及欧洲一些国家的健美操得到很快推广。美国是对世界健美操的发展有着重要影响的国家，最早是美国太空总署为太空人所设计的体能训练内容。如前文提到的医学博士库珀和影视明星简·方达，他们都为健美操的创立和发展作出了积极的贡献，促进了健美操在世界范围内的推广。与此同时，从1985年开始，美国正式举办一年一度的健美操锦标赛，并确定了竞赛项目和规则，使健美操发展成为竞技性运动项目。目前，美国健美操运动处在世界领先地位。

健美操不仅在美、英、法等国家迅速发展，而且在一些发展中国家和地区也得到不同程度的开展。前苏联早已把健美操列入大、中、小学的体育教学大纲，在亚洲地区，日本、菲律宾、新加坡等国家也建有许多健美操活动中心及健身俱乐部，人们都开始将健美操作为自己的主要健身方式，由此形成了世界范围内的“健美操热”。

（二）我国健美操的兴起与发展

1. 健美操在我国普通高校的普及与推广

现代健美操在我国发展的历史并不长，但发展速度却非常快。自从20世纪70年代末80年代初世界性的健美操热传到我国后，北京、上海、广州等地相继出现了各种健美操培训班。随后通过各种新闻媒介对国外健美操的推广介绍，逐步推动了健美操运动在我国的开展。

1984 年，原北京体育学院成立了健美操研究组并开设了健美操课程。随之一些大专院校也根据国家教委对高校体育教学的要求，逐步开设了健美操普修或选修课，从而把我国的健美操从社会引向了学校。

为了推动全国大学生健身健美操的发展，中国大学生体育协会健美操艺术体操分会决定从 1993 年开始，每年在大学生中推广一套由协会审定的健身健美操。

与此同时，表演性健美操和竞技性健美操也开始在学校中出现，而高校良好的师资和场馆条件又为竞技健美操的普及奠定了基础，每年不少高校都组织团队参加各种形式的全国健美操比赛，如今，高等院校已成为我国竞技健美操发展的重要基地。

2. 我国健美操管理体系的建立

中国健美操协会成立于 1992 年，它是中国奥委会承认的全国性运动协会，它的成立，使我国健美操运动进入一个有组织、有计划发展的新时期。

1999 国家体育总局体操运动管理中心正式接管中国健美操协会，并先后制定了《健美操活动管理办法》、《全国健美操指导员专业技术等级实施办法》(试行)、《全国健美操大众锻炼标准实施办法》，这些举措对我国健美操运动的普及与提高具有重大意义，必将推动我国健美操运动的快速发展。

3. 我国竞技健美操的国际交流逐步走入正轨

目前国际上规模较大的竞技健美操比赛有国际体操联合会(FIG)组织的健美操世界锦标赛、国际健美操冠军联合会(ANAC)组织的世界健美操冠军赛、国际健美操联合会(IAF)组织的健美操世界杯赛。我国正式的竞技健美操比赛有全国健美操锦标赛、全国健美操冠军赛和全国青少年锦标赛等。

1987 年，原北京体院健美操队访问日本，这是我国健美操运动首次走出国门。

1988 年，我国举办了“长城杯”健美操友好邀请赛，有中国、日本、香港、中国台北等国家和地区的运动员参赛。

1992 年，中国大学生体育协会健美操、艺术体操协会在北京成立。

1995 年底，我国首次派队参加由 FIG 在法国举行的第一届世界健美操锦标赛。

1996 年，在西安举行的第五届全国大学生运动会上，健美操首次列入正式比赛项目，这是迄今为止我国竞技健美操水平最高、参赛人数最多的一次比赛，标志着我国大学生健美操运动的开展进入一个新的阶段。

2006 年，我国选手在第九届世界锦标赛中获得两金两银一铜，创造了中国在世锦赛上的最好成绩。

2007 年，中国健美操队在第三届世界杯总决赛中获得两金一银一铜、总分第一的佳绩。

二、健美操运动

(一)健美操运动的概念

健美操是在音乐伴奏下，以身体练习为基本手段、以有氧运动为基础，达到增进健康、塑造形体和娱乐目的的一项体育运动。

健美操起源于有氧健身运动，是有氧运动的一种。它通常采用徒手或轻器械进行练习，

是在氧供应充足的情况下，由人体有氧系统提供能量的一种运动形式，其运动特征是持续一定时间的中低强度的全身性运动，主要锻炼练习者的心肺功能，是有氧耐力素质的基础。

健美操作为一种体育运动项目，除了具有一般体育活动共有的锻炼身体、增进健康、增强体质的作用外，对人体瘦身和改善形体、提高韵律及身体协调性有着特殊的作用。

随着人类生活方式的转变和生活节奏的加快，当今世界追求健康、崇尚健美之风已遍及全球，人们需要用强健的体魄来迎接新世纪的挑战，用自信、健美的身躯使生命充满活力，使生活充满情趣。健美操作为融健、力、美于一体的有氧运动，将人体语言艺术和体育美学充分结合，使健美操成为一个极具观赏性的、可陶冶美好情操的体育运动项目。由于健美操的表现形式新颖，动作简单易学，音乐节奏富于情趣，充满青春活力，据资料显示，它不仅在我国"全民健身"最受欢迎的十大项目中位居第二，而且还成为当今高校大学生追求个性展示和时代精神的一项时尚运动。

（二）健美操运动的特点

1. 健身的实效性

一套动作设计合理、运动时间较长（在 15 分钟以上），运动强度适中（最大心率的 75%～85%）的健美操属于有氧运动。长期坚持练习能有效提高人体心血管系统、呼吸系统以及运动系统的功能，达到增进生理健康的目的。练习者在运动过程中，不但全身主要肌群长时间有韵律地参与运动，同时体内的糖分在氧气供应充足时，可氧化分解产生二氧化碳和水，并释放能量，能维持 10 分钟到数小时的运动。由于糖分能充分氧化分解，体内没有乳酸堆积，时间长些还能消耗体内脂肪。所以健美操又是减肥的主要运动方式。

2. 高度的艺术性

健美操从表现形式将基本体操、现代舞蹈、流行音乐融于一体，练习者在节奏鲜明的音乐伴奏下，动作协调、流畅、有弹性，展示健美的体魄，表现高超的技术，舞动流畅的韵律，显露充沛的体力，宣泄满腔激情，不仅使练习者锻炼了身体、增强了体质，还从中得到了美的享受，提高了审美意识和艺术修养，是一项追求人体健与美相结合的崭新的体育艺术形式。因此健美操属健美体育的范畴，具有高度的艺术性。它不仅迎合了当代青年的精神需求，吸引无数高校学生加入到锻炼的行列，而且还吸引社会不同阶层、不同年龄的人群加入其中。

3. 大众的普及性

健美操练习形式纷繁多样，运动量可大可小，动作有难有易，不受时间、地点、天气的影响，因此对不同年龄层次、不同性别、不同身体素质、不同技术水平的人都适宜，各种人群都能从健美操练习中找到适合自己的锻炼内容、方式和方法，都能从健美操练习中得到乐趣。

对于体质较弱、年龄偏高或偏低的人群可选择低冲击力的有氧练习，达到锻炼身体、娱乐身心、保持健康的目的；而对于身体素质较好的和年轻人来说，可选择高冲击力的有氧练习或难度较高、运动量较大的竞技类的健美操作为练习的内容，在锻炼身体的同时，既提高了技术水平，又磨炼了意志力。因此，健美操运动具有大众的普及性。

（三）健美操运动的分类

目前，世界健美操和我国健美操种类繁多，分类方法也各不相同。因此，根据健美操的目的和任务，可以将其分为健身健美操、竞技健美操和表演健美操三大类。

1. 健身健美操

健身健美操，也称为"大众健美操"，是集健身、娱乐、防病为一体的群众性、普及性健身运动。健身健美操的主要目的在于健身,因此,其运动强度和动作难度相对较低,可为社会不同年龄、层次、性别、职业的人所选用。根据不同的需要,健身健美操还可从不同的角度进一步分类和命名。

(1)按年龄结构可分为老年健美操、中年健美操、青年健美操、少年健美操、儿童健美操、幼儿健美操等。

(2)按人体解剖结构活动部位可分为头颈健美操、肩部健美操、胸部健美操、臂部健美操、腹部健美操、髋部健美操、腿部健美操等。

(3)按练习的目的和任务可分为热身健美操、姿态健美操、形体健美操、减肥健美操、节奏健美操、活力健美操、跑跳健美操等。

(4)按练习形式可分为徒手健美操、持轻器械健美操(哑铃、彩球、花环、绳、手鼓等)、专门器械健美操(垫上健美操、踏板健美操)等。

(5)按人数可分为单人、双人、三人、六人、八人和集体健美操等。

(6)按性别可分为女子健美操和男子健美操。

(7)按人名、动作特色可分为简·方达健美操、瑜伽健美操、迪斯科健美操、搏击健美操、拉丁健美操、爵士健美操等。

2. 竞技健美操

竞技健美操是根据竞赛规则与规程的要求组编的一套具有较高艺术性,以比赛取得优异成绩为主要目的的健美操。竞技健美操只进行自编动作的比赛,有特定的比赛规则和评分方法,须完成一定的难度动作,对人体的心肺功能、身体素质、技术技能和艺术表现能力有较高要求。一般较适合于年轻人。竞技健美操比赛共设五个项目:男子单人、女子单人、混双、混合三人、混合六人健美操。

3. 表演健美操

表演健美操主要是以在表演中展示自己的价值和魅力,在观赏中陶冶情操、净化心灵、促进健美操活动的广泛开展,满足人们展开和表现自我的需要为目的,在特定的活动、场合或节日庆典中进行表演,集观赏、娱乐为一体的体育节目。一般而言,健身健美操用于表演极其普遍,竞技健美操用于表演时可不受规则的限制。

(四)健美操运动的功能

健美操不但是具有鲜明特色和强烈时代感的新型体育项目,同时也是一项以有氧代谢为基础的、具有实用健身功能的运动项目。

1. 强身健体

(1)增强肺脏功能:长期参加健美操运动的人,在运动时肺通氧量成倍增长,呼吸加深,呼吸次数减少,使肺活量和吸入氧气的能力增强。

(2)增强心血管功能:健美操锻炼可以使心肌纤维增粗,心肌收缩力增强,改善心脏功能,增大心输出量,提高供血能力,为全身输送更多的氧和营养物质,促进人体新陈代谢,控制脂肪沉积,从而减少发生冠心病和动脉硬化的可能性。

(3)强健神经系统:通过对健美操复杂、多样动作的掌握,可以提高中枢神经系统的机能水平,增强人体的灵活性、均衡性,提高人的动作记忆和再现能力,从而发展了人的协调性、灵敏性。

2. 美体塑形

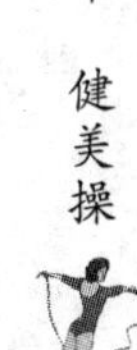

健美操中的身体姿态练习与我们生活习惯中所要求的良好姿态标准基本一致，它是衡量一个人气质风度的重要因素。首先长期的健美操练习有益于运动系统的匀称与和谐发展，有利于改善不良的身体姿态，形成优美的体姿；通过健美操的力量练习，可以使骨骼精壮、肌肉围度增大，从而改善脊柱弯曲、含胸驼背等不良体态，使人变得匀称健美。其次，健美操练习可以促进脂肪分解代谢，消除体内和体表多余的脂肪，维持人体吸收与消耗的平衡，降低体重，防止肥胖及与肥胖有关的疾病，保持充满活力和健美的体型。

3. 陶冶情操

健美操轻松明快的音乐节奏、活泼舒展的肢体动作，可以使练习者陶醉在美的韵律中，很快排除掉心理上的紧张与压力。长期参加健美操运动可以使人精神愉快和心情舒畅，降低抑郁，减少心理疾病的发生，增加应付生活中各种压力的能力，使人具有更强的活力和最佳的心理状态。

同时，健美操是一种群体活动，当人们从不同的阶层走到一起参加锻炼时，可以在一个新的环境中彼此相识、彼此了解，互相鼓励、体现自我价值，实现人格的自我完善。因此，健美操不但可以增强人们的社会交往力能，而且还具有娱乐功能，可使人在锻炼中得到一种精神享受，满足人们的心理需求。

4. 提高素质

从事健美操锻炼，可以使肌肉力量增强、体积增大、弹性提高，使韧带、肌腱等结缔组织富有弹性，并提高关节的灵活性，使人体具备良好的肌肉力量素质。经常练习健美操中的不对称动作和较复杂的上下肢配合动作，可有助于提高人体的协调灵敏素质。同时，健美操强调动作的控制和幅度，长期锻炼有助于提高人体的柔韧素质。此外，健身健美操往往练习持续时间较长，而竞技健美操强度又较大，因此要求练习者具有克服疲劳的意志力和较好的耐力素质。

健美操是具有高度艺术性的运动项目，经常从事此活动，可以增强节奏感、韵律感，提高认识美、鉴赏美、表现美和创造美的能力。

第二节　健美操的基本动作

健美操是一项新兴的体育运动，其发展历史只有短短的几十年时间，尽管健美操目前发展很快，但在理论建设和术语规范上尚不完善。这给健美操教学与锻炼造成了一定的困难。由于健美操运动来源于国外，所以常见的健美操动作术语有转意词也有音译词，因此我们尽可能采取中英文对照的形式，本着实用的原则，力争做到清楚易懂，从而达到在规范术语的基础上，尽量与国际惯例保持一致。

一、健美操基本术语

健美操术语是用来表达健美操动作名称以及描述动作、技术过程的专门用语和专有词汇。

（一）动作方法术语

立：两腿站立的姿势。有并腿立、分腿立、提踵立、点地立、单腿立等。

蹲：两腿屈膝站立的姿势。半蹲：屈腿小于 90 度；全蹲：屈腿大于 90 度。

弓步：一腿屈膝，另一腿伸直，身体重心在两腿之间的站立姿势。一般常用的有前弓步和侧弓步。

点地：一腿伸直或屈膝站立，另一腿脚尖或脚跟触地的姿势，身体重心在主力腿。有向前、侧、后点地。

踢腿：一腿站立，另一腿做加速有力的摆动动作。有向前、侧、后踢腿。

吸腿：一腿站立，另一腿屈膝向上抬起的动作。有向前、侧吸腿。

平衡：用一只脚支撑地面，身体保持一定的静止姿势。

举：臂或腿抬起并固定在某一方位上的姿势。有前举、侧举、斜下举等。

屈：使关节角度缩小的动作。

伸：使关节角度扩大的动作。

摆动：臂或腿在某一平面内，自然地由某一部位匀速运动到另一部位的动作。手臂摆动以肩关节为轴，腿的摆动以髋关节为轴。有前后摆动、左右摆动、上下摆动等。

振：臂或上体做大幅度的加速摆动作。

绕：身体某一部位摆至 180 度以上 360 度以内的动作。

绕环：身体某一部位摆至 360 度或 360 度以上的动作。

跪：屈膝并以膝着地的姿势。有跪立、单腿跪立、跪坐、跪撑等。

坐：以臀部着地的姿势。有屈腿坐、并腿坐、分腿坐、半劈腿坐、盘腿坐等。

卧：身体躺在地上的姿势。有仰卧、侧卧、俯卧等。

撑：手着地并承担身体重量的姿势。有俯撑、俯卧撑、蹲撑、仰撑等。

（二）移动术语

移动（travel）：身体向着相应的方向参考点运动的方式。

向前（forward）：向着参考点的方向运动。注意"前"和"向前"的区别，你可以面向前向前移动，也可以面向后向前移动。

向后（backward）：向着身体后面的方向运动。

向侧（lateral）：向着身体侧面的方向运动。如向侧移动到前面。

原地（on the spot）：无移动，或在 4 拍内回到原来的地方。

转体（turn）：身体绕垂直轴转动。转体经常是向前、向后和向侧移动的结合。转体可以原地做，也可以绕着一个相应的点做。如：转体 360 度可以是 4×90 度或 2×180 度的转体。

（三）基本动作术语

有氧练习（aerobic exercise）：是以人体有氧系统供能的，任何运用大肌肉群的、持续的和有节奏的练习。如：有氧操、游泳、骑自行车等。

冲击力（lmpact）：人体运动时对地面产生一定的作用力，而地面同时也给予人体相应的反作用力，即"冲击力"。这种冲击力随着每一个动作自上而下地通过人体向上传递并逐渐消失。

无冲击力动作（non-lmpact moves）：两只脚都接触地面的动作，或不支撑体重的动作。如双腿半蹲、弓步以及垫上动作、划船机和自行车练习等。

低冲击力动作（low-lmpact moves）：总有一只脚接触地面的动作。如踏步、走步、一字步、V 字步、漫步、移重心、后屈腿、点地（后屈腿）、并步、交叉步、吸腿、摆腿、踢腿等。

高冲击力动作（high-lmpact moves）：两只脚都离开地面，即有腾空的动作。如跑、双脚跳、开合跳、并步跳、单腿跳、弹踢腿跳、点跳等。

（四）上肢动作术语

常用手型：掌型、拳型、五指张开型。

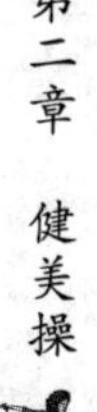

常用上肢动作：屈臂、伸臂、侧举、前举、低摆、上提、胸前推、下拉、肩上推、冲拳、绕、绕环、摆动、交叉。

二、身体各部位基本动作

（一）头、颈动作

由屈、转、绕、绕环动作组成（见图 2-1）。

(1)屈：指头颈关节角度的弯曲，包括前屈、后屈、左屈、右屈。

(2)转：指头颈部绕身体垂直轴的转动，包括左转、右转。

(3)绕：指头以颈为轴心的弧形运动，包括左绕、右绕。

(4)绕环：指头以颈为轴心的圆形运动，包括左绕环、右绕环。

要求：上体保持正直，头颈移动的方向要准确；颈部被动肌群充分伸展。

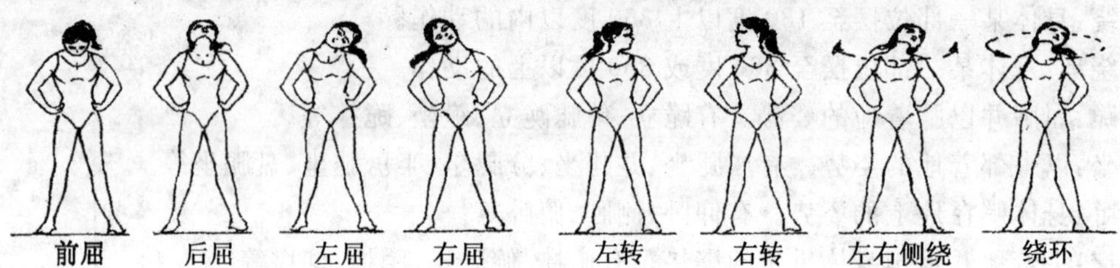

图 2-1

（二）肩部动作

由提肩、沉肩、绕肩、肩绕环动作组成（见图 2-2）。

(1)提肩：指肩胛骨做向上的运动，包括单肩提、双肩同时提和依次提。

(2)沉肩：指肩胛骨做向下的运动，包括单肩沉、双肩同时沉和依次沉。

(3)绕肩：指以肩关节为轴做小于 360 度的弧形运动，包括单肩向前、后绕，双肩同时和依次向前、后绕。

(4)肩绕环：指以肩关节为轴做 360 度及 360 度以上的圆形运动，包括单肩向前、后绕环，双肩同时和依次向前、后绕环。

要求：提肩时要尽力向上，沉肩时要尽力向下，动作幅度大而有力。绕肩时上体不能摆动，颈与头不能前探。

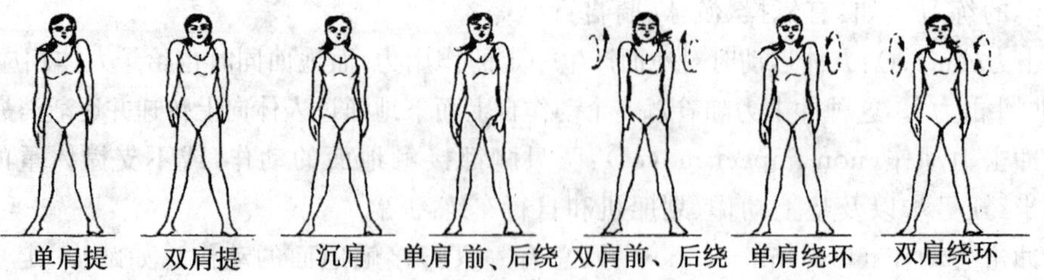

图 2-2

（三）上肢动作

由举、屈、伸、摆、绕、绕环、振、旋等动作组成。

(1)举：指以肩为轴，臂的活动范围不超过 180 度而停止在某一部位的动作，包括单臂和双臂的前、后、侧、侧上、侧下举等（见图 2-3）。

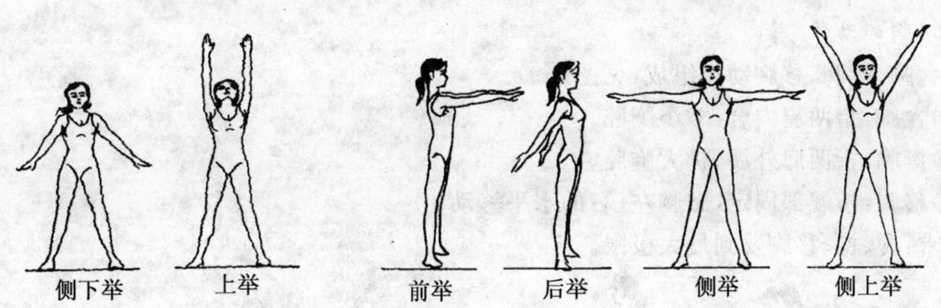

图 2-3

(2)屈:指肘关节产生一定的弯屈角度,包括胸前平屈、肩侧屈、肩上侧屈、肩下侧屈、肩上前屈、腰间屈、头后屈等(见图 2-4)。

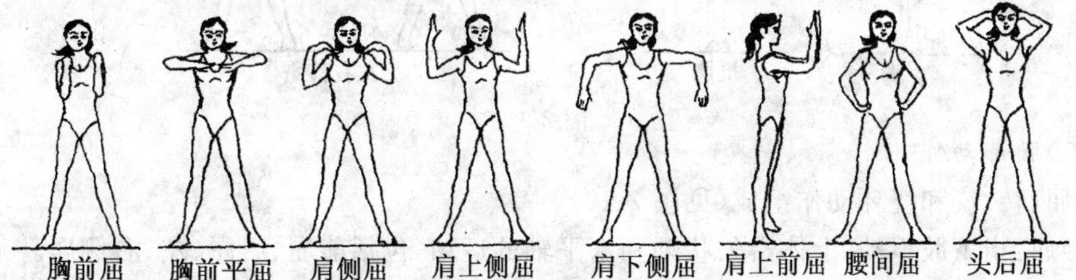

图 2-4

(3)绕:指双臂或单臂向内、外、前、后做 180 度以上 360 度以下弧形运动(见图 2-5)。

(4)绕环:指以肩关节为轴,双臂或单臂向前、向后、向内的绕环(见图 2-6)。

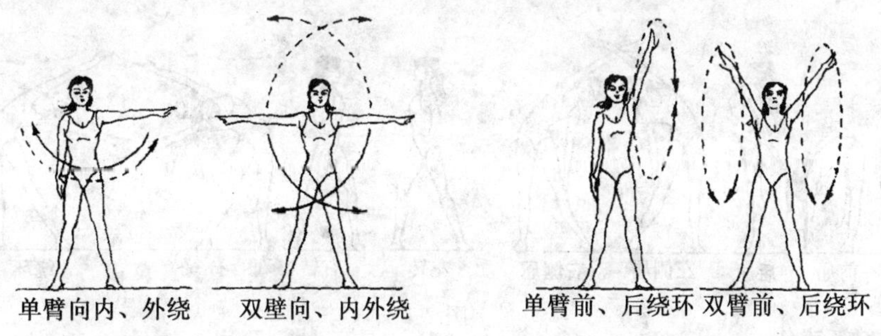

图 2-5　　图 2-6

(5)振:指以肩为轴,臂用力摆至最大幅度,包括上举后振、下举后振、侧举后振等(见图 2-7)。

(6)旋:以肩或肘为轴做臂旋内或旋外动作(见图 2-8)。

要求:上体保持正直、位置要准确,幅度要尽力达身体最远端。

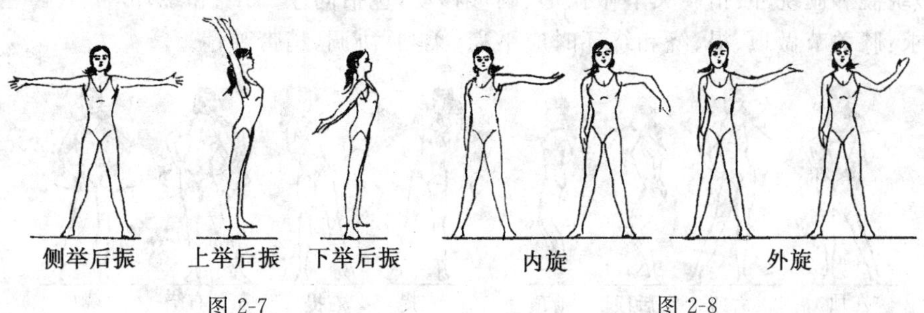

图 2-7　　图 2-8

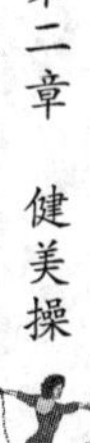

(四)胸部动作

由含胸、挺胸、移胸动作组成(见图 2-9)。

(1)含胸:指两肩内合,缩小胸腔。

(2)挺胸:指两肩外展,扩大胸腔。

(3)移胸:指髋部固定,做胸左、右的水平移动。

要求:含、挺、移胸要到最大极限。

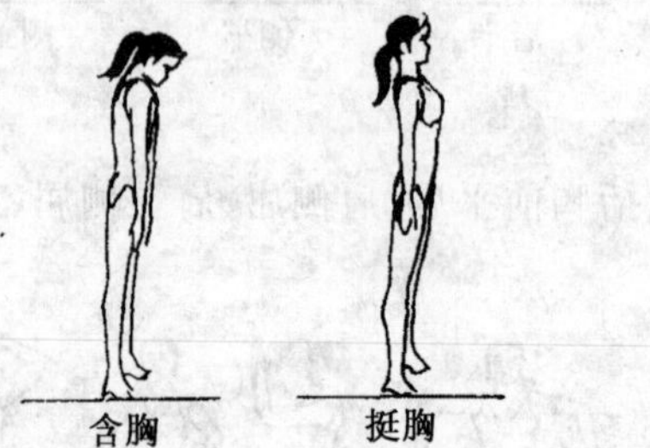

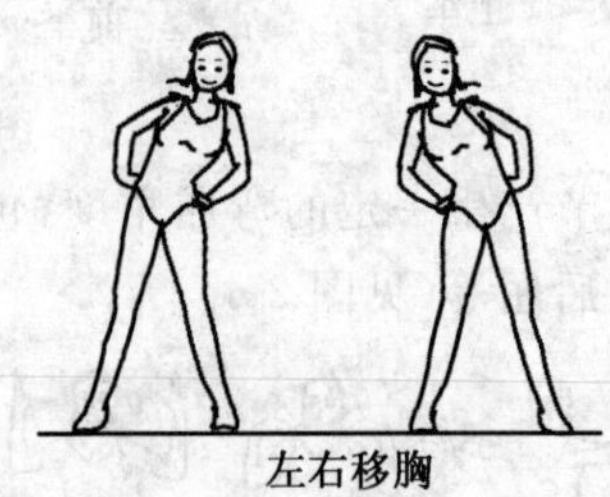

图 2-9

(五)腰部动作

由屈、转、绕和绕环动作组成(见图 2-10)。

(1)屈:指下肢不动,上体沿矢状轴和水平轴的运动,包括前屈、后屈、左、右侧屈。

(2)转:指下肢不动,上体沿垂直轴的扭转,包括左转、右转等。

(3)绕、绕环:指下肢不动,上体沿垂直轴做弧形、圆形运动,包括左、右绕和绕环等。

要求:身体远端尽力向外延伸,绕环幅度要大,充分而连贯。

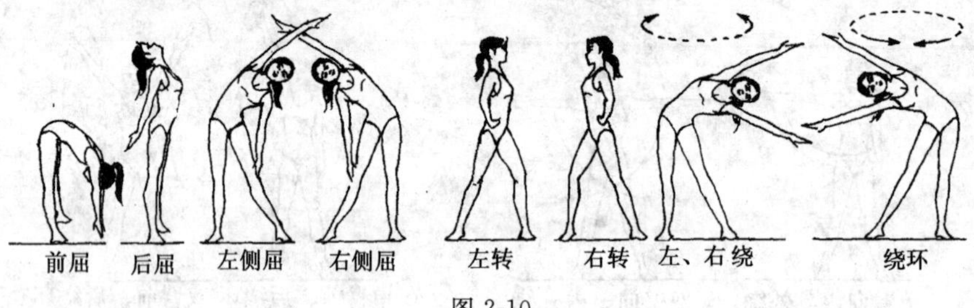

图 2-10

(六)髋部动作

由顶髋、提髋、绕髋和髋绕环动作组成(见图 2-11)。

(1)顶髋:指髋关节做急速的水平移动,包括左顶、右顶、前顶、后顶等。

(2)提髋:指髋关节急速向一侧上提的动作,包括左提、右提等。

(3)绕髋和髋绕环:指髋关节做弧形、圆形移动,包括向左、右绕和绕环等。

要求:膝关节做顶、提、绕和绕环时应平稳、柔和、协调,稍带弹性。

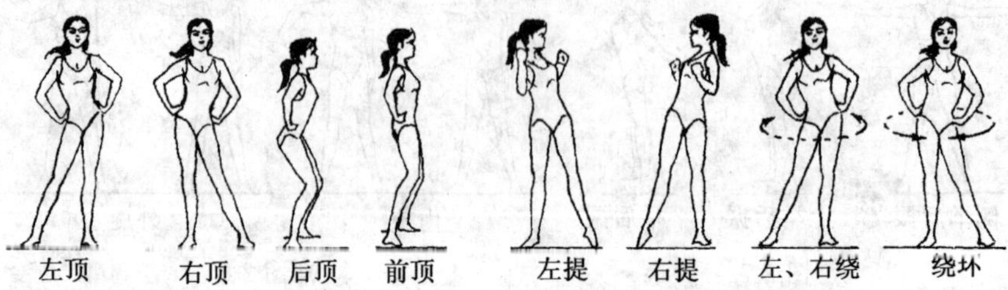

图 2-11

(七)下肢动作

由弹、踢、蹲、屈伸、内旋和外旋动作组成。

(1)弹踢:指弹踢腿屈膝抬起(大小腿成 90 度),向各方向做弹伸的动作,包括向前、侧、后弹踢等(见图 2-12)。

(2)踢:指直腿向各方面做由下至向上的加速摆动作,包括前踢、侧踢、后踢等(见图 2-13)。

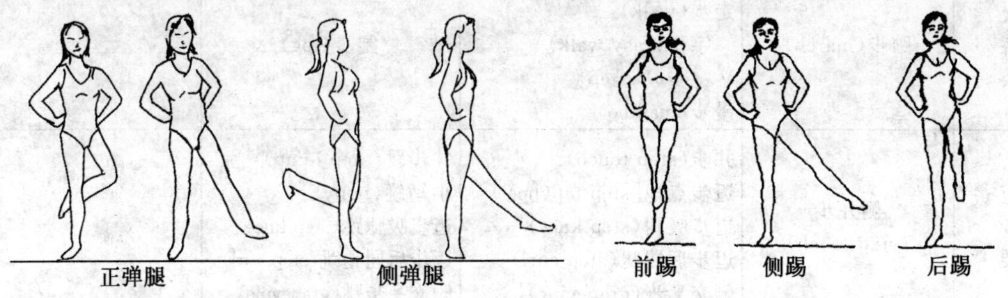

图 2-12　　图 2-13

(3)蹲:全蹲时大小腿折叠,半蹲时大小腿开成夹角(见图 2-14)。

(4)屈伸:指膝关节由直成屈再由屈伸直的动作,包括两腿同时或依次的原地和移动屈伸(见图 2-15)。

(5)内旋和外旋:指以髋和膝为轴做腿的向内和向外的旋转动作,包括两腿同时或依次的内旋和外旋(见图 2-16)。

要求:弹踢时力求最远端,半蹲时上体立直,屈伸要有弹性,内旋、外旋时以膝带动腿旋转。

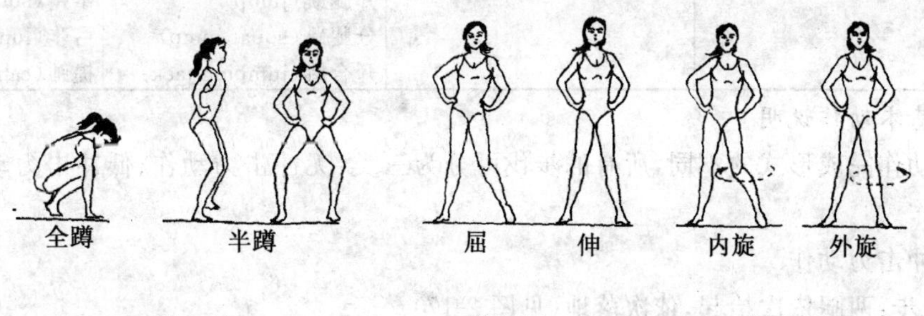

图 2-14　　图 2-15　　图 2-16

三、健美操基本动作

有氧操基本动作由基本步伐和上肢动作两部分组成,其中基本步伐是组成动作组合的最小单位。在动作创编中可以在基本步伐的基础上进行变化,从而形成一个相对复杂的动作组合。通过基本步伐的练习,能培养练习者的协调性、韵律感。

(一)基本步伐体系

健美操的基本步伐可分五大类(见表 2-1)。

(1)交替类:两脚始终做依次交替落地的动作。

(2)迈步类:一条腿先迈出一步,重心移到这条腿上,另一腿用脚跟、脚尖点地或吸腿、屈腿、踢腿等,然后向另一个方向迈步的动作。

(3)点地类:一腿屈膝站立,另一腿伸出,用脚尖或脚跟点地后还原到并腿位置的动作。

(4)抬起类:一腿站立,另一腿抬起的动作。

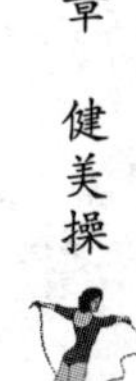

(5)双腿类:双腿站立,身体重心在两腿之间的动作。

在交替类和迈步类中均有其原始的动作形式,在教学中应从原始动作形式开始。

表 2-1　**有氧操常用基本步伐体系**

类别	原始动作形式	低冲击力形式	高冲击力形式	无冲击力形式
交替类	踏步(march)	踏步(march) 走步(walk) 一字步(easy walk) V 字步(V step) 漫步(mambo)	跑步(jog)	
迈步类	侧并步 (step touch)	并步(step touch) 迈步点地[step tap(heel)] 迈步吸腿(step knee) 迈步后屈腿(step curl) 侧交叉步(grapevine)	并步跳(step jump) 小马跳(pony) 迈步吸腿跳(step knee) 迈步后屈腿跳(step curl) 侧交叉步跳(grapevine)	
点地类	点地(touch step)	脚尖点地(touch tap) 脚跟点地(heel)		
抬起类	抬腿(Lift step)	吸腿[knee lift(up)] 摆腿(leg lift) 踢腿(kick)	吸腿跳(knee lift) 摆腿跳(leg lift) 踢腿跳(kick) 弹踢腿跳(flick) 后屈腿跳(leg curl)	
双腿类			并腿跳(jump) 分腿跳(squat jump) 开合跳(jumping jack)	半蹲(squat) 弓步(lunge) 提踵(calf raise)

(二)基本动作说明

根据动作完成形式的不同,所有的步伐可分为三类:无冲击力动作、低冲击力动作和高冲击力动作。

1. 低冲击力动作

(1)踏步:两腿依次抬起,依次落地(见图 2-17)。

技术要点:在下落时,膝、踝关节有弹性地缓冲。

动作变化:踏步转体、踏步分腿与并腿。

(2)走步:迈步移动。向前走时,脚跟先落地,过渡到全脚掌;向后走时相反(见图 2-18)。

技术要点:在落地时,膝、踝关节有弹性地缓冲。

动作变化:向前后走步、转体地(弧线地)走步。

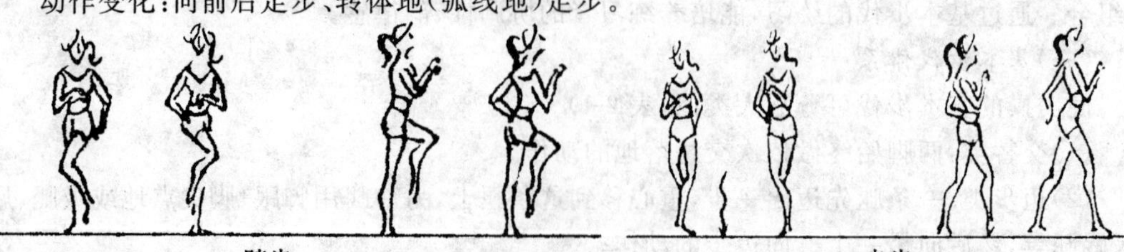

图 2-17　图 2-18

(3)一字步：向前一步，后脚并前脚，然后向后一步，前脚并后腿(见图 2-19)。

技术要点：前后均要有并腿过程，两膝始终有弹性地缓冲。

动作变化：向前、后的一字步、转体的一字步。

(4)V 字步：一脚向斜前方迈一步，另一脚随之向另一方迈步，两脚开立，然后再依次退回原位(见图 2-20)。

技术要点：两脚之间的距离略比肩宽，身体重心在两腿之间。

动作变化：正和倒的 V 字步(前、后)、转体 V 字步、跳的 V 字步。

图 2-19　　图 2-20

(5)漫步：一脚向前迈出，重心随之前移，另一脚稍抬起，然后落下、重心后移，前脚随之后撤落地，重心移至后脚(见图 2-21)。

技术要点：身体重心随动作前后灵活移动，动作有弹性。

动作变化：转体的漫步、跳起的漫步。

(6)迈步移重心：一脚迈出，落地同时两膝弯曲，随之身体重心移至另一腿，膝伸直，脚点地(见图 2-22)。

技术要点：重心移动明显，两膝有弹性地屈伸。

动作变化：左右地移重心、前后地移重心、移动地移重心、转体地移重心。

图 2-21　　图 2-22

(7)后屈腿：一脚站立，另一脚后屈，然后还原(见图 2-23)。

技术要点：主力腿保持有弹性地屈伸，后屈腿的小腿顺着大腿的方向折叠踢向臀部。

动作变化：原地后屈腿、迈步后屈腿、移动后屈腿、转体后屈腿、转体和跳的后屈腿。

(8)点地：一腿伸出，脚尖或脚跟点地，另一脚稍屈膝站立(见图 2-24)。

技术要点：两腿有弹性地屈伸；点地时，身体重心始终在主力腿。

动作变化：脚尖点地、脚跟点地、迈步点地；向前、后侧点地。

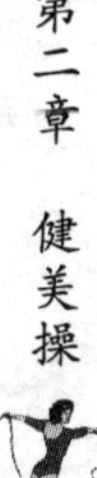

图 2-23　　图 2-24

(9)并步:一脚迈出移重心,另一脚随之在主力腿内侧并腿点地,同时屈膝(见图 2-25)。

技术要点:两膝自然屈伸,并有一定的弹性,身体重心随之移动。

动作变化:左右地并步、前后地并步、转体地并步。

(10)交叉步:一脚向侧迈出一步,另一脚在其后交叉,随之再向侧一步,另一只脚跟并(见图 2-26)。

技术要点:脚落地同时屈膝缓冲;身体重心随着脚的迈出而移动。

动作变化:前交叉步、转体交叉步、加小跳的交叉步。

图 2-25　　图 2-26

(11)吸腿:一腿屈膝上抬,另一腿微屈缓冲(见图 2-27)。

技术要点:大腿上提,小腿自然下垂,后背挺直。保持主力腿屈膝缓冲。

动作变化:原地吸腿、迈步吸腿、移动吸腿、转体吸腿、跳吸腿、向前吸腿、向侧吸腿。

(12)摆腿:一腿站立,另一腿自然抬起,然后还原成并腿(见图 2-28)。

技术要点:保持主力腿屈膝缓冲;抬起腿不需很高,但要有控制;保持上体直立。

动作变化:向前、侧摆腿、摆腿跳。

(13)踢腿:一腿站立,另一腿加速上摆(见图 2-29)。

技术要点:主力腿轻微屈膝缓冲,脚后跟不要离地;踢腿的高度因人而异,避免造成大腿后部损伤;上体尽量保持直立。

动作变化:原地踢腿、移动踢腿、跳起踢腿、向前踢腿、向侧踢腿。

图 2-27　　图 2-28　　图 2-29

2.高冲击力动作

(1)跑:两腿依次经过腾空后,一腿落地缓冲,另一腿后屈或抬膝,两臂前后自然摆动。

技术要点:落地屈膝缓冲,脚后跟要落地。

动作变化:原地跑、向前后的跑、弧线跑、转体跑(见图 2-30)。

(2)双腿跳:双腿有弹性地跳起(见图 2-31)。

技术要点:落地屈膝缓冲,脚后跟要落地。

动作变化:原地双腿跳、前后双腿跳、左右双腿跳、转体双腿跳。

(3)开合跳:由并腿跳成左右分腿落地,然后再由分腿跳起并腿落地(见图 2-32)。

技术要点:分腿时,两脚自然外开,膝关节沿脚尖方向屈;落地时,屈膝缓冲,脚后跟要落地。

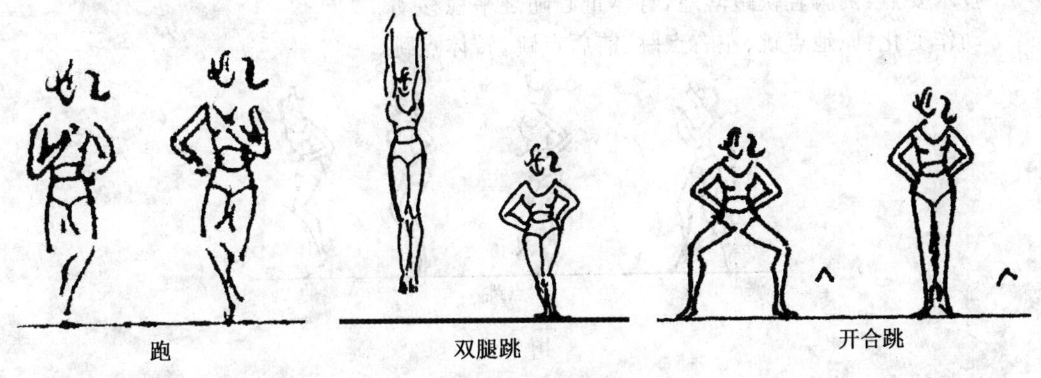

图 2-30　　图 2-31　　图 2-32

(4)并步跳:一脚迈出,随之蹬地跳起,后腿并于前腿(见图 2-33)。

技术要点:脚迈出后,身体重心随之移动,空中有并腿过程,落地时屈膝缓冲。

动作变化:向前、后并步跳,向侧并步跳。

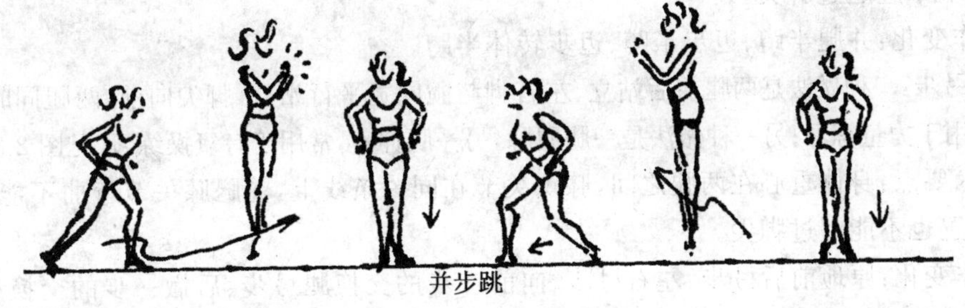

图 2-33

(5)单腿跳:一脚跳起,另一脚离地(见图 2-34)。

技术要点:落地屈膝缓冲;保持上体正直。

动作变化:原地单腿跳、移动单腿跳、转体单腿跳。

(6)弹踢腿跳:一脚跳起,另一脚经屈膝伸直(见图 2-35)。

技术要点:无双腿落地的过程;弹踢腿不用很高,但要控制。

动作变化:原地弹踢腿跳,转体弹踢腿跳,向前、后弹踢腿,向侧弹踢腿。

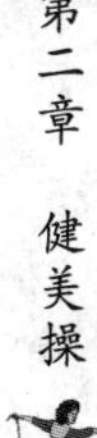

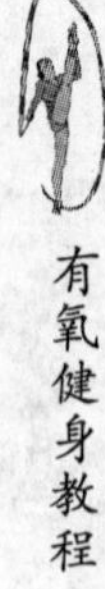

图 3-34　　图 3-35

(7)点跳：一脚小跳一次、垫步一次，另一脚随之并于主力腿，并点跳一次(见图 2-36)。

技术要点：两脚轻快蹬落地，身体重心随之平稳移动。

动作变化：原地点跳、左右点跳、前后点跳、转体点跳。

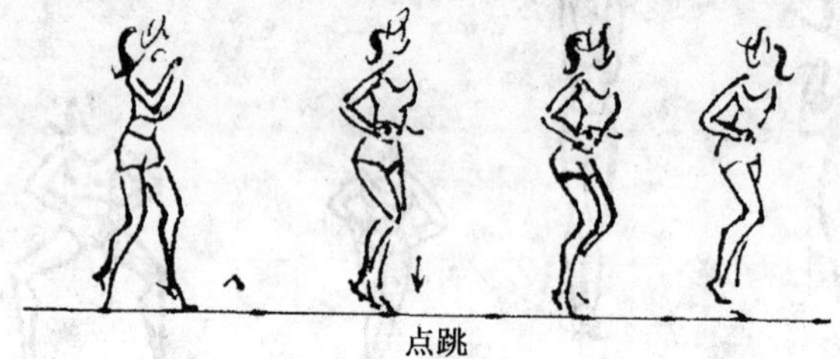

图 3-36

3. 无冲击力动作

(1)半蹲：两腿左右分开稍大于肩(或与肩同宽)，脚尖稍外开，两腿同时屈膝和伸直。(见图 2-37)

技术要点：屈膝不得超过 90 度；屈膝时，膝关节与脚尖同一方向，臀部向后，上体稍前倾，膝关节不应超过脚尖。

动作变化：并腿半蹲、迈步半蹲、迈步转体半蹲。

(2)弓步：一种做法是两腿前后站立、左右脚与髋同宽平行站立，脚尖向前，两腿同时屈膝和伸直，常用于力量练习；另一种做法是一腿屈膝，另一腿伸直，常用于有氧操练习(见图 2-38)。

技术要点：身体重心在两腿之间，膝踝关节在同一条线上，前腿膝关节弯曲不能超过 90 度，其位置也不能超过脚尖。

动作变化：原地前后弓步、左右弓步、向前一步的交换腿弓步、后撤一步的交换腿弓步、转体弓步、跳弓步。

图 2-37　　图 2-38

（三）健美操常用上肢动作

（1）侧举：臂伸直向侧抬起。

（2）前举：臂伸直向前抬起。

（3）屈臂：前臂与上臂形成一定的角度。

（4）伸臂：臂形成一定的角度后，前臂打开。

（5）屈臂摆动：屈臂在体侧自然地摆动，可依次和同时进行。

（6）上提：臂由下至上地屈臂抬起。

（7）下拉：由臂上举拉至肩侧屈。

（8）胸推：立掌，屈臂由胸部向前、侧推成直臂。

（9）冲拳：屈臂握拳由腰间向前用力直臂。

（10）肩上推：立掌，屈臂由肩部向上推成直臂。

（11）绕和绕环：直臂运动幅度在180度以上360度以内和直臂运动幅度在360度以上。

（12）摆动：直臂运动幅度在180度以内。

（13）交叉：两臂重叠成一定的角度。

在进行上述上肢动作练习时，应注意肌肉的收缩和关节协调用力，使动作富有弹性，避免上肢动作过分僵硬。

四、健美操基本技术

健美操的基本技术主要有弹动技术、半蹲技术、落地技术和身体控制技术等。在《健身健美操教练员指导员培训教材》中对这四种技术作了详细的阐述。

（一）弹动技术

健美操的弹动技术是健美操最重要的技术之一，是体现健美操的最基本特征，用以区别其他运动项目的重要因素之一。

健美操的弹动主要依靠踝关节、膝关节、髋关节的屈伸缓冲而产生，它的主要作用是减少运动对关节的冲击力，从而减少对人体造成的损伤。在屈伸过程中，腿部的肌肉要协调用力控制才能有效地防止损伤与产生流畅的弹动动作。

在做弹动练习的时候，参与运动的肌群在整个的过程中要有控制，使动作变得流畅。

（二）半蹲技术

在健美操练习的过程中，无论是落地和缓冲技术还是弹动技术，实际上都是和半蹲动作联系在一起的。

半蹲时，身体重心下降，臀部向后下45度方向用力，膝关节不应超过脚尖，腰腹、臀部和大腿肌肉收缩，上体保持正直，重心在两腿之间，起落要有控制。分腿半蹲时，脚尖自然外开，应特别注意膝关节弯曲的方向要与脚尖的方向一致，保持自然关节的正确位置，避免脚尖或膝关节内扣或过度外开以及膝关节角度小于90度的“深蹲”。

（三）落地技术

落地缓冲的主要目的是使身体尽可能地保持稳定，同时减少地面对关节、肌肉的冲击力，以避免造成运动损伤。

健身健美操的落地技术为：落地时，由脚跟过渡到全脚掌或由前脚掌过渡到全脚掌，然后迅速屈膝—屈髋缓冲。所有动作在瞬间依次完成，用以分解地面对人体的冲击力。同时躯干与手臂保持良好的姿态，肌肉用力以保持动作的稳定与控制。

（四）身体控制技术

1.身体姿态的控制

健美操的身体姿态是根据现代人的人体与行为美的标准而建立的。首先通常人体在整个运动中非特殊条件下，应该保持自然挺拔，头部稍稍昂起，在保证正常的生理曲线的情况下挺直颈椎、胸椎、腰椎（不包括特殊动作与难度缓冲动作等）。四肢的位置根据具体的动作要求，应该在准确的位置上，最常见的有：站立——躯干保持上面所说的状态，双腿并拢伸直；蹲——躯干保持上面所说的状态，臀部收紧使整个身体保持垂直地面并屈膝；手臂的基本位置同基本动作中的阐述。健美操的动作千变万化，但每个动作都应该有具体的要求，从总体上讲应该伸展时尽可能地平直，弯曲时要有明确的角度，而四肢的位置是相对躯干的位置而建立的。

2.操化动作的控制

操化是指操化动作的肌肉的发力与控制。健美操的每一个操化动作要求应该是有清楚的开始与结束。动作开始时位置准确，过程中肌肉用力使动作有加速运动，但不要用力过猛致使肌肉僵硬，结束有明显的停顿。肌肉的用力要做到有力而不僵硬，松弛而不松懈。

第三节　高校健美操

伴随着知识经济的兴起，素质教育在高校的全面实施和不断深化，培养德、智、体、美全面发展的大学生的目标和任务更加明确和自觉。健美操作为素质教育的有效载体和重要担当者已经成为素质教育的重要组成部分。

当前，健美操是全国普通高校课外体育活动中具有重大影响力的项目之一，这不仅取决于健美操运动项目的自身特点，同时，普通高校健美操的课堂教学也给健美操运动在高校的开展搭建了坚实的平台。

一、高校健美操教学内容

高校健美操教学内容，是教师和学生开展健美操教学活动的纽带，是实现健美操教学任务的重要条件。它以健美操教材内容为基础，以教学大纲为依据，是为了实现健美操教学任务而选用的健美操基本知识和各种身体练习。

（一）高校健美操教材

健美操教材分为健美操教科书和健美操参考资料。

高校健美操教材是健美操教学内容的基础，是教学大纲的系统化和具体化。是学生从事学习活动的直接对象或材料，是学生获取知识、认识世界的主要媒介物之一；是教师备课、上课、布置作业、检查学生知识掌握情况的重要依据，是顺利完成教学任务的基本条件。它包括健美操学科的基础知识、基本技能和基本方法。

健美操参考资料有网络音像、相关的图书及光盘、图解等。

（二）高校健美操教学大纲

健美操教学大纲由课程性质、教学目的、教学任务、教学内容及基本要求、学时分配、课程评价等内容组成。如表2-2：

表 2-2 **健美操教学大纲**

1.课程性质: 2.教学目的: 3.教学任务: 4.教学内容: (1)课程内容及学时分配 ①理论: ②实践: ③考核: (2)课外教学要求 5.课程评价: (1)考核依据: (2)课程评价: (3)评分方法 6.基本要求: 7.教学注意事项:

(三)高校健美操课程结构及内容

高校健美操课程结构包括理论、技术和创编三部分。

1.理论课

向学生讲授有氧健身的运动常识、讲授健美操的基本理论知识,使学生对健美操的概述、特点、锻炼价值及竞赛规则有一个基本的了解;通过对不同风格与特点的有氧操的介绍,向学生讲授乐理常识,包括节奏、韵律、风格及如何欣赏音乐,使学生认识到音乐对健美操的重要作用,同时为技术课和创编课的教学打下良好基础;向学生讲授健美操的创编原理与步骤,为更好地发挥学生创造能力与想象能力作好准备。

2.技术课

技术课的教学内容包括准备部分、基本部分和结束部分。

(1)准备部分包括基本姿态、基本动作和基本技术及乐感训练。

①基本姿态:教学中的形体训练自始至终要求学生保持良好的姿态:挺胸、抬头、收腹、立腰、提臀、夹膝和沉肩,以保持舒展、挺拔、优美、端庄、典雅的体态,既给人以精力充沛之感,又蕴含着极大的艺术魅力。形体训练的内容和方法多种多样,全身的每个部位如颈、肩、胸、腰、腹、臀、腿都有各自独立的和综合性的组合练习,可以是徒手练习也可以利用把杆来辅助。通过每堂课的训练可使学生形成正确的身体姿态。

健美操基本姿态又包括动作时的身体姿态和动作时有意识表现出来的姿态,即动作的灵魂所在,如动作的神态、动作时头部的表现及肢体动作的配合、动作的激情等。教师要根据有氧健身操的特点,对学生的身体姿态提出严格的要求,并根据具体动作,提出如何进行表现,目的在于培养健美操的表现意识。

②基本动作和基本技术:教学中,教师要结合健美操的五大类基本步伐和常用的上肢动作,编排成低、中、高冲击力各种组合,并加以基本技术训练,它包括动作的力度训练、动作的

控制训练(动作的部位、方向、路线的控制)、动作发力部位的训练、动作受力的训练、动作时力的传递等训练。这种训练的目的,是为了培养学生对健美操动作的基本感觉。

③乐感训练:根据各类组合动作和套路动作的特点,结合学生的实际水平选择适宜的音乐进行训练,音乐结构不宜复杂,速度在22～24拍/分,使学生尽快地适应健美操技术课的要求,让学生明白乐感是完成健美操动作的重要因素,也是基础训练中的关键要素。

(2)基本部分包括组合动作和成套动作。

①组合动作:主要由健美操基本步伐所构成的低、高冲击力组合,是健美操教学内容的重要组成部分,其目的在于培养学生的协调能力和动作连接时的感觉,使其在基础训练中获得准确、规范的动作概念,为成套动作的教学奠定坚实的基础。

②成套动作:成套动作教学目的在于培养学生的全身协调能力、全面发展学生的身体素质和对健美操的表现能力,从而达到提高运动技能的目的。

(3)结束部分包括肌肉放松和精神放松。

①肌肉放松:教学内容多以拉伸练习为主,目的在于缓解紧张疲劳的肌肉。

②精神放松:教学内容多以呼吸练习为主,目的在于调理体内各系统的生理功能,使身体迅速恢复松弛,达到精神放松的目的。

3.创编课

创编课力求充分发挥学生的主体作用和教师的主导作用,努力倡导开放式、探究式教学,努力拓展体育课程的时间和空间,营造生动、活泼、主动的学习氛围。在教师的指导下,学生练习提高应充分尊重其基础素质不均衡的实际情况,健美操创编课采取由简到繁、由易到难的几个步骤进行教学:

首先,学生要学习与掌握健美操的各种基本步伐与组合动作。学生在学习了大众健美操的基础上,教师要指导学生由简到难分步骤地进行创编,5～6人一组,先以大众健美操的基本步伐为基础,进行上肢动作的改编。在上肢动作熟练的基础之上,对大众健美操的基本步伐进行方向的改编。通过对大众健美操的基本步伐方向的改编,进行队形的变化,最少八种。在对组合动作和成套动作改编的基础上,要求学生广泛搜集素材,自己选择音乐,根据健美操创编原则和步骤,以小组为单位进行健身健美操的成套动作创编。

通过健美操创编教学充分做到了"以人为本"、遵循大学生的身心发展规律和兴趣爱好,在提倡师生之间、学生与学生之间的多边互助活动的同时,努力提高学生参与课堂与课外的一切有关健美操活动及赛事的积极性,在适应学生个性发展的同时也最大限度地发挥了学生的创造能力;增强了学生之间的团队意识及集体主义精神;最大限度地培养了学生的心理承受能力与吃苦耐劳、坚忍不拔的意志,为主动适应社会发展的需要打下基础。

二、高校健美操教学目标

高校健美操的教学目标可分为以下五个领域目标:

(1)运动参与目标:积极参与健美操活动并基本形成自觉锻炼的习惯,形成终身体育的意识,能够编制可行的个人锻炼计划,具有一定的体育文化欣赏能力。

(2)运动技能目标:熟练掌握健美操的基本方法和技能,能科学地进行体育锻炼,提高自己的运动能力;掌握健美操运动中常见的运动创伤的处理方法。

(3)身体健康目标:能测试和评价体质健康状况,掌握有效提高身体素质、全面发展体能的知识与方法；能合理选择人体需要的健康营养食品；养成良好的行为习惯，形成健康的生活方式；具有健康的体魄。

(4)心理健康目标：根据自己的能力设置健美操学习目标；自觉通过健美操活动改善心理状态、克服心理障碍，养成积极乐观的生活态度；运用适宜的方法调节自己的情绪；在健美操运动中体验运动的乐趣和成功的感觉。

(5)社会适应目标：表现出良好的体育道德和合作精神；能正确处理竞争与合作的关系。

三、高校健美操教学方法与手段

健美操教学方法与手段的运用是否合理，是教师完成教学任务、学生掌握动作技术及技能的前提与保证。

(一)健美操教学方法

健美操教学方法是对实现健美操教学任务或目标的方式、途径和手段的总称。教学方法须根据教学内容、任务及学生的特点来选择，既包括教师的教学方法，也包括学生的学习方法。

健美操课中常用的教学方法有讲解法、示范法、带领法、提示法、完整与分解法、重复法等。每一种教学方法对完成教学任务都有着不同的作用。如何运用教学方法应根据教学任务、教学内容、学生特点及场地设备等具体情况来决定。

1.讲解法

目的是通过讲解、口令和指示、口头评定成绩等语言方式使学生明确学习任务，端正学习态度，引导学生积极思维，加深他们对教材的理解，加速对知识、技术、技能的掌握，提高分析问题和解决问题的能力。

注意事项：

(1)讲解的正确性。运用统一规范的专业术语，对所讲解的内容进行科学准确的描述与分析。

(2)讲解的目的性。在教学中要围绕教学任务、内容、要求以及教学过程中学生存在的问题有针对性地对内容进行讲解。

(3)讲解的简洁性。充分运用专业术语对所学内容进行简明扼要、通俗易懂的讲解。

(4)讲解的顺序性。一般先讲下肢动作，再讲上肢动作，最后讲躯干与头颈、手眼的配合。

(5)讲解的实效性。根据学生已有的知识经验来决定讲解内容的深度和广度，解讲可以边做边讲，也可以放在示范后进行，以便学生更好地理解和掌握。

(6)讲解的艺术性。在教学中必须使用普通话，口齿清晰且生动形象的语言能引起学生的兴趣，有感染力地启发学生进行积极思维，用恰当的情感和抑扬顿挫的声音使语言产生巨大的艺术效果，极大地激发学生的练习积极性。

2.示范法

由于人对事物的认识首先是由感觉器官对事物的感知开始的，因此，健美操教学可以把课堂上教师进行分解与完整示范的教学方法与学生课下利用多媒体及网络上的示范动作进行学习的方法结合起来，使学生建立正确的动作表象，掌握教学的技术动作。

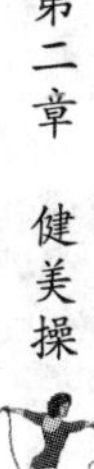

注意事项：

(1)示范的准确性。教师的示范动作要准确、熟练，力求与多媒体及网络上的示范动作相同，保证学生课上、课下对动作的感知一致。因此，教师要不断提高示范动作的质量。

(2)示范的目的性。根据教学任务、步骤以及学生的水平，对一套动作教师可作出完整示范和分解示范。

(3)示范的全面性。对同一个动作的示范，要注意选择合适的示范面、示范速度以及学生可观察的示范距离与角度。

(4)示范的讲解性。只有把示范与讲解紧密地结合起来，才能获得健美操教学的最佳效果。

3. 带领法

为了使学生在较短的时间内建立正确的动作概念，掌握动作与动作的连接方法及音乐节奏感，在健美操教学中通常采用带领法，即学生在教师带领下，连续完成单个动作、组合动作、成套动作练习的一种方法。常用方法有镜面示范与背面示范。

注意示项：

(1)示范面的选择。一般情况下，凡是身体侧向行进的动作，可做镜面示范；在身体有前后行进、转体变化及动作较复杂时，采用背面示范带领；凡是身体正向行进的动作，可做侧面示范；不能做镜面与侧面示范的动作，可做斜面示范；比较复杂繁难的动作，可做多面示范。

(2)示范速度的选择。通常在学习新知识和完成较复杂动作时，可慢速带领，以利于学生进行模仿，随着对动作的逐渐熟练，逐步过渡到正常领做速度，以步伐、上肢动作、上下肢配合动作的顺序反复领做练习，并最后形成一个完整动作。

(3)示范的综合性。教师常常把手势、口令、语言等提示方法与带领法同时运用，使学生达到眼看、耳听、心想、体动的目的，从而达到最佳的教学效果。

4. 完整与分解教学法

完整法是指从动作的开始到结束，不分部分和段落，完整地进行教学的方法。可以使学生了解单个动作的全貌，形成完整的概念，迅速地掌握动作，因而它是一种主要的教学方法。而分解法是把结构比较复杂的动作或组合按身体环节合理地分解成几个局部动作分别进行教学，最后达到全部掌握动作的方法。其优点是便于学生掌握动作细节，更好更快地达到动作要求。

注意示项：

(1)动作结构简单和难度不大的动作，采用完整法进行教学。

(2)遇到比较复杂或难度大的动作时，可采用慢速完整练习方法，使学生对动作的运动轨迹、动作各环节的变化有进一步的了解。当学生建立了正确的动作概念后，再按正常速度进行完整练习。

(3)结构和方向路线较复杂繁难的动作，往往把动作分解成步伐动作、上肢动作和头部动作等，先分别进行教学，待学生基本上掌握了分解动作之后，再进行完整动作的教学。

(4)分解教学法不宜将动作分解得过碎，教学中应尽快地过渡到完整动作，以免影响动作的完整性，一般可采用“完整—分解—再完整”的原则。

5. 提示法

提示法是在教学中教师以提示的方式指导学生进行练习的一种方法。常见的提示方法有口令和手势，教师的面部表情与视线接触也可作为提示的方法。

注意示项：

(1)用口令提示动作时，要声音洪亮、发音准确、声调恰当，并要与音乐的节奏和拍。

(2)提示动作重复的次数和改变动作时，常用倒数法进行口令提示。

(3)利用手势进行提示时，必须事先使学生明确手势的各种含义。

(4)口令与手势可同时运用，使所提示的内容变得更加明确。

(5)教师要善于运用面部表情和眼神的变化来激励学生。

6.练习法

在健美操教学中，采用练习法可以迅速、正确地掌握动作。教师根据一定的教学任务，有针对性地选择练习法，通过学生亲身实践，逐步消除错误动作，巩固提高所学的知识与技能，形成正确的动力定型，对完成教学任务具有重要意义。教学中常用的练习法有重复练习法、变换练习法和综合练习法。综合练习法可分为个人练习、分组练习和集体练习。

7.比赛法

在健美操教学的不同阶段，根据教学任务和要求以及学生的实际情况，可以指定出教学比赛的标准与要求，采用个人比赛、分组集体比赛、分组推选代表比赛等形式。这种教学比赛，可由教师评分或者学生评分与教师评分相结合来评定成绩。

8.新兴方法

在健美操教学中，应该根据课程的任务需要，灵活、多变地运用以上多种教学方法。这些教学方法都有各自的特点和功能，而且它们是彼此有机联系的。但随着健身市场的不断完善和国内外交流的增加，与国际化健美操教学接轨已成为目前国内各高校的当务之急。针对健身房健美操教学特点，结合高校健美操教学实际，一些新兴的教学方法在高校健美操课堂中悄然兴起。

(1)循序渐进法：把单一动作按顺序排列起来时，每次动作变化只改变一个因素，这个因素可以是上肢动作也可以是下肢动作或加入其他的变化因素。这是一种不会发展成组合或套路的最简单、最自由的教学方法。

(2)连接法：把单一动作按一定的顺序串联起来并发展成组合的一种方法。

(3)递加连接法：在教学中，每学一个动作或组合后，都再与前面的动作或组合连接起来进行练习的一种递加式循环练习法。

健美操教学是高校体育教学改革的先锋军，在结合健美操专业特点和教学内容的基础上，健美操教学在提倡师生之间、学生与学生之间的多边互助活动的同时，努力提高学生参与的积极性，最大限度地发挥学生的创造性。在注重教法研究的同时，加强对学生学习方法和练习方法的指导，提高学生自学、自练的能力。在教学实践的过程中，重点培养学生科学思维能力和创新精神，并注重对学生知识运用能力的培养与考察。

(二)健美操教学手段

1.健美操教学手段的概念与作用

健美操教学手段是指健美操教学传递信息和情感的媒介物以及发展体能和运动技能的操作物。

健美操教学中的媒介物和操作物即是指物质化教学手段的声、光、电、多媒体课件和非物质化教学手段的教师自身的肢体语言、眼神的运用以及教师自身特有的教学方法，也是教师综合素质的总成。

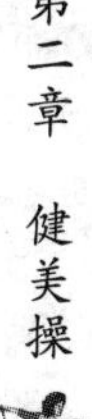

健美操教学是高校体育教学中教学方法运用最多、教学手段最灵活的项目之一，近年来，现代化多媒体健身房已出现在全国部分高校课堂中，教师以图文并茂、声像俱佳、动静皆宜的教学手段，增强学生对复杂动作与过程的理解和感受，从而将健美操教学引入全新境界。

因此，健美操教学手段的运用可以在健美操教学中起到信息沟通、调控教学全程的作用；可以提高学生的信息接收量并全面提高教学质量；同时，有利于突出动作技术的重点和关键并加以改进和提高。

2.健美操教学中的教学手段

健美操教学中的教学手段有物质化教学手段和非物质化教学手段两大类。

物质化教学手段有电视、录像、磁带、光盘、图解、计算机、多媒体和场馆、地板、镜子、轻器械、固定器械等。

非物质化教学手段：教师的口令、手势、表情、眼神和教师的先天气质、后天学习、性格、习惯、素质所构成的教学风格。

四、高校健美操的创编教学

高校健美操创编教学是为了有效地达到健身与竞赛的目的，学生以课堂教学所学知识为基础，在熟练掌握健美操套路结构中的空间与时间运用的同时，以分组形式，依照健美操的特点、规律，据其目的、原则，并注意音乐风格与动作特点要相符等诸多因素，将单个动作串联成为健美操锻炼与竞赛套路的集体创编过程。

（一）创编教学的因素

1.主体与客体

主体是指健美操创编过程中的主导者，也就是主要的创编人。主创人员在整个创编过程之中应处于主导位置，他不仅要具有精湛的健美操专业知识，同时对健美操的相关领域也应有所了解；而客体即为健美操创编教学过程中的教学对象。

在高校健美操的课堂教学与课外实践活动中往往是以学生集体参与性为主要特征。学生在健美操课堂教学创编的整个过程中，充分融会了主客体的互补性、集体性、智慧性、创造性的交流过程，是在具有创造性主题的主导原则要求下自学自练的一个过程。

在健美操教学中，学生作为创编过程中的主体，不但能锻炼学生敏锐的观察能力，而且还能培养学生具有较好的分析与吸纳能力，培养学生具有准确的表达能力。而当学生作为创编过程中的客体时，又可激发学生对健美操这一运动项目的喜好，既调动了学生主动参与的热情，又培养了学生的执行与操作能力。

2.动作与音乐

健美操是一项在音乐伴奏下，以身体练习为基本手段的体育运动项目，因此，动作与音乐是健美操最基本的组成部分，是健美操创编教学的主要因素。

在健美操创编教学中，学生应在教师的指导下熟练掌握健美操的基本动作，通过锻炼最大限度地展示身体各关节的灵活性、肌肉的弹性、韧带的伸展性等基本素质，并在以身体标准姿态控制的基础上掌握健美操的弹动技术和速度控制技术。健美操的动作是由躯干、上肢活动与下肢活动配合而产生的各种姿态、步法、跳动、旋转等。

动作是健美操的核心，在动作本身诸多要素中，要求学生掌握动作的节奏、位置与过程，学生只有了解和掌握动作的规律与功能，才能科学地、有机地使用这些动作，在创编中才会收到最佳效果。

音乐使健美操具有生命力和艺术性，音乐的节奏与速度严格地控制着动作的节奏与速度，在很大程度上控制着运动的强度；同时音乐的风格引导、控制着动作的风格。

因此，动作与音乐这两个部分是相互独立、相互依存的，既有各自独特的表现形式，又相互联系。学生在健美操的创编中必须认清其基本表现形式及两者之间的关联。

(二)创编教学的目的与作用

1.创编教学的目的

(1)高校健美操的创编教学是为了实现课程目标，把有目的、有计划、有组织的课外体育锻炼、校内外活动纳入健美操课程，使课堂教学与课外、校外的体育活动有机结合，学校与社会紧密联系，形成课内外、校内外有机联系的一体化的教学模式，以提高学生参与课堂与课外的一切有关健美操活动及赛事的积极性。

(2)高校健美操创编教学以开放式、探究式教学模式为基础，努力拓展体育课程的时间与空间；在教师的指导下，学生通过长期从事健美操这一有氧运动，可以改善和提高人体各大系统的生理机能的这一特点与功能的认知，提高对健美操运动内在本质的认识；充分发挥学生自己的想象与创造能力，在创编过程中遵循健美操运动的特点，有目的地完成整个创编过程，从而达到健身的效果。

2.创编教学的作用

(1)提高生理功能。健美操创编教学，可加大学生在校从事健美操锻炼的时间。通过编排与练习，可以有效地使心肺功能得到改善，增加肺活量，提高肺部的氧供应能力。同时健美操锻炼还可使心肌纤维增粗，收缩及扩张加强，增大心输出量，提高供血能力，为全身输送更多的氧和营养物质，促进新陈代谢，控制脂肪沉积，从而改善心脏功能。

学牛从事健美操这项有氧运动，还可以增强消化器官的蠕动，增加消化液的分泌量，改善并提高消化系统与代谢系统的功能，同时使肾脏供血充足，代谢加强。

通过对健美操复杂、多样动作的掌握，可增强学生的灵活性、均衡性，提高对动作的记忆和再现能力，从而发展了学生的协调性、灵敏性，还可以提高中枢神经系统的机能水平及运动系统各器官的功能。

(2)调节心理健康。健美操是一项群体活动，在健美操创编教学中，当学生从不同的班级、不同的院系重新组合到一起，参与创编并进行合作时，要在一个新的环境中彼此相识、彼此了解，互相鼓励，体现自我价值，实现人格的自我完善，因此，健美操可以增强学生的社会交往能力。同时，在对健美操音乐的选取和动作的串联过程中，当学生的个性得到认可时，既可以充分调动学生参与的积极性，又可以使学生精神愉快、心情舒畅，降低抑郁，减少心理疾病的发生，满足学生的心理需求，同时增强学生应付生活中各种压力的能力，使学生具有更强的活力和最佳的心理状态。

(3)培养综合素质。健美操创编教学，在适应学生个性发展的同时也最大限度地发挥了学生的想象能力与创造能力，增强了学生之间的团队合作及集体主义精神；在完成课堂考核与课外各种竞赛的同时，既提高了技术水平，又最大限度地培养了学生的心理承受能力与吃苦耐劳、坚忍不拔的意志品质，为主动适应社会发展的需要打下基础。

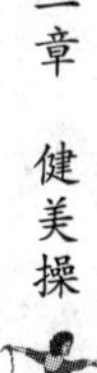

（三）创编教学的指导思想

高校健美操创编教学中主要以健身健美操创编为主。

(1)健身性指导思想，健身是创编最重要的指导思想。健身性健美操的宗旨是提高人体的健康水平，发展人的运动基本素质，改善形体，所以我们的一切设计与动作都应该围绕着这一思想进行。

(2)安全性指导思想：安全性是保证健康的前提条件。首先在创编中要确保有氧，其次遵循人体自然运动规律，再次减少运动对关节的冲击力，保护关节，避免肌肉的过度牵拉，防止对肌肉造成伤害，最后确保成套整体风格积极向上的精神，以带给人们朝氧蓬勃、轻松愉快的精神状态。

(3)全面性指导思想：在创编教学中为了保证人体发展的健康与均衡性，要指导学生在动作的设计与编排中注重身体的全面发展。

(4)娱乐与艺术性指导思想：学生在创编中要感受所选音乐的内涵，要注意音乐节奏的鲜明性，在优美动听的音乐下舒展身体，可以释放压抑的情绪，还可以陶冶人的情操，从而获得良好的情绪与状态。同时，所设计的动作要协调、流畅、有弹性，要展示健美的体魄，使学生自己从中得到"美"的享受，从而提高审美意识和艺术修养。

（四）健美操的创编过程

1. 构建教学模式

健美操的创编教学，要在充分尊重学生基础素质不均衡的实际情况下，构建"台阶式"健美操教学模式。

(1)健身房式教学：激发兴趣，培养自信心，练习基本专项素质和各种基本步伐小组合，培养乐感及审美能力。

(2)套路改编式教学：对已经学习并掌握的各级别完整套路，以分组形式，进行上肢动作和基本步伐的方向与队形的改编式教学。

(3)套路创编式教学：让学生身兼健美操创编的主体与客体，在课堂教学所掌握的动作与音乐的基础上，利用课外时间进行相关资料的搜集与整理，以分组形式，发挥团队力量，进行健美操套路创编，提高同学的实践能力，进一步把所学到的知识内化，为终身体育打下基础。

三个教学模式由易到难、由简到繁，有普及、有提高，成系统、成体系地完成好健美操创编教学。

2. 健美操的创编过程

健美操的创编过程是指学生创编健美操时的先后步骤与流程。

健美操创编教学的组织形式，一般第一个学期以改编教学为主，而在第二个学期初就要布置创编教学的考核事宜。首先，学生 5～6 人一组，由负责人分工到位，利用课外时间进行音乐和动作等相关资料的搜集与整理，先民主后集中。其次，学生按着创编的步骤与流程有序地进行，既可以提高创作的效率及质量，也有利于学生对其结构及形式进行讨论与修改，以便于小组成员学习并完成创编动作。最后参加期末创编教学的考核或比赛。

创编过程一般为：制定创编目标→选择套路音乐→确定动作素材→构建基本框架→组合成套动作→修改与完成。

(1)制定创编目标。制定目标是创编的第一步，只有使小组成员统一思想、明确创编的目的性，在创编的过程中才会少走弯路或不走弯路。

高校中的健美操创编教学主要以健身健美操创编为内容，以套路的风格决定个性，以考核或比赛为目的。当各个小组开始准备创编时，应该先考虑每一位成员的自身条件与素质，了解自己对哪类音乐与动作最为熟悉，然后根据教学要求，反复思考与沟通成套动作的开始、发展、结束，确认框架，有了明确的构思后，就可以进行具体分工与操作了。

(2)选择套路音乐。教师应指导学生根据健美操节奏鲜明、热烈、蓬勃向上的特点选择音乐，根据创编教学的要求选择音乐的风格，根据音乐的长短、起伏确定成套动作的结构与动作。

有了整体构思，便可以有目标地选择音乐。选定音乐后，要反复地聆听、感受与体会音乐，感悟乐曲的开始、发展、结束，不要放过音乐的过渡部分。同时思考动作的特点与过渡，考虑如何把动作衔接得自然、流畅、有新意；要设计一个有创意的、新颖的开始与结束。

(3)确定动作素材。创编教学中主要以健身、表演的综合性健美操为主，当创编目标与音乐确定之后，学生们就要在自己平时的学习与积累中选择与之适合的动作。既要考虑到动作的锻炼价值和同学们的可接受性，又要考虑到动作的独创性和表演的艺术性。

收集小组每一个成员的动作，按照音乐结构特点把个性动作、过渡动作、独创动作和造型动作逐一选择、反复推敲最后确认下来，同时配合动作的路线与队形的设计。

(4)构建基本框架。健身、表演性健美操的基本框架是遵循健身健美操的创编原则，根据通常使用的开始、发展、结束的三个基本部分而建立，其结构是科学的、鲜明的、有序的。在构建基本框架的同时，还要考虑音乐对结构的制约，音乐应与成套结构紧密联系。因此教师应指导学生尽可能地发挥想象力去创造新颖、独特和具有吸引力的动作，把它们合理地安排在成套动作中。

(5)组合成套动作。依照创编原则，把两个以上的单个动作串联起来而形成动作组合，再按结构框架把动作组合排列起来，审视其中动作的连接是否顺畅，顺序是否合理，主次是否分明，与音乐是否相符，等等，如有空缺，应继续添加动作或组合。

(6)修改与完成。在健美操创编教学中，当每一小组的成套动作初步完成后，要求每一位同学不但要熟练掌握成套动作，还要继续进行队形变换的练习与配合。如果存在不足，应参考创编原则进行修改。修改工作通常要在成套动作创编完成之后进行，但有时也与创编同时、同步进行，通过不断的修改把自己所创编的动作完美地表现出来。

五、健美操的音乐选配

音乐是健美操的灵魂，音乐和动作的和谐统一是一套健美操完美表现的标志。

(一)健美操音乐

健美操与舞蹈、艺术体操相比更强调动作的力度。因此，健美操的音乐更趋于节奏鲜明强劲，旋律悦耳动听，热情奔放。

音乐的节奏、风格、整体布局及表现对健美操动作起着决定性的作用。同时健美操音乐的风格、节奏和旋律决定着健美操动作的编排及表演者的再创造性。

音乐的节奏与速度，制约着健美操动作的节奏与速度，并在很大程度上控制着运动的强度，因此健美操离不开音乐。音乐是健美操练习的口令，是运动的节拍，音乐使健美操成为有声有色、有情有形的艺术体育项目。富有魅力的音乐不仅能给人以感染、陶冶情操，而且

还能给健美操带来生机，使健美操运动蓬勃发展，经久不衰。

(二)健美操音乐的选配方法

音乐的选配是创编教学中的重要组成部分，健美操音乐的选配一般有以下两种方法：

1.根据动作制作音乐

当选择的音乐在时间、速度或风格等方面与动作不相符时，须将音乐进行重新处理或制作，如剪辑、调速、加音效等。

(1)剪辑音乐的形式有两种：一种是同一首乐曲的剪接，另一种是两首或多音乐曲的剪接。剪接的部位一般放在有停顿、空拍或乐曲的结尾处较好。剪接处前后乐曲的旋律应尽量做到相同或相似，特别是两首或多音乐曲的剪接，其乐曲的速度和旋律要相同或相似，以免在音乐的节奏和旋律方面出现不自然的现象。

(2)音乐的调速有两种：一种是整首乐曲的调速，另一种是在乐曲的部分处进行调速。

(3)成套音乐的制作。即结合成套动作特点，在音乐中适当加一些特殊效果，这不仅能有效地提高学生的表现力和练习的积极性，而且对培养他们的美感意识等也极为有效。

在音乐的具体制作中，可采用网上下载的音乐或视频的各种播放器进行剪辑和制作。

2.根据音乐选择动作

音乐的风格指导着动作的风格，分析音乐的结构特点，应根据音乐的风格特点、节奏和旋律来设计创编健美操的成套动作。健美操动作的节奏必须与音乐的风格相一致；与音乐节奏相统一，才能达到良好的健美操效果。一般应选择节奏明显、旋律优美、结构较完整，具有较强感染力且格调健康的迪斯科、爵士乐、摇滚乐或民族音乐作为成套动作的音乐。

(三)教学中音乐的速度选择范围

(1)有氧操：有氧操初级课音乐速度以16～20拍/10秒为宜，中级课音乐速度以20～24拍/10秒为宜，提高课音乐速度以22～26拍/10秒为宜。

(2)瑜伽：通常采用轻柔、舒缓的音乐。

(3)轻器械操：通常采用较慢的音乐，速度一般以21～22拍/10秒为宜。

(4)踏板操：一般选用节奏清晰，节拍在21～22拍/10秒的音乐。

(5)搏击有氧操：采用中速偏慢的迪斯科音乐，节奏分明，易于分辨。

学生在健美操创编教学的学习与实践中，通过对音乐风格与动作特点的内在联系的了解，通过对成套动作的结构特点的认识，通过对运动负荷的合理性的掌握以及同学之间的相互协作与团队精神的提升，对学生的综合素质进行了全面的检验与锻炼。

六、高校健美操竞赛的组织

在高校中开展各种形式的健美操竞赛活动，对促进高校健美操的普及与发展，对提高和检测高校健美操的课堂教学质量和对学生树立“终身体育、健康第一”的理念具有十分重要的意义。

(一)高校健美操竞赛的内容

高校健美操竞赛以健身性健美操竞赛为主要形式，内容有规定动作竞赛和自编动作竞赛。

规定动作比赛是以课堂大众健美操教学内容为基础组织的《全国健美操大众锻炼标准》等级达标赛，此项比赛既可考核学生在教学中对知识的掌握情况，又可提高学生的综合素质成绩。

自编动作比赛是以课堂创编教学内容为基础组织的各院系之间的团体操比赛，各班级之间的创编教学比赛。

在全校健美操竞赛深入普及的基础上组织并参加代表学校的大型健美操团体操表演和比赛以及高校之间的竞技健美操比赛等。

（二）高校健美操竞赛的组织

在高校中要组织健美操竞赛是一项复杂而又细致的工作，直接影响比赛的质量和预期的比赛效果。在赛前、赛中及赛后都要进行一系列的工作，每一个环节都十分重要，一环紧扣一环，缺一不可。其流程如下：

(1)召开主办单位筹备联席会议。

(2)制定竞赛规程。竞赛规程内容包括以下几个方面。

①比赛的名称：包括年度（届）、性质、规模、名称（包括比赛总杯名和分杯名）。如"2008年山东大学威海分校第二届有氧健身省级精品课程创编教学'与奥运同行'暨健美操联赛"。

②比赛的目的：简述举行本次比赛的目的。如"喜迎奥运"，"为了推动山东大学威海分校健美操活动的进一步开展，增强各院系之间的广泛交流，不断提高健美操教学质量，提高学生健美操技术水平，将于本学期末举行《2008年山东大学威海分校第二届有氧健身省级精品课程创编教学'与奥运同行'暨健美操联赛》"等。

③比赛时间和地点：要详细、清楚地写明比赛的年、月、日和地点。如"比赛时间：预赛：2008年05月29～30日18：30，决赛：2008年06月06日18：30；比赛地点：预赛：山东大学威海分校风雨操场，决赛：山东大学威海分校艺术学院音乐厅"。

④参加单位的条件：限定参加者的范围，要具体、明确。如："参赛队伍为各院系2006级和2007级健美操专选学生。以课堂教学小组为单位，每队6～12人"。

⑤竞赛项目：对本次比赛参加项目、内容和时间的规定。如："集体操比赛，以课堂教学系列校园健身健美操《青春魅力》为基础进行的创编套路；要求队形变化至少10次；成套动作时间2′30″，有加减5秒的宽容度"。

⑥参赛办法：说明采取什么样的比赛方式、一次性还是分预赛和决赛，是否按技术水平及年龄分组，是单项赛还是团体赛或单项、团体赛都有。在某种比赛方式中的特殊规定一定要注明。如本届健美操创编教学比赛，只进行集体操6～12人的创编比赛，2007级和2006级的参赛队伍均先进行预赛，各年级预赛成绩列前八名者进行决赛，预赛成绩不带入决赛。

⑦评分办法：说明比赛采用什么评分规则和计分办法，团体赛和单项赛的录取办法。如"健美操创编教学集体操比赛采用《中国学生健身健美操竞赛评分规则》进行成绩评定，取各学年前八名进行决赛，成绩优者名次列前，成绩相等，名次并列，无下一名次"。

⑧录取名次及奖励办法：根据比赛的规模说明评几个奖项，每个奖项设几名，是否有奖品或证书。如"教学创编比赛进入决赛的前八名，按一等奖一名、二等奖二名、三等奖五名；另设最佳编排奖、最佳表演奖、最佳人气奖、最佳音乐效果奖及体育道德风尚奖等"。

⑨其他：按各高校实际情况，凡不包括上述内容的所有事宜均可列入该项中。如全校性质的团体操比赛，各院系是否向大会缴纳竞赛保证金等。

竞赛规程应尽快下发，根据比赛规模的大小和发放范围，提早确定时间。高校中的每年联赛，应在每学期初提早发放，否则将会影响比赛筹备工作的顺利进行与比赛效果。

（三）建立竞赛组织机构

根据比赛规模的大小，成立相应的组织机构。高校中的健美操比赛通常由体育教学部主办和学生健美操协会承办，共同协商确定大会组织委员会成员，包括主办单位负责人、承办单位和各院系的负责人，校级领导机关的代表和有关知名人士及总裁判长。

为了使健美操运动能在高校中蓬勃发展，首先要成立健美操协会，由他们负责校内健美操竞赛的新闻处和竞赛处的工作。培养健美操协会成员具有一定的参与意识与实践能力，同时，充分发挥健美操协会在教师与学生之间桥梁纽带的作用。

（四）领队和教练员会议

领队（各院系的体育部长）和教练员（参赛队的组织者）会议是竞赛中一项重要内容，是参赛队与大会及裁判员沟通的主要途径之一，通常在赛前、赛后各安排一次。

赛前领队、教练员会议主要内容包括：①介绍比赛的准备情况；②介绍大会主要部门的负责人和主要工作人员；③宣布大会竞赛日程及有关规定；④解答和解决参赛队提出的有关问题；⑤抽签排定比赛出场顺序。

赛后领队、教练员会议主要是安排参赛队就比赛和训练介绍经验、交流看法和意见、讨论高校健美操发展方向等。

（五）比赛的进行

(1)开幕式。

(2)比赛进行。

(3)闭幕式及颁奖。

三、高校健美操竞赛的裁判方法

从20世纪90年代中期健美操走进高校课堂发展到今天，高校中所开展的各种规模与形式的健身健美操竞赛，对健美操运动在高校中的普及与提高都有着至关重要的作用。随着教学内容不断丰富，比赛规模不断扩大，比赛组织不断正规化，规则也在不断地修改与完善。高校健美操竞赛活动逐渐分为校园内健身性健美操比赛和校外竞技性健美操比赛。两种比赛都有各自的评分规则和评分方法。

健身性健美操的评分规则一般参照国家体育总局体操运动管理中心健美操协会审定的《中国学生健身健美操竞赛规程》和《大众健美操比赛规则》（2003年版），竞技性健美操的评分规则参照《FIG国际健美操竞赛规则》（2004～2008年版）。

（一）裁判员的基本素质

高校内的健美操比赛的裁判工作一般由健美操教师担任，同时由具备2～3级健美操裁判员资格证书的学生协助。高校中的健美操教师和学生裁判员要经常参与和健美操运动相关的各种活动，对健美操运动的项目特点及技术要求有很好的理解，明确评分规则的要求并具备一定的评分技巧与经验。评分时态度要严肃、认真、公正、准确。

（二）裁判组的组成

裁判组一般由裁判长1人、裁判员4～5人（由教师和学生担任），记录员1～2人、计时员1人、视线员2人、检录员1～2人、放音员1～2人（由学生担任）组成。可根据比赛规模的大小适当增减裁判员人数。

(三)评分方法

根据规程,比赛可采用公开示分或不公开示分的方法。高校中的健美操比赛可以采用10分制,成套动作的满分为10分。裁判员各自独立进行评分,裁判员的评分精确到0.1分。

最后得分的计算:几名裁判员的评分去掉最高分和最低分,中间分的平均分即为最后得分。最后得分精确到0.01分。

(四)评分要点

一般高校健美操比赛以健身性健美操比赛为主,而健身性健美操比赛的主要目的是丰富学生校园文化生活,检验健美操教学质量,促进健美操运动在广大学生中的开展,宣传健美操运动,吸引更多的学生加入到健美操运动中来。因此,健身性健美操比赛的评分重点和要求与竞技健美操比赛有所不同。

健身性健美操的评分因素是动作的编排、技术与能力以及活力与热情。

1.动作的编排

学生在进行健身性健美操的动作创编时,首先要考虑健身的科学性,不能选择易造成身体损伤的动作。其次是动作能达到有效和全面锻炼身体的目的。最后是艺术性,动作的设计要新颖、美观,成套动作的连接要合理、巧妙、流畅,动作素材要多样,队形变化要自然清晰,音乐的选择要和动作协调统一。

2.技术与能力

学生在比赛中所表现出来的能力与技术反映了参赛学生平时的学习情况和锻炼水平。能力包括心肺功能和各种身体素质。技术包括身体姿态、动作的准确性、熟练性、幅度和力度以及动作与音乐的配合。健身性健美操的技术要求是动作自然、协调连贯、节拍准确。

3.活力与热情

活力与热情是指参赛学生在比赛场上通过自己的表演与队友的密切配合体现出的一种健康向上、充满活力的情绪以及吸引观众、感染观众的能力。这种高度的情感投入和表现能力体现了运动的快乐,展示出团体的核心与力量。这也正是健美操运动所倡导的,因此应该鼓励。

4.裁判技巧

裁判员(教师或学生)应该严格按照比赛的规则和特定的竞赛规程进行评分。在现场评分过程中,应尽可能地记录下在场上所看到的一切,包括扣分情况、总印象和当时发生的特殊情况,以便在赛后出现问题时查证。

一般来说,在动作的编排、技术与能力和活力与热情三个评分因素中,技术完成情况应当场记下所扣分数,而动作的编排和活力与热情可放在学生表演完后再综合评定。

第四节 健美操的科学锻炼

在现代社会的竞争中,保持良好的身体状态是事业有成的物质基础。健身健美操锻炼是影响身体状态好坏的一个重要因素。人体在健身健美操运动过程中会发生一系列的生理变化,从事健身健美操锻炼,必须掌握有关的理论知识。健身健美操锻炼可以带来健康,不合理的健身健美操锻炼却会带来灾难。科学锻炼,就是要遵循运动技能形成的规律和人体生理变化的规律,通过自我监督,以达到增强体质、增进健康的目的。科学锻炼应包括体育

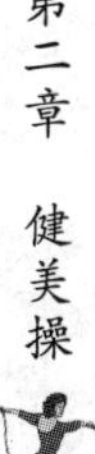

锻炼的原则、充分的准备活动、合适的运动负荷、适当的整理活动和运动疲劳的有效消除等方面。

一、健身健美操的有氧运动特点

健身性健美操是有氧运动的一种，它的特点是活动时间长，强度适中，能有效控制体重，能有效提高练习者各种身体素质。健身性健美操运动对场地要求不高，四季都能开展，对人体的心肺功能、耐力水平都有很大的促进作用。

（一）有氧运动、无氧运动与混合运动

简单地说，以有氧代谢功能为主的运动形式就是有氧运动；以无氧代谢功能为主的运动形式就是无氧运动；以有氧代谢、无氧代谢混合功能为主的运动形式就是混合运动。

那么什么是有氧代谢和无氧代谢呢？这要从能量的来源上说起。人体肌肉细胞的细胞质中有一种细胞器，叫“线粒体”。线粒体内有许多高低不平的凸起，具有很大的表面积。在这种高低不平的凸起表面，附着着许多酶，在这些酶的作用下，人的能量物质之一——葡萄糖可以被氧化分解，并释放出一种叫 ATP（三磷酸腺苷）的能量物质（葡萄糖中的能量被转化到 ATP 中），而 ATP 正是肌肉纤维收缩运动时能够直接利用的能源物质，这就是细胞中的能量代谢。

葡萄糖的分解过程包含以下两个步骤：

第一个步骤：葡萄糖分子在没有氧的条件下，直接断裂，分解成两个丙酮酸分子，并释放出少量的 ATP。由于这一过程没有氧气的参与，所以称之为“无氧代谢”。无氧代谢的特点是产生 ATP 的速度快，无须氧的参与，但是产生 ATP 的数量比较少。

第二个步骤：丙酮分子在氧气的参与下，继续被氧化分解，最终生成二氧化碳（CO_2）和水（H_2O），并放出大量的 ATP。由于这一过程需要氧气的参与，所以称之为“有氧代谢”。有氧代谢的特点是产生 ATP 的数量比较多，但是产生氧气的速度比较慢。

短时间的运动（如百米赛跑、跳高、跳远、举重等）中，肌肉在很短的时间内需要充足的ATP，所以这时的代谢以无氧代谢为主。较长时间的运动（如长跑、马拉松、划船、有氧操等）中，肌肉在较长时间内需要大量的 ATP，所以这时的代谢大多是有氧代谢。但是实际上有氧代谢和无氧代谢是相互制约又相互滋生的关系，代谢中不可能只有“无氧代谢”而没有“有氧代谢”，或者只有“有氧代谢”而没有“无氧代谢”，二者同时存在，混合供能，只是不同条件下占据主导地位的不同而已。

（二）有氧运动的特点

我们首先应明确的是，并不是所有运动都能达到增进健康的目的。很多科学研究表明，对人体来说最科学、最有效的运动方式是有氧运动。很多人听说过“有氧运动”这个名词，但对其含义却不太了解。有氧运动是能增强人体内氧气的吸入、输送和利用的耐久性运动，可利用 12 个字概括其特点，即“低强度、长时间、不间断、有节奏”。

在有氧运动过程中，肌体吸入的氧气量要大致等于肌体消耗的氧气量，这样可使身体在运动过程中处于“有氧”的状态。而有些运动在高强度和短时间内完成，在运动过程中肌体吸入的氧气量远远不能满足肌体消耗的要求，也就是说，肌体内的氧气“入不敷出”，人体处于“缺氧”的状态。长期从事这种无氧运动对人体健康是不利的。

有氧运动使人略感气喘，又不至于上气不接下气；使人稍微出汗，又不至于大汗淋漓；使

人感到全身舒展，又不觉得肢体劳累。好的有氧运动应该是全身性的运动，而不是上肢或下肢的局部运动。如果有氧运动再伴随着悠扬、悦耳的音乐，那么就更容易让人坚持投入，更容易取得良好的效果。

因此有氧运动有以下特点：

(1)较长时间的运动：有氧运动应该坚持 20～60 分钟，运动所需的能量主要通过氧化体内的脂肪或糖等物质来提供。

(2)全身性的肌肉活动：有氧运动时，全身参与的肌肉越多越好，最好有 2/3 的肌肉群参与运动(至少不得少于 1/6)。相反，局部性的小肌肉运动，一方面容易引发局部疲劳，使运动中断，故不能持久；另一方面不易达到足够的氧气消耗量，当然就难以得到对心、肺及循环系统的刺激效果了。

(3)有一定的强度：有氧运动应维持在某一个特定的强度中(中、低等之间)，且维持时间长达 20 分钟或更长。

(4)有律动性：有氧运动是一种有律动的肢体运动。具有节律性的运动，运动强度比较容易得到控制，这样才可能将运动强度维持在合适的有氧运动强度的范围之内，效果最好。断续性(stop—and—go)的运动强度变化大，效果不够理想。

(三)健身健美操的有氧特点

锻炼者每周一般活动 3 次，每次锻炼要求保持在 20 分钟以上并且是连续不断的健身操运动，锻炼者的心率保持在自己最大心率的 60％～80％。

有氧运动心率：(心率＝220－年龄)×(60％～80％)。

有氧健身操课程结构：准备活动(10～15 分钟)，基本部分(35～50 分钟)，力量或垫上(10～15 分钟)，放松伸展(5～10 分钟)。

二、健身健美操的科学锻炼原则

科学锻炼原则是健身健美操锻炼中客观规律的反映，是人们谋求最佳锻炼效果的经验总结，是从事健身健美操锻炼者必须遵守的准则。随着健身健美操锻炼实践和现代科学技术的迅猛发展，对健身健美操锻炼原则的论述，必将不断发展完善。

(一)自觉性原则

自觉性原则是参加健身健美操锻炼者，对已设定的行为目标所采取的一种主动性行为。健身健美操锻炼本身是一个克服自身惰性，战胜各种困难的自我锻炼、自我完善的过程，也是自我养成良好习惯的过程。就当代的大学生而言，一部分人能认识到健身健美操锻炼对增强体质，提高学习、工作效率的作用，并从身体和精神上的需要，把身体锻炼作为每天生活中不可缺少的一部分，对健身健美操锻炼的态度是自觉的、积极的，是“我要练”。而另一部分是“要我练”的学生，虽然也在锻炼，但未能充分认识到锻炼身体的重要性，因而锻炼时，态度消极被动，身顺而心违，收不到应有的锻炼效果。

事业有成的基础是健康的身体。凡有志成为现代化建设中的栋梁之材的青年学生，一定会十分珍视自己的身体，一定能把健身健美操锻炼与学习、工作紧密地联系起来，并自觉积极进行锻炼。

自觉性锻炼的要求：

(1)明确目的，端正动机。有的学生能积极参加健美操锻炼，是出于对健美操运动有兴

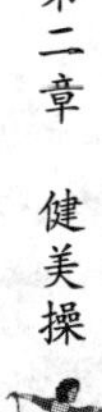

趣,也有的是出于好奇心,还有的怕健美操课成绩不佳,影响自己的学业等。从事健美操锻炼应该把目的与动机和树立正确的人生观联系起来,明确"生命在于运动"的科学原理,认识健美操锻炼的价值,正确使用科学方法进行健美操锻炼,以取得最佳的健美操锻炼效果。

(2)培养兴趣,调动积极性。当人们对健美操锻炼产生兴趣时,总是积极主动而且心情愉快地去锻炼,并能促进生理机能发生良性变化,人体内的血糖上升,肌力增加和情绪饱满。兴趣的培养与参加健美操锻炼的内容和方法的选择以及运动负荷的承受力有着密切的关系。因此,在开始从事健美操锻炼时,无论对内容、方法的选择或对运动负荷的安排,都应从有利于培养兴趣入手,养成健美操锻炼的习惯,对于调动健美操锻炼的积极性十分重要。

(二)经常性原则

健身健美操锻炼必须持之以恒,使之成为日常生活中的重要内容。

健身健美操锻炼的直接作用是促进体内异化作用的加强,进而得到恢复过程同化作用的加强,加快体内物质的合成,从而使机体内部的物质得到补充。在健身健美操锻炼对人体给予刺激的过程中,每次刺激都产生一定的作用,这种刺激使动作技能形成的条件反射得到强化,机体结构和机能产生新的适应,不断增强体质。如果坚持经常锻炼,使之成为作息制度的一部分,就会形成生物钟节律,有助于提高锻炼效果。反之健身健美操锻炼时断时续或长时间停止锻炼,已形成的动作技能就会消退,身体各种机能、素质就会慢慢减弱。因此,强健的体魄和较高的运动水平,并非一朝一夕所能练就,已取得的健身健美操锻炼成果也不是一劳永逸的。只有经常坚持健身健美操锻炼,保证锻炼时间、次数、强度的衔接性和连续性,才能收到良好的锻炼效果。

经常性锻炼的要求:

(1)合理地安排健身健美操锻炼间隔。在每天的生活中,要有规律地坚持健身健美操锻炼,合理安排时间,开始可隔日一次,适应后再增加次数。

(2)健身健美操锻炼后产生肌肉酸痛是正常的生理反应,随着机体的适应会逐渐消失。在此之间,锻炼者要有毅力去完成每次锻炼的内容,保证锻炼时间和质量,不断增加锻炼的信心。

(3)锻炼要持之以恒。体质的增强和素质的提高,都是经常刻苦锻炼的结果,而人的运动能力,也不仅仅是运动器官的能力表现,往往取决于内脏器官、血液循环系统等整个机体的适应过程。同时有赖于中枢神经系统的调节,这个复杂的协调过程,要从不适应过渡到完全适应,需要一个较长的转化过程,这个过程就要通过不间断的锻炼,达到从量变到质变。

(三)渐进性原则

健身健美操锻炼必须按人体自然发展、机体适应性规律和超量恢复原理,逐步积累增强体质的效果。而健身健美操锻炼的内容、方法和运动负荷的安排,应反映健身健美操锻炼发展过程的必然性,按合理的顺序逐步提高。

每次健身健美操锻炼的负荷量应在机体能承受的范围内。经过一段时间锻炼后,原来的负荷会变得不再适应,需要作适当的调整(即增加负荷),才能达到锻炼身体的目的。如果循而不进,只能使体质保持在原有的水平;如果循而冒进,将会损害身体健康。

渐进性锻炼的要求:

(1)健身健美操锻炼不能急于求成,要有目的、有计划、有步骤、循序渐进地进行。

(2)运动负荷必须符合自己的实际情况,一般应在逐步提高"量"的基础上,逐步增大运动强度。锻炼后既有适度的疲劳感觉，又感到胜任愉快，然后再加以调整，以取得新的锻炼效果。

(3)健身健美操锻炼时应遵循人体生理机能活动变化规律。人体活动能力的提高，要经过上升阶段(机体适应过程)、稳定阶段(机体进入工作状态)、下降阶段(机体产生疲劳)，所以每次锻炼前要做好充分的准备活动，使身体“预热”，减少肌纤维之间的摩擦。结束前应做好整理放松练习，尤其是早晨或寒冷的冬天，更应重视准备活动，这样可以防止运动损伤和产生不舒服的感觉。

(四)全面性原则

健身健美操锻炼应全面发展身体的各个部位、各器官系统的机能，各种身体素质和基本活动能力，并且追求身心的和谐发展。

人体是一个整体，各器官系统是相互影响相互制约的。任何局部机能的提高，必然促进机体其他部位机能的改善，当某一运动素质得到发展时，其他运动素质也会不同程度地有所发展，某一方面的锻炼与发展，也会对其他方面产生积极的影响。如果健身健美操锻炼的内容和方法单一，会给锻炼带来很大的局限性，机体不能获得良好的整体效应。因此，在选择健身健美操锻炼的内容和方法时要做到全面发展。

全面性锻炼的要求：

(1)身体形态锻炼和内脏器官的锻炼要紧密结合，使有机体全面、协调地发展。注重肢体锻炼，使身体形态匀称的发展，在内脏器官的锻炼上，要以有氧代谢练习为主，除了走、跑交替，匀速跑项目之外，健身健美操也可以有效地提高心肺机能水平，达到身体形态锻炼和内脏器官锻炼的内外结合，协调统一。

(2)身体素质锻炼要全面发展。因为各项身体素质之间是互相影响、相互作用的。一项素质得到发展，将促进其他素质不同程度的提高。但是还应看到，各项身体素质在发展过程中也存在着相互制约的一面。在健身健美操锻炼中，既要注意身体素质的全面发展，也要有所侧重发展几项素质和弥补自身薄弱的素质锻炼。根据健身健美操的任务和技术要求，通过基本动作、组合动作和力量素质的教学，提高人体的力量、柔韧、协调、灵敏等基本素质和基本能力。

(3)要注意心理素质培养。我国古代的养生学家认为：“形须神以立，神须形以存。”讲的就是锻炼身体和精神相互依存，不可缺一。现代运动心理学实验研究，在锻炼过程中，增加默念(即念动)练习，对完成动作和提高身体锻炼效果有积极的作用。因此，只有二者有机地结合，才能收到健身、健体、愉悦心理、陶冶情操的良好效果。

(五)适量性原则

健美操是众多有氧运动的一种，因此在创编教学过程中要充分考虑“有氧”的因素，注意在运动过程中运动负荷始终保持在有氧的范围内。运动负荷包括运动量和强度。前者指完成练习的时间、次数、组数、距离和负重总量。后者指动作速度、练习密度、间歇时间、难度等。在健身健美操锻炼中，运动负荷是否适宜，直接关系到锻炼的效果，实践证明，运动负荷太小，对机体刺激不能引起功能的变化，健身健美操锻炼效果不明显，运动负荷过大，超出所能承受的范围，不仅不能增强体质，而且有损于健康。

通过多种组合练习，以提高心肺功能、影响人的整体为基础，达到锻炼身体、增强体质、健美形体的目的。有氧运动能锻炼心、肺，使心血管系统能更有效、快速地把氧传输到身体

的每一个部分。通过经常的有氧运动锻炼，人的心脏会更健康、发达，每搏输出量就更大些，身体每部分的供氧就不需要很多的脉搏数。一个有氧运动素质好的人可以参加较长时间的高强度的有氧运动，他（她）的运动恢复也快。

适量性锻炼的要求：

(1)要根据锻炼者的性别、年龄、体质状况、营养、睡眠、专业特点、学习和工作强度来合理安排运动负荷。

(2)季节、气候的变化，适当调整运动负荷。如寒冷的冬天要适当缩短锻炼时间，以防冻伤。

第三章 瑜伽

第一节 走近瑜伽

瑜伽,作为印度古老的生命科学,对于人的身体、大脑和精神世界有着全面而精深的研究,由于受到地域文化与宗教的影响和限制,千百年来印度瑜伽一直被神秘的面纱笼罩着。但是瑜伽文化的独特魅力,却使得越来越多的世界人民感受到了它的自然与亲和。

一、瑜伽概述

为了揭开瑜伽"神秘"的面纱,本教材将带领同学们一起踏上这神秘之旅——我们将走近瑜伽,接触瑜伽,亲身感受瑜伽,体验它的呼吸、它的体位、它的冥思静想以及追求它的至高境界。

瑜伽"Yoga"一词来源于梵文词"Yuj",意思是"连接、统一或和谐"。它以形(体位)、意(冥想)、气(呼吸)为三个基本要素,要通过练习达到身心合一、身心平衡的状态。它可以使人拥有宁静的精神世界,把精神和肉体结合到最完美的状态是各种瑜伽体系所追求的最终目的。

瑜伽在近六千年的历史长河中,一直被印度人习练而修行着,它是一门完善的生命科学。到了信息高度发达的21世纪,瑜伽的健身理念终于被世界人所关注并得到认可。由地域性文化转变成世界性可接受文化,这更加印证了瑜伽自身独特的魅力。

古代印度人在大自然中发现动物及植物的生命力非常强,自愈及自治能力也非常强,于是在观察了许许多多的动物及植物,创立了8400万种瑜伽体位,每个体位代表一种生物。随着岁月的流逝,目前存留下来的体位也就只有几百个了。

印度人认为身、心、灵是相互联系的,身体的健康取决于心灵的安宁,瑜伽就是依据这个基本哲理发展出来的。其科学的价值,也是被传承至今的理由。

巴坦加里·马哈利希(Patanjali Maharishi)著有的《瑜伽经》在众多瑜伽流派中被称之为"王者之道"。《瑜伽经》对瑜伽有完整的诠释,它阐述了心灵的本质及心灵的变化,告示世人约束心灵的变化就是瑜伽。瑜伽就是身心的结合,束缚或解脱都来自于自己的内心。将这妄念纷飞的杂乱心,透过修行,回归到原来真实纯洁的本质,那就是真实的我。巴坦加里大师又告诉我们把心静下来,达到约束心灵的基本原则,就可发现所有的事物都是结合在一起的。这就是瑜伽的生活。万物都是互相供养、互相依存的,如果明白这一点,就是真爱的表现,没有动机、不自私、无我的相对待。瑜伽的修行还是着重内心的启发,透过冥想进入瑜伽的至高境界。

二、瑜伽流派

瑜伽这门学科博大精深，它为不同的人群分为不同流派，每个流派都通过不同的方式达到人类最大潜力的统一。

(1)译业瑜伽(Karma Yoga)是一个无私活动和工作的流派，属于动作瑜伽。为性格外向活跃的人所修行，它通过教习忘我的行动来净化心灵。译业瑜伽认为，行为是生命的第一表现，倡导将精力集中于内心世界，通过精神活动，引导更加完善的行为。他们认为人最好的朋友和最坏的敌人都是他本身，这全由他自己的行为决定。只有完全的奉献，才能使自己的精神、情操、行为达到高尚境界。

(2)善者瑜伽(Bhakti Yoga)是一种散播爱和奉献的流派，适于重情绪的人们。在这个流派的规范里，瑜伽修行者的源动力主要来自于爱，并认为神乃是爱的化身。通过某种宗教仪式、典礼和歌颂等方式以唱圣歌为主要内容将自己贡献给神，来表达修行者的全身心的无条件的爱或奉献。

(3)智者瑜伽(Jnana Yoga)是一个探讨哲学、通过自己的心灵探求自己本质的流派。也是最难的一个流派，它要求有极大的意愿和智慧。在修行智者瑜伽之前，应已修行其他瑜伽流派的内容并整合其所学。因为没有忘我的状态和对神的爱，没有体力与意志，追求自我实现只能是空谈。

(4)王者瑜伽(Raja Yoga)，在梵文中 Raja 这个词的意思是“国王”或“最高权力”，这个流派通过某些心灵约束的方式，来达到控制心灵变化的目的，它是瑜伽的最高境界。王者瑜伽所总结的瑜伽八阶(八支)，提供了瑜伽习练者纯洁身体与净化心灵的通往瑜伽至高境界的实践步骤。

瑜伽八阶(八支)：

第一阶段:Yama 持戒、自律

包含没有暴力、不说谎、不偷窃、禁欲、不贪婪五条戒律。使身体摆脱一切物质利益的束缚，并对万物怀有善意。

巴坦加里把上述的持戒称为“伟大的誓言”，因为它们永远不能因任何借口而破戒。伟大的誓言是全世界的、宇宙的，不受阶级、地点、时间和事件的限制。这些戒律是虔诚的、全心修炼瑜伽的人所必须遵守的。巴坦加里是不允许有借口的。当然，对于那些非“一心”以学习瑜伽为目标的人，这些誓言可以依据他的人生态度而有所调整。

第二阶段:Niyama 遵守、奉行

包含了净化、知足、苦行、读圣书、崇敬神明等要遵守奉行的五点。实际上，任何社会、任何宗教都有这些道德伦理规范，所有的灵性生活都应该依据这些规则。

第三阶段:Asana 体位法、调身

体位法的意思是各种瑜伽体位都应使人感觉到稳定又舒服，目标是安定一切动作和感觉。在体位法已经能够随心所欲之后，我们得借着控制吸气与呼气来调整身体的气。我们的呼吸应该很温和、缓慢且能完全控制，没有剧烈的摇动。

第四阶段:Panayama 呼吸控制法、调息

当我们专注于内在或外在事物时，做到除呼吸外忘却一切，自动产生闭气现象。即在深度冥想时自然产生的无意识又轻微的闭气。当心灵静止了，气也会静止的。

第五阶段:Pratyahara 感官内敛、摄心

感官内敛是另一种控制心灵的方法。感官是一条通道,是用来追求灵性事物的,允许所有外在的事物进入内心。当我们控制了感官,我们就只允许心接受我们要的形象。把对外界的所有感观的注意力转移到对内界的观察。

第六阶段:Dharana 注意力集中、凝神

全神贯注,把心集中在一处、一个事物或一个念头上,排除其他。当整个心被约束在一件事或一个地方,就是专注。也就是在专注中训练你的心,是冥想开始的步骤。注意力集中是冥想的开始,冥想是注意力集中的最高表现,它们密不可分。

第七阶段:Dhyana 冥想、入定

经过长时间的注意力集中产生的一个阶段,此时已泯灭一切,类似催眠状态。

第八阶段:Samadhi 三摩地、沉思、禅定

经过上述不懈的修炼达到的极乐之境。大脑处于一种完全虚无状态,没有任何思想、任何意念,与外界无边无界。

王者瑜伽的八个阶段是环环相扣的,遵守这八个阶段,你会发现在整个习练中受益匪浅。这种受益不局限于瑜伽本身的习练的行为中,它会延伸到你生命中的其他方面。

王者瑜伽是瑜伽流派中最难的一支,其难点在于持戒、自律和遵守、奉行这两个阶段。因为很少有人能够在一生中遵守这十条规则,每次反省自我,都会发现在某一条戒律上有所犯戒,很少有人能够顺利地完成这个程序走进体位阶段,再继续其瑜伽之旅。所以,称得上真正习练王者瑜伽的人寥寥无几。

(5)哈达瑜伽(Hatha Yoga)是通往王者瑜伽的捷径,它跳过持戒、自律和遵守、奉行两个阶段。直接从瑜伽体位阶段开始,然后贯穿其他阶段。

21 世纪最流行的是哈达瑜伽,因为它对于我们今天非常实用。人们可以直接进入体位学习,不用去考虑十条戒律,而且在 21 世纪的今天,大学生非常关注自己的身体,与致力于对大脑的控制的王者瑜伽相比,哈达瑜伽更多的是致力于身体的健康。

哈达瑜伽的理论主要构成因素有三部分:精神控制(即道德规范)、调息(控制呼吸制感与控制感官)和瑜伽体式(即端正姿势,保持身体安稳自如),三者缺一不可。达到和完成上述三项练习即可产生效果,使有益于健康的感官传至全身,通过调息来清除体内神经系统的滞障,控制身体的能量,将宇宙的能量转变为人体的能量,才能保持身体内力的平衡从而让身体进入健康状态。哈达瑜伽是多种不同门派的构成基础,特别强调体位是相对的先决条件。体位法可以消除生理上不安定的因素,大脑也即在一种健康的状态中用很积极思维方式判断周围的事情。人因此能体会到内心的平和与宁静、善良与诚实。达到身与心的和谐、连接、与宇宙达成自然合一。

(6)Kamal's(Hatha)流程瑜伽是来自印度的瑜伽大师 Kamal's Rhythmic Yoga 创造的现代 Kamals 流程瑜伽系列 1 体系。是一套很有动力的,融合了哈达瑜伽和八支瑜伽的一串连贯和跳跃动作,为每个阶段的人们设计了不同程度的课程,其中包括哈达瑜伽的基础流程课和太阳系列的流程,同时还设置了高级练习者完整练习流程。它是很好的心肺、肌肉力量、耐力运动课程,是功效极佳的有氧运动。Kamal 用这些独特的练习方式来帮助人们在短时间内获得柔和、健美的身材和提高集中精神的能力并改变人们的人生观、价值观,从而使人变得更加乐观、健康。

第二节　探索瑜伽

瑜伽在千百年的传承中，沉淀出了一套集理论与实践于一体的完整而精深的科学体系，同时也是一种自我约束的生活态度。下面我们将通过对瑜伽的探索来揭秘古代的瑜伽行者是如何将世间的压力置于你的身体、大脑和精神的掌控之下的，瑜伽的魅力何在？

一、瑜伽元素

由于瑜伽是由呼吸、体位、放松、冥想、饮食习惯和生活习惯等六项基本元素构成，因此瑜伽的基本原则是“实践简单生活，提升精神境界”，也就是在简单的生活中，通过某些练习，使自己的心神更宁静、更专注、更有力量。

（一）呼吸

呼吸是生命，我们可以禁水禁食，但我们一刻也不能离开呼吸。由此我们可以醒悟到，我们在日常生活中给予呼吸的关注是多么少。瑜伽的呼吸是瑜伽的主要部分，是连接身体锻炼和精神修养的桥梁。深呼吸能洗涤、调养我们的身体，有规律的深呼吸能使神经系统平静下来，身体和大脑都得到放松。呼吸能给大脑带来充分的氧气，使大脑更加清醒，同时它也给人体组织、血液和神经系统带来充分氧气，使它们得到足够的养分。它能促进血液循环和增强免疫系统的机能。

瑜伽呼吸法把深呼吸的这些作用提升到了一个更高的境界，这种特殊的呼吸法不仅是一种身体行为，而且还是一个从宇宙中吸取活力或生命之气的过程。能帮助生命能量的释放，使人在生理及心理上都更为年轻。

（二）体位

体位即身体的位置，所有动作的基础和起始点都是体位，因此一个人的体位应该是舒服和稳定的。不健康的体位可能导致肌肉必须分担骨头的一部分支撑作用，还会使身体过度疲劳，并引起慢性脊椎疾病、椎间盘突出或膝盖、踝、肩膀或胯关节损伤等问题。

一个健康的体位既可以反映和影响人们的气质、心理或情绪的状态，还能够反映出人们内心的平衡和安宁。

（三）放松

放松能帮助我们在生活中去除不必要的紧张情绪，并使我们能更加集中精神，全神贯注。在瑜伽中，放松练习能使身体吸收和整合不同体位释放的能量。这样修炼者就能从每个体位或一系列体位中受益。在一个专门锻炼身体某部分的瑜伽体位完成后，放松能加强和巩固锻炼的效果。

（四）冥想

冥想是指沉思或反省自我，是一种满足让大脑安静下来，变得更加自觉和自制的古老修炼，不分任何宗教。

（五）饮食习惯

瑜伽哲学认为，食物同时具有生理和心理的作用。悦性食物对身心有益，而变性食物和惰性食物对身心有害。

(六)生活准则

1. 道德规范(Yama)

巴坦加里所总结的瑜伽八阶(八支),在持戒、自律和遵守、奉行这两个阶段中,就描述了基本道德规范,从而建立瑜伽的基本准则,并向人们提出了社会道德行为的指导性原则。

2. 行为准则(Niyama)

(1)干净的大脑和身体(Saucha)。一个人内在的和外在的卫生。

(2)知足常乐(Santosa)。如果你对自己的大脑和现状不满足,就很难慷慨大方地对待自己,也很难关心他人。

(3)朴素节俭(Tapas)。有强烈地改善自己的愿望,并且在任何情况下,都努力达到个人与信仰的统一。

(4)学习经文(Svadhyaya)。学习古代和现代的文字和注释,教育自己,实现自己。

(5)把自己奉献给自己的信仰,并把此作为行为举止的准则。

二、瑜伽修习

瑜伽历经千年而不衰,从地域式的运动拓展到时尚的最前沿,瑜伽必有其他运动项目无法代替的特点。因此我们只有掌握它的特点,注意它的修习方式,才能更好地去体验它。

(一)瑜伽特点

1. 身灵平衡统一

瑜伽主要是讲求身心灵魂的平衡统一,当意识集中时,使身体在某一个体位下静止维持一段时间,从而达到身心灵的统一,改善整个机体的健康状况和平衡系统。因此瑜伽的动作是缓慢的,与其他运动相比,它的优点还在于,瑜伽注重意识层面的修习,关注精神世界,增强睿智。

2. 身体和谐,动作顺畅

瑜伽是在身体平衡与稳定的前提下,以各种体位活动全身,在增强身体的柔韧性和耐力的同时,又有助于增强身体承受压力的能力。瑜伽体位讲求的是身体的对称与平衡,刺激已偏斜的部位,并加以修正调整。不攀比任何人的优劣,只求自身的进步,进而恢复心灵寂静。

3. 消除疲劳,恢复体能

通过瑜伽的呼吸、体位与冥想的练习,保持自身顺其自然的态度,使身体的肌肉伸展、放松,保持静态,从而可恢复体能,消除疲劳,使全身舒畅。

(二)瑜伽修习

1. 瑜伽修习时的原则

(1)生活原则:要有积极的生活态度和良好的生活方式,对生活的各个方面抱着仁慈的心,不在思想、言辞、举止上伤害任何生物,与周围的一切都和谐共处。

(2)饮食原则:瑜伽主张营养、健康、自然的食品能排除体内毒素,保持身体清洁、柔软,使人身心纯净,并能提高人体的免疫力。①均衡饮食;②食物数量:进食不超过自己食量的70%,不要吃太多或正好吃到自己的食量;③吃的方法:进食要慢,完全嚼碎之后才吞咽;④水:一天要喝大量的水,水可以清洁并有助身体排出毒素。

(3)修习原则:①正确的体位。瑜伽体位中的各种姿态可以保持脊柱和关节的灵活性,使身体保持良好的体态,还可以提高全身各个系统的生理机能。在瑜伽体位的练习中,应用

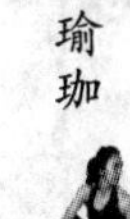

最小的力来维持每一个体位，感觉应该是平稳、舒服的。只有正确的练习，才能从瑜伽中得益。②正确的呼吸。呼吸是联系瑜伽体位与冥想的纽带，是贯通身体与精神的桥梁。呼吸方法是否正确，直接关系到身心的益损。完全的有节奏的呼吸可以更好地控制情绪并放松你的身心。③正确的放松。正确的放松会让你的肌肉与所有内脏系统消除一切紧张与疲劳，缓解压力释放心情。④正确的心态。在科技高速发展、生活节奏高度紧张的今天，人们应将对瑜伽的修习当作娱乐，当作令人快乐、放松和减压的一件事。不要一味地追求高难度的姿势和体位，不要去和别人比较；修习者要学会善待自己，对体位的练习要循序渐进，以确保身心不受到任何损伤；瑜伽的奥妙是要亲身体会才能有所了解的，因此修习者要做到持之以恒。

2.瑜伽修习时的注意事项

(1)练习场地：修习瑜伽时，最好选择清洁、安静，通风良好，温度适宜的地方，最好是在地板或专用垫上进行，避免太软或冷硬的地面。如果配合上熏香、精油或是柔和的灯光作辅助，这样效果会更好一些。

其实，练习瑜伽的关键是看你的精神是否集中，只要你是有意去进行修习，无须特别选择场所，任何地点皆可练习。

(2)练习时间：一般在大餐四个小时，小餐两个小时之后进行修习；同时注意要在排尽体内毒素、废物(上完洗手间)，淋浴后片刻，再进行修习。

(3)练习服装：要身着宽松、不受束缚、易于伸展的服装；最好不穿鞋子，光脚修习；尽量不要穿塑形紧身的内衣修习；不戴任何首饰，去掉身上的皮带、手表、眼镜，以防止意外受伤。

(4)瑜伽教练：当你打算开始练习瑜伽的时候，首选是要参加当地的瑜伽课程。请在瑜伽教练的监督指导下进行呼吸、体位与冥想的练习。因为老师能查看你的身体姿势是否正确，你的呼吸节奏是否平稳，你的放松是否彻底。

(5)练习者的年龄限制：不论男女老少都可以练习瑜伽，但不是每一个瑜伽体位都适合每一个人。适合修习瑜伽的人群有：①容易紧张、焦虑、焦躁不安的人；②经常感到肩颈腰背痛酸痛、脖子僵硬的人；③手脚容易冰冷的人；④经常头疼或眼睛疲劳的人；⑤体重过胖或过轻的人；⑥经常失眠，觉得精神不振的人；⑦肠胃不适的人；⑧内分泌失调、生理期经痛的人；⑨皮肤没有光泽、易生粉刺或青春痘的人；⑩容易感冒、体质虚弱的人。

第三节　体验瑜伽

让我们通过对瑜伽的触摸与探索，来共同体验瑜伽给我们肌体带来的活力，给我们精神带来的平静，体验瑜伽是如何使我们心灵清澈、明心见性、走向开悟。

一、瑜伽呼吸

呼吸就是生命，我们一刻也不能离开呼吸。在瑜伽中，呼吸作为瑜伽的一个基本组成部分，有意识、有规律的呼吸不仅是身体姿势中必不可少的部分，同时也是一种练习。瑜伽呼吸法把深呼吸的这些作用提升到了一个更高的境界，瑜伽哲学认为情绪及意识活动与神经系统有直接关系，通过神经系统改变呼吸。有呼吸时人的意识就不稳定，屏住呼吸时，意识稳定。无论需要集中精力干什么，呼吸就会变得缓慢、平静。瑜伽调息时，有意识放慢呼吸，增加深度，增强节奏。这种特殊的呼吸法能帮助生命能量的释放，使人在生理及心理上都更为年轻。

(一)瑜伽调息

瑜伽调息由 Prana Ayama 两个单词组成：Prana 原意是呼吸，这里指“生命能量”，是生命意识的原理；Ayama 意思是控制或扩展，有意识地控制引导 Prana 生命能量。以上两个意思都有助于理解瑜伽调息的含义，瑜伽调息指完全控制这一生命能量或者生命力量。

瑜伽调息时，呼吸周期包括三部分：①吸气(Puraka)是吸入空气的主动活动，肺部充满纯净、新鲜的空气。②呼气(Rechaka)是呼吸的被动动作，排出陈腐空气，清空肺部。③屏息(Kumbhaka)指的是吸气呼气间正常的停顿。

通常，我们只学吸气的屏息，因为这是简单又安全的，在我们获得益处之后，我们也可以练习呼气的屏息。吸气、呼气、屏息之间应该有一个固定的比例，我们保持吸气、屏息、呼气为1∶4∶2的比率。这时呼气要比吸气慢1/2，如吸气4秒，屏息16秒，而吐气时就要8秒。当然我们可以控制我们的呼气。通常我们呼气要比吸气快得多，在练习呼吸时则要与平时的习惯相反，以控制非由意志所控制的肌肉。

借助调息，我们也调整了心灵，因为它们一向是同时进行的。如果一样被控制了，另一样也会同样地被控制，这就是为什么《瑜伽经》中认为气的控制是这么重要了。

(二)瑜伽体位中的呼吸

瑜伽倡导的呼吸是动用整个肺进行呼吸，通过肺吸入充足的宇宙能量供给身体，促进心脏血液循环并且通过血流将能量送至身体的每一部分。瑜伽呼吸不仅锻炼呼吸的强弱，也能移动呼吸器官，有意识、有节奏、强烈地扩展，对胸部、腹部内的器官有按摩作用，它温和地按摩，增强其功能，使身体和心灵得到充分的放松，瑜伽呼吸是连接身体锻炼和精神修养的桥梁。正确的瑜伽练习必须先从呼吸的练习开始，而不是先从体位法开始。

(1)胸式呼吸法：慢慢吸气时，把气体吸入胸部区域，胸骨、肋骨向外扩张，腹部应保持平坦。当你吸气量加深时，腹部应向内收紧。呼气时，缓慢地把肺内浊气排出体外，肋骨和胸部回复原位。

(2)腹式呼吸法：吸气时，用鼻子把新鲜的空气缓慢深长地吸入肺的底部，随着吸气量的加深，胸部和腹部之间的横膈膜就向下降，腹内脏器官下移，小腹会像气球一样慢慢鼓起。呼气时，腹部向内、朝脊椎方向收紧，横膈膜自然而然地升起，把肺内的浊气完全排出体外，内脏器官恢复原位。

(3)完全呼吸法：是把胸式呼吸和腹式呼吸结合在一起完成的呼吸方式。首先用鼻子深深地吸气，横膈膜下沉，让空气通过鼻腔进入肺部，先让腹部鼓起，然后让胸部最大限度地扩张，你可以感觉到肚脐与脊柱越来越远，肩膀微微上抬。深深地吐气，横膈膜上移，先放松肩膀、胸部，然后放松腹部，最后收缩腹部肌肉，肚脐用力压向脊柱，让所有的废气排出体外。不要憋气，不要急速呼吸。整个呼吸是非常顺畅的动作，就像一个波浪轻轻从腹部波及胸膛中部再波及胸膛的上半部，然后减弱消失。

许多人在瑜伽体位练习的过程中，会误解所有的呼吸都是深呼吸，其实不是这样的，在瑜伽体位的练习中我们主张没有任何强迫、没有任何勉强，呼吸也不例外，保持自然、轻松的呼吸即可。

经过一段正确呼吸法的练习，用心地关注自己身体和心灵的变化，你的身体会告诉你真

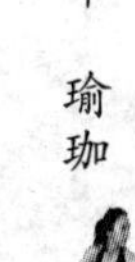

实的体验。

二、瑜伽体位

瑜伽体位的练习首先能使我们瘦身美体，增强自信，能帮我们调节内部器官，焕发活力，能使我们舒展肢体、缓解紧张。因此，瑜伽体位的练习是我们现代人体验瑜伽的首选内容。

瑜伽体位根据瑜伽内容可分为三大类：控制体位、冥想体位和放松体位。

(一)控制体位

控制体位即是控制身体，也叫做文化体位，我们平时所有的练习，不管是关节扭转、躯体拉抻的控制体位，还是太阳系列 1 和 Kamals 流程瑜伽系列 1，都是为了控制我们的身体，让我们的身体随心所欲。

控制体位可细分为：坐姿(包括前倾、后仰和转身)、站姿、平衡和倒立。

1. 坐姿

(1)前倾式坐姿：不仅能安抚整个神经系统，还能使大脑镇静下来。前倾式可以对身体的重要器官产生影响，如肾及肾上腺，练习前倾式是平衡和加强这些器官功能的有效途径。

束角式(蝴蝶式，Baddha Konasna)(见图 3-1)

体位功效：①增加髋关节的灵活性，减轻大腿、膝关节和脚踝承受的压力；②调理生殖系统和膀胱；③缓解坐骨神经痛、疝气和背痛。

练习要点：①坐式，双脚脚心相对，双手十指、中指和大拇指分别握住大脚趾；②吸气，尽量延伸脊柱，向下压膝盖；③呼气，身体前弯，让膝盖尽量贴近地面，头部也尽量靠近地面；④保持这个体位 30 秒左右，练习 4～6 次。

常见错误：①双膝没有向下压的感觉；②头部下压，胸没有贴近地面。

图 3-1

船式(Nauka，Boat pose)(见图 3-2)

这是一个传统的、经典的瑜伽体位，在古老的瑜伽文献中有所记载，是因最后的完成姿势形似小船，故而得名。

体位功效：①身体方面：加强和调养腹部、腿部和背部的肌肉，增加平衡感，滋养肠胃，塑造双腿和髋部；②精神方面：有效缓解高度的精神压力；③辅助治疗：有效改善糖尿病、便秘、消化不良症状，促进肝脏、胆囊、脾、肠的健康。

练习要点：①双腿并拢坐直，呼气，以臀部做支点，上体后倾，同时腿部抬起；②双臂伸直在体侧，与地面平行；③上体离地与腿部离地各 60 度，上体与双腿成 60 度；④伸展脊椎，头部、颈部与脊椎保持在一条直线上；⑤保持这个体位 30 秒左右，练习 4～6 次。

注意事项：①注意在平衡身体时，不要屏住呼吸；②把意识集中在保持脊椎和双腿伸直的平衡以及腹肌上；③保持平衡在臀部上，手臂与腿伸直。

常见错误：①头、颈与脊椎不在一条直线上；②上体与腿部的角度控制不好。

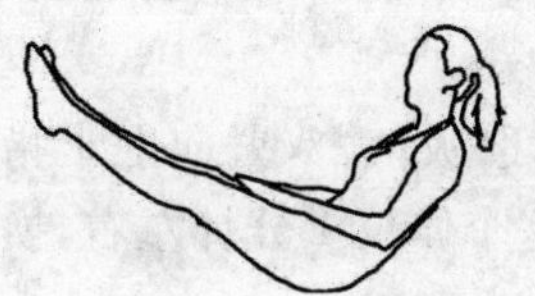

图 3-2

牛面式(Gomukhasana)(见图 3-3)

这个姿势从后面看很像一张牛的脸，因此得名。这个体位能有效地扩张肺部，促进肺部功能，改善人的体态，使身体各关节得到按摩，并能放松人的头部。

体位功效：①身体方面：增加人体躯干和头部区域的血液供应；扩胸，打开肩关节，增加肩的灵活性；伸展大腿肌肉，增强膝盖的灵活性。②精神方面：唤醒大脑，使人神清气爽，对脑下垂体有好处。③辅助治疗：可缓解背痛、支气管炎、关节炎、扁平足、腿痉挛、驼背和静脉曲张等。

练习要点：①金刚式；②右腿放于左腿前，双腿交叉两大腿相互接触；③坐在你的两脚后跟之间，双脚分开，让背部保持垂直，稍微把右大腿往里放，让双脚离臀部越近越好，这样可以让你的腿收得更紧；④放下你的左臂，手肘弯曲，然后抬起右前臂，把手放在背后，手指或手掌从背后相互扣住；⑤呼吸 6～8 次，换反方向。

注意事项：①注意通过伸长脊椎，来保持身体躯干的对称和平衡，避免脊椎向任何一侧倾斜；②若膝、肩、肘或手臂有伤病的人，一定要量力而行；③可把臀部垫高，或采取半莲花坐。

常见错误：①身体倾斜，重心不稳；②手臂与脊椎不在一条直线上。

云雀式(Eka Pada Rajaka Potasana)(见图 3-4)

这个体位把伸展和平衡相结合，是鸽子式的简易变形式。

体位功效：①身体方面：刺激卵巢功能，增加肺活量，适合更年期的人来练习；②精神方面：安定神经，稳定情绪；③辅助治疗：可缓解神经衰弱、消化不良、坐骨神经、驼背、痔疮和不孕症等。

练习要点：①金刚坐；②左腿向后伸展，双手向后张开，腰部和胸部向前推送，右脚抵住会阴部位，身体向后仰；③呼吸 6～8 次，换反方向。

注意事项：月经期间女性最好不要练习此式。

图 3-3

图 3-4

头向膝式(Janusirshasana)(见图 3-5)

体位功效：①身体方面：伸展大腿和小腿后侧肌肉，增强柔韧性；减少背部和臀部的赘

肉，使背部柔韧性增强；伸展脊椎，按摩肾和肾上腺改善神经系统；按摩腹部内脏器官，帮助消化和排泄。②精神方面：提高注意力和持久力，让头脑更加清晰。③能量方面：平衡能量，青春永驻。④辅助治疗：缓解便秘、胃胀气、感冒和鼻炎等。

练习要点：①坐式，右腿伸直向前，左脚脚心贴着右侧大腿内侧；②吸气，双臂向上十指相扣，伸展后背；③呼气，上体向前贴靠在右腿上，保持呼吸；④保持这个体位 1 分钟左右，换反方向练习。

注意事项：若背部有伤痛，应使脊椎保持伸直，抬起头，不要把头贴向膝盖。

常见错误：①向前的腿膝关节没有着地；②左脚没有接触到右大腿内侧。

卧释风式(Vatayanasana)(见图 3-6)

这是一个传统的体位，用来放松背和后腰。

体位功效：①身体方面：按摩腹腔，促进肠胃的蠕动，排除胃胀气；加强腰背部的力量，减少关节僵硬感。②精神方面：缓解紧张，释放压力。③辅助治疗：缓解消化不良、胃胀气，腰背痛等。

练习要点：①仰卧，吸气弯曲左膝，双手抱腿，呼气抬起上体下巴靠向膝盖，保持呼吸；②仰卧，双腿伸直，双腿弯曲，双手抱住膝盖，吸气，起身，下巴贴靠膝盖，保持姿势呼吸 6～8 次。

注意事项：伸直的腿尽量不要离开地面，保持肌肉的伸展感。

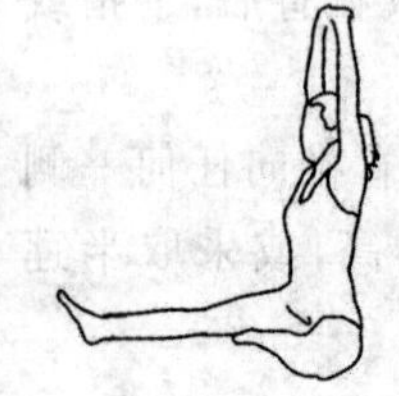
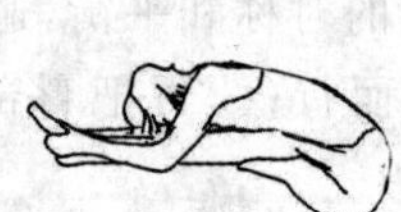

图 3-5

图 3-6

背部伸展式(Paschimottanasana)(见图 3-7)

背部伸展式也被称为坐前倾式。

体位功效：①身体方面：很好地伸展脊椎，改善脊椎骨的健康状况，纠正坐姿和站姿；放松大腿后侧肌群；增加脊椎的血液输送，滋养脊椎延伸出来的神经网络；调理生殖系统，影响肾上腺的分泌，帮助副交感神经系统；按摩腹部内脏器官，帮助消化和排泄。②精神方面：治疗神经系统的紊乱，带来平和的感觉。③能量方面：平衡能量，青春永驻。④辅助治疗：缓解便秘、胃胀气、感冒和鼻炎等。

练习要点：①坐式，双腿并拢向前伸直，双手向上伸展，拉长脊椎，吸气，抬头；②呼气，收腹，肚脐向脊椎方向挤压，上体压向双腿，肘关节落地，保持呼吸；③重复这个动作 3～6 次，然后进入静止状态。

注意事项：①若背部有伤痛或患有高血压，请保持脊椎伸直，与腿部形成 45 度即可；②若孕妇做此动作，请分开双腿，让腹部在前倾时有足够的空间；③如背部和腿部的柔韧性差，可以稍微弯曲双腿，但保持背部伸直。

(2)后仰式坐姿：后仰一般要求身体强而有力，而前倾则要求身体具备灵活性和柔韧性。同时，后仰还是加强和调养身体的好方式，特别是对背部、腿部和臀部的肌肉。

猫式(Marjariasana)(见图 3-8)

此体位模仿猫活动脊柱的姿态，是很好的脊椎热身动作。

体位功效：身体方面：柔和、缓慢地配合呼吸，让脊柱慢慢地伸展、柔化，可消除脊椎的僵硬感和腰部的脂肪堆积；可以缓解背部疼痛和疲劳；改善脊椎和脊椎神经的血液流动；加固、调理和伸展腹部和背部肌肉，按摩腹部器官。

辅助治疗：解决便秘问题、缓解糖尿病症状；对孕妇有益处；对哮喘和呼吸紊乱有帮助。

练习要点：①跪立，四肢着地，膝盖、髋关节、肩、肘与手垂直于地面，头部、颈部与脊椎成一条直线，目视双手之间；②吸气、抬头、挺胸、伸展颈部，目视上方，同时腰部下压；③呼气、收腹、含胸、低头、拱背，下巴回收；④重复这组动作 12 次。

注意事项：颈部有伤痛的人，在动作伸展时，尽量少让颈部动。

常见错误：①髋关节与膝关节没有垂直于地面；②肘关节弯曲。

图 3-7　　图 3-8

骆驼式（Ushtrasana）（见图 3-9）

这是一个脊柱向后弯曲的体位。

体位功效：①身体方面：增强脊椎与肩膀的灵活性，提高脊椎的弹性；改善坐姿和站姿，解决驼背含胸问题；伸展腹部，帮助减肥。②精神方面：可滋养脊椎神经，使它们重新充满活力；③辅助治疗：对哮喘、支气管炎和其他呼吸道问题有帮助，可缓解腹部绞痛和月经失调等症状。

练习要点：①跪立，调整呼吸，双手扶腰，身体向后仰，髋关节向前推送，向上看；②双手放在脚后跟上，头部放松向后仰；③保持这个姿势 30 秒，做深呼吸；④还原成跪立式，让双手回到腰部，身体慢慢还原。

注意事项：①有严重的便秘、头痛和高血压等症状的人不要练习此式；②心脏不太好或者脊柱比较僵硬的人，可以保持把手支撑臂部的姿势。

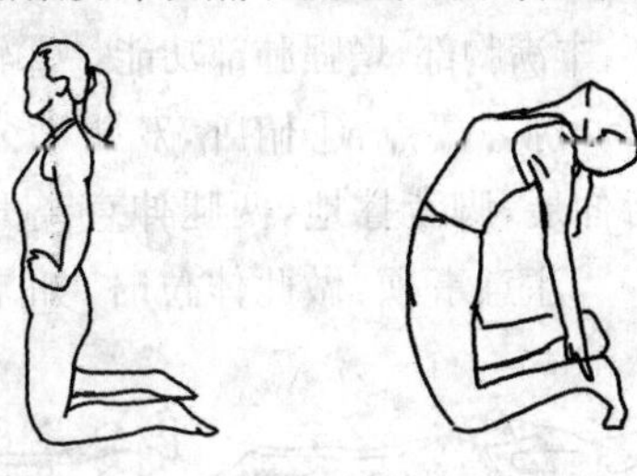

图 3-9

眼镜蛇式（Bhujangasana）（见图 3-10）

这个姿势因最后的完成姿势像一条高高抬头的蛇而得名。

体位功效：①身体方面：加强背下部、腹部和骨盆肌肉；增加脊椎和神经的血液循环；增加骨盆区域的血液流动，滋养这些器官；调节神经系统，让身心之间的结合更加和谐，有利卵巢和子宫的健康，帮助减轻经期或妇科类失调症状；减缓椎间盘突出，排遣背痛症状。②精神方面：排遣积压情绪，加强集中力和决定力，发展内部的和谐和平衡；③辅助治疗：肾胆结石、脊椎骨错位、月经不调、痔疮和背痛等。

练习要点：①俯卧，双腿并拢，额头着地，调整呼吸；吸气，抬高头部，想象鼻子、下巴被牵引着离开地面，然后用双手支撑地面慢慢尽可能地抬高胸部，髋关节要贴在地面上，保持这个姿势几秒钟。②上半身继续抬高，视线朝上，保持这个姿势做 6～8 次深呼吸。③吸气，让身体往后尽力卷起，感觉从颈椎到腰部的完全伸展，保持这个姿势做 6～8 次正常的呼吸。

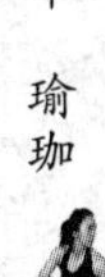

吐气，弯曲双臂，依次放松腰椎、颈椎、前额及全身的肌肉。

注意事项：若背部下端受过伤或有毛病，在进行后仰动作时，收紧你的臀部肌肉。

常见错误：①身体的重量完全压在手掌上，耸肩和缩脖子；②髋部离开地面。

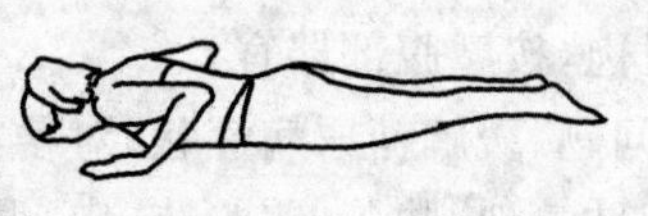

图 3-10

蛇式(Sarpasana)(见图 3-11)

体位功效：①身体方面：加强背下部、腹部和骨盆肌肉；增加脊椎和神经的血液循环；增加骨盆区域的血液流动，滋养这些器官；调节神经系统，让身心之间的结合更加和谐，有利卵巢和子宫的健康，帮助减轻经期或妇科类失调症状；减缓椎间盘突出，排遣背痛症状。②精神方面：排遣积压情绪，加强集中力和决定力。发展内部的和谐和平衡。③辅助治疗：肾胆结石、脊椎骨错位、月经不调、痔疮和背痛等。

练习要点：①俯卧，双手在背后十指交叉，两肩尽量向后打开，吸气，上身尽量向上抬起，保持 6～8 次呼吸后慢慢落下；②手指在背后相扣，伸展两臂；③双腿伸直放于地面；④胸部完全展开；⑤髋部落地；⑥抬头向上，双肩向后。

注意事项：若背部下端受过伤或有毛病，在进行后仰动作时，收紧你的臀部肌肉。

上犬式(Urdhva Mukha Svanasana)(见图 3-12)

此式模仿狗抬头向上伸展身体的姿势，也被称为“狗伸展式”。

体位功效：①身体方面：消除背部、腿部和肩部的僵硬感；伸展脊椎，调节骨盆区域的血液循环；丰满胸部，增强肺部功能。②辅助治疗：治疗坐骨神经痛、脊椎关节错位和腰部风湿。

练习要点：①俯卧，双腿稍分开，两手十指张开放于肩下；②吸气，伸直两臂，上身尽量向后伸展，脚背撑地，两腿伸直离开地面，保持 30 秒到 1 分钟；做深而长呼吸。

注意事项：做此体位时，如果觉得困难就脚尖着地，臀部要收紧。

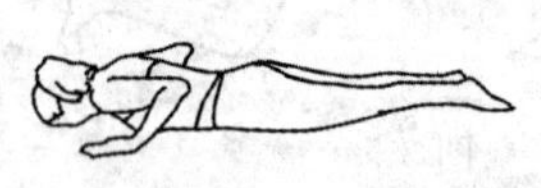
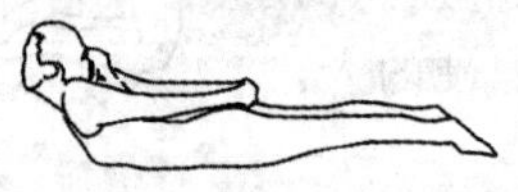

图 3-11

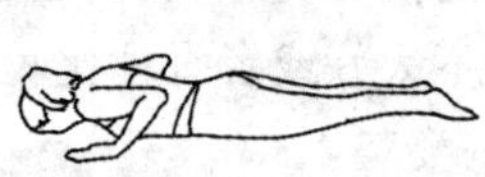
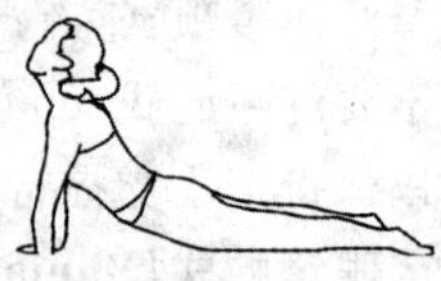

图 3-12

弓式(Dhanurasana)(见图 3-13)

用手抓住脚趾，伸展腿部，身体形似弯弓，故而称为“弓式”。

体位功效：①身体方面：强健背部的肌肉群，强壮手臂；消除后腰的赘肉，缓解肩部和颈部的紧张。②辅助治疗：改善肝脏、肾、膀胱的功能并能治疗便秘和糖尿病。

练习要点：①俯卧，两手各抓住两脚的脚踝，抬头，上身也向上；②吸气，两臂伸直，将腿尽量向上，保持 6～8 次呼吸；③呼气，缓缓落下。

注意事项：甲状腺肿大、胃溃疡、疝气的患者不要练此姿势。

蝉式(Salabhasana)(见图 3-14)

在梵文中的意思是“蝗虫”，也叫“蝗虫式”。

体位功效：①使背部下端变得更强壮，上端变得灵活，如果经常练习，可以缓解背部疼痛；②调理和伸展腹部区域和腹腔神经丛，让腹部区域更加轻松，并能使肝、肾和胰腺受益；③促进消化，并缓解消化紊乱问题，使膀胱和前列腺受益；④塑造腿部肌肉，让手臂和肩部，它们变得更强壮；⑤使神经系统受益；⑥增加头部和脖子的血液循环，滋养脸部肌肉，大脑和喉咙。

练习要点：①俯卧，双手握拳放于体侧或放于身体下方；②双腿并拢，腹部着地，下巴着地；③将一条腿尽量上抬，两腿伸直，面部放松，深呼吸；④吸气，双腿离开地面，骨盆和腹部区域仍在地面上，保持 30 秒，呼气慢慢落下。

注意事项：①不要向上踢或猛拉腿，让整个动作缓慢而又有规律地进行；②双腿抬起时不要让一条腿抬得比另一条腿高；③不要扭伤你的背部下端或屏住呼吸；⑤对这个姿势要有耐心，循序渐进，腿就会越抬越高。

常见错误：①两腿弯曲；②鼻子或前额着地；③下巴离开地面；④两腿没有并拢。

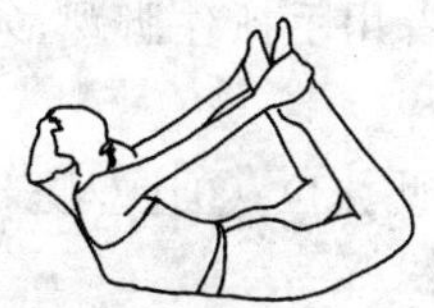

图 3-13

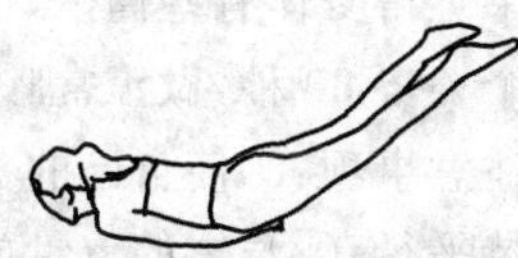

图 3-14

下犬式(Adhomukhasvanasana)(见图 3-15)

此姿势类似狗伸展上身的动作；下犬式既是一个倒立动作，又是一个前倾动作。

体位功效：①身体方面：锻炼两腿的肌肉和韧带，尤其是腿部后侧，美化腿部线条；放松肩部，治疗肩周炎和颈椎病；促进面部血液循环，具有美容的功效；在反地心引力的姿势下，心脏和呼吸系统能够休息片刻；用更多血液供应来滋养大脑，增强注意力。②精神方面：消除紧张和疲劳，舒缓情绪，缓解压力。③辅助治疗：对贫血症有帮助。

练习要点：①四肢着地，双腿并拢或分开，向下压肩、压脚跟，手心贴地，十指张开，呼气，上身向下，尽量地让头部着地，保持 30 秒；②抬起臀部；③放松头部和颈部，或者让下巴靠近胸口，眼睛看向肚脐，收腹，吸气。

注意事项：高血压和眩晕症患者应在医生建议下方可练习。

鱼式(Matsyasana)(见图 3-16)

它的名字来源于印度神话中韦史努的化身。此式常是平衡脊柱状态的姿势，接在梨式或肩倒立式的后面来练习。

体位功效：①身体方面：释放背部上端的张力；使背部更强壮，并滋养脊柱神经；当把头部放在地上时，可增加头部区域的血液循环，滋养脑垂体和松果体。打开胸部和伸展喉咙，使呼吸系统有益。②辅助治疗：对经期的各种问题有帮助；使甲状腺和副甲状腺受益；③辅助治疗：促进消化和排泄，缓解痔疮，缓解哮喘和支气管炎。

练习要点：①仰卧，双腿伸直并拢，掌心向下；②吸气，双手肘关节弯曲下压，胸部和腰部上抬，让头顶着地；吐气，保持这个姿势，做深呼吸，放松下半身恢复姿势时，依次放松上半身；③依次放松头部、胸部、腰部回到地面，重复此式 4～6 次。

注意事项：①用头顶做力的支撑点，并把重心放在肘关节上，让肘关节提供坚固的支持。②不要把头仰得太厉害，这样会使颈部脊椎扭伤。

图 3-15

图 3-16

桥式(Setu Bandhasana)(见图 3-17)

此体位,身体呈拱形,支撑点在双肩和双脚上,形似一座桥,故而得名。

体位功效:①使大腿和臀部肌肉更强壮;②通过增加新鲜的血液供应,滋养甲状腺、滋养大脑;③伸展髋关节,增加弹性;④消除颈椎和肩膀的紧张。

练习要点:①仰卧,放松全身,弯曲双膝;②吸气,慢慢抬高臀部,背部,用双手支撑腰部;③如果觉得身体有些僵硬,可以保持双手掌心向下,放在身体下方或者用手抓住脚踝;④保持这个姿势 30 秒,做正常呼吸。

注意事项:①使自己的头部、脖子和脊椎成一条直线时,才可以做此体位;②让双腿与双脚保持平行;③身体的重量放在肘部,大臂和肩膀。

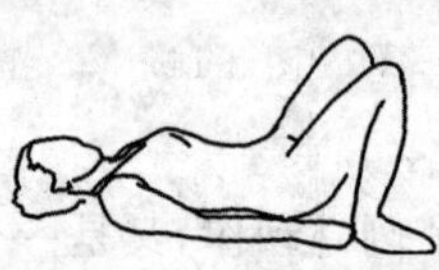

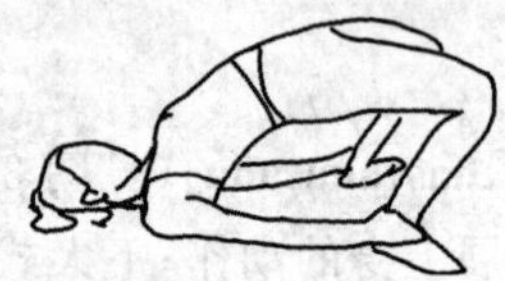

图 3-17

(3)脊椎扭转式:对排列各个脊椎骨的位置特别有用,它能有效地扭曲腰部以上的脊椎,这些姿势能够温柔地按摩腹部区域的内脏,并提供新鲜的血液滋养这些器官。它们还能扩胸,为更好地呼吸创造条件,特别是使用胸腔的呼吸。

鳄鱼扭转式(Jathara Parivartanasana)(见图 3-18)

鳄鱼扭转式是一个扭转腹部和脊椎的姿势。

体位功效:①帮助缓解背部疼痛;②温柔地按摩背部下端;③让每一节脊椎排列整齐;④挤压腹部器官,并促进肠蠕动;⑤温柔地挤压迷走神经和自治神经系统的根部。

练习要点:①仰卧,手臂伸展成一条直线,双脚并拢;②吸气,向上抬起右腿,呼气,拧转身体,将右腿弯曲放在左腿外侧,头往右侧拧转,眼睛向右看,保持姿势呼吸 6~8 次;③吸气,向上抬起右腿,呼气,扭转身体将右腿放在左侧与左腿成直角,抓住右脚,头转向右侧,眼睛看向右手,保持呼吸 6~8 次。

注意事项:①如果脊椎有伤痛,要谨慎做此体位,可先咨询医生;②动作要缓慢柔和,在保持扭曲姿势时,不要来回反弹。

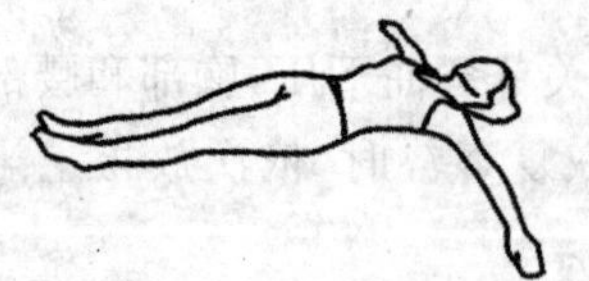

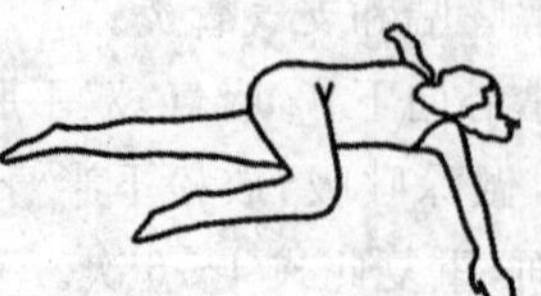

图 3-18

脊柱扭转式(Vakrasana)(见图 3-19)

这是一个扩胸和扭转脊柱的姿势。

体位功效:①身体方面:保持脊柱的弹性,调节所有的脊神经;按摩腹部内脏,滋养肝脏、脾脏和肾脏,并促进肠蠕动;减除腰部和大腿的赘肉,将血液输送到脊背部肌肉和神经。②精神方面:使心情更加平和,排遣焦虑。③能量方面:可在身心方面为冥想打好基础,排除大脑杂念,促进能量流动。④辅助治疗:缓解背痛、支气管炎、哮喘、胃酸过多、结肠炎、便秘、糖尿病、胃胀气、驼背等。

练习要点:①坐式,吸气,右腿伸展,左腿弯曲,把左脚放在右腿膝关节外侧;呼气,身体向左侧扭转,左手指尖朝后扶地,右手抱住左膝外侧,让左膝内侧尽量靠近胸部,目视后方。保持这个姿势 30 秒左右,尽量向上延伸脊柱。②坐式,吸气,右腿伸展,左腿弯曲,把左脚放在右腿膝关节外侧;呼气,身体向左侧扭转,目视后方,右手穿过右膝下方,在身体后与左手相交,保持这个姿势 30 秒左右,尽量向上延伸脊柱。

注意事项:①如果脊椎有伤病,在进行此式前,最好先咨询医生;②动作要缓慢,不要强迫;③保持脊椎的伸展,使脊椎成为身体扭转的中轴,肩膀持平。

半脊柱扭转式(Ardha Marsyendrasana)(见图 3-20)

这是使大脑警醒和清楚的最有效的姿势。

体位功效:①身体方面:保持脊柱的弹性,伸展两侧的肌肉,柔软后背的肌肉,调节所有的脊柱神经;按摩腹部内脏,滋养肝脏、脾脏和肾脏,并促进肠蠕动;减除腰部和大腿的赘肉,将血液输送到脊背部肌肉和神经;减缓脊骨尾部的紧张和交感神经系统的紧张。②精神方面:治疗神经系统的紊乱,带来平和的感觉。③能量方面:增加元气和活力,唤醒潜在的精神上的能量。④辅助治疗:缓解背痛、支气管炎、哮喘、胃酸过多、结肠炎、便秘、糖尿病、胃胀气、驼背等。

练习要点:①坐式,右腿弯曲,让右大腿的外侧紧贴地面,尽量让右脚后跟靠近你的臀部,把左脚放在右腿膝关节外侧,尽量把左脚后跟靠近右侧髋关节;②吸气,左手扶住左膝盖,右手向上伸展,呼气,并向左侧扭转身体,保持这个姿势 30 秒左右,尽量向上延伸脊柱。

注意事项:怀孕两个月以上的孕妇避免做此式,肠胃溃疡的患者应在医生建议下,方可练习。

图 3-19　　图 3-20

圣哲玛丽琪式(Marichyasana)(见图 3-21)

这姿势是献给智者——哲玛里琪的,他是太阳神的祖父。

练习要点:①坐式,两腿向前伸,折叠左腿至右膝盖处,吸气,扭转身体,呼气,弯曲左手绕至右腿外侧,左手在身后与左手相交,上身向右扭转,目视前方,保持这个姿势 30 秒左右,尽量向上延伸脊柱;②两肩在一个平面上;③后背挺直;④重量平均放在臀部上;⑤放松脚趾。

2. 站姿

在瑜伽站姿体位的练习中,要注意对称动作的选择,保持身体的前后与左右的平衡。对称性动作的练习还能让你的大腿和脊椎得到放松伸展。

山立式(Tadasana)(见图 3-22)

这是基本的站立式。

把这个姿势作为起始姿势的目的是为了能全神贯注,并且不把压力带到接下来的体位中去。基本站立式是充满朝气和平衡的,而不是刚硬和紧张的,你可以让自己觉得长高了,身体冲破头顶向上浮动,但同时双脚步又能清楚地感觉到地面。

体位功效:身体方面:控制自然的摇摆,从而更好地平衡身体,增加注意力和毅力;配合呼吸。

练习要点:①双腿并立,两个脚后跟和脚大拇指关节相互接触;②抬头,下巴与地面平行,挺胸,肩膀下沉;③加大脊柱和脖子后端的伸展幅度,感觉身体中间部分在向上伸展,手臂、手掌和手指向下伸展。

直角式(Samakonasanap)(见图 3-23)

这个体位可矫正驼背等不良体态。

体位功效:①身体方面:帮助伸展整个背部和腿部掴绳肌,缓解背部疼痛;打开髋关节,强化腹肌,有减脂功效;可以矫正驼背等不良体态。②精神方面:可以稳定神经,缓解压力。③能量方面:可以重新补充能量,并促使能量从头到脚传遍全身,以进入深层冥想。

练习要点:①要把意识放在腿部和背部的伸展上;②呼吸缓慢而深长;③两腿伸直,双手用力向前延长、伸展。

常见错误:①重心没有放在双腿之间;②把重心放在头顶;③双腿膝盖没有挺直。

图 3-21

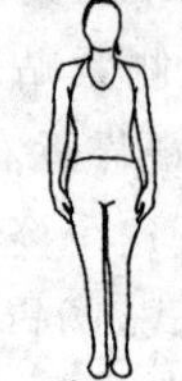

图 3-22

图 3-23

双角式(Prasarlta Padottanasana)(见图 3-24)

体位功效:①身体方面:伸展肌肉,两腿的韧带和腹部肌肉得到充分的发展;补养上背这是一个很好的伸展放松姿势;可以安定情绪和改善血液循环,增强消化功能。②精神方面:可以提高能力,集中精力,刺激智力开发。③能量方面:可以重新补充能量,并促使能量从头到脚传遍全身,以进入深层冥想。

练习要点:①要把意识放在腿部和背部的伸展上;②呼吸缓慢而深长;③头部放松接触地面,不要把重量放在头部,保持面部放松;④两腿伸直。

注意事项:高血压患者、眼部疾病患者需征求医生意见后方可练习。

常见错误:①重心没有放在双腿之间;②把重心放在头顶;③双腿膝盖没有挺直。

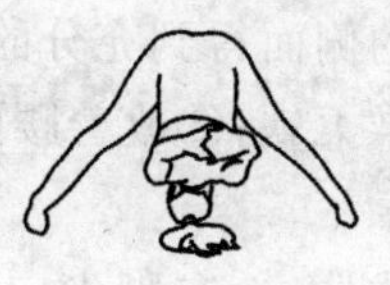
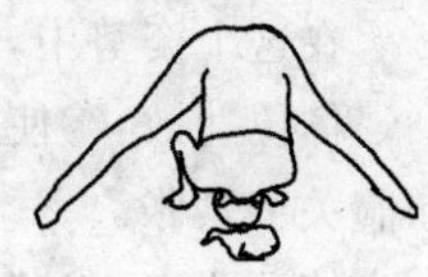

图 3-24

半月式(Ardha Chandrasana,half-moon pose)(见图 3-25)

这个姿势对力量和平衡要求很高。

体位功效:①身体方面:可以增加骨盆区域的柔软度;使脊椎和脊神经更健康;消除腰部脂肪,对腰部塑形有强化作用;加强消化和排泄能力。②辅助治疗:可辅助治疗肠胃病、便秘和肥胖症等。

练习要点:①做基本的三角式;②吐气,弯曲右膝,大腿与地平行,将右手着地,左手向上伸展眼睛向上看。③吸气,伸直右腿,左腿向上抬起,保持与地面平行;右手扶地,左手与地面平行,尽可能地长时间地保持这个姿势。

注意事项:①臀部在一个水平面上;②身体的重量不要放在手指上;③腿部有力地伸直,打开胸部,髋部展开,膝部对着脚趾。

常见错误:①重心在手上;②髋关节没打开,没有与地面垂直。

三角伸展式(Trikonasana,Trianglepose)(见图 3-26)

这是一个经典的瑜伽体位,双脚间的距离等于双腿长度,身体形成一个完美的等边三角形。

体位功效:①伸展掴绳肌;②使脊椎柔软,缓解肩关节、脊椎和髋关节紧张;③改善腰围,伸展手臂。

练习要点:①双腿伸直;②肩、肘腕在一条直线上,手指放松;③抬头向上看,看向手指;④身体的重心放在双腿中间。

常见错误:①双腿膝盖没有挺直;②身体没有在一个平面上。

图 3-25

图 3-26

反向三角式(Revolving Triangle pose)(见图 3-27)

这是一个旋转的三角形姿势,是三角伸展式的相反动作。

体位功效:①伸展掴绳肌;②使脊椎柔软,缓解肩关节、脊椎和髋关节紧张;③改善腰围,伸展手臂。

练习要点:①身体重心放在双腿中间,膝关节伸直;②重量放在脚的外侧,打开胸部;③肩、肘腕在一条直线上,手指放松;④抬头向上看,看向手指。

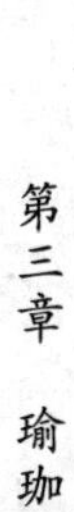

常见错误:①双腿膝盖没有挺直;②身体没有在一个平面上。

加强侧伸展式(Parsvottanasna,Intense stretch)(见图 3-28)

在这个姿势中,胸的侧面得到充分的伸展。

体位功效:①使脊椎柔软;②改善腰围;③对腰背痛有益,缓解背痛;④缓解肩关节、脊椎和髋关节紧张。

练习要点:①三角式站立,右脚尖向外打开,左脚尖内收 30 度;②充分伸展胸的侧面;③两臂伸直;④重心在双腿中间。

常见错误:①膝部弯曲;②重心在一侧腿上。

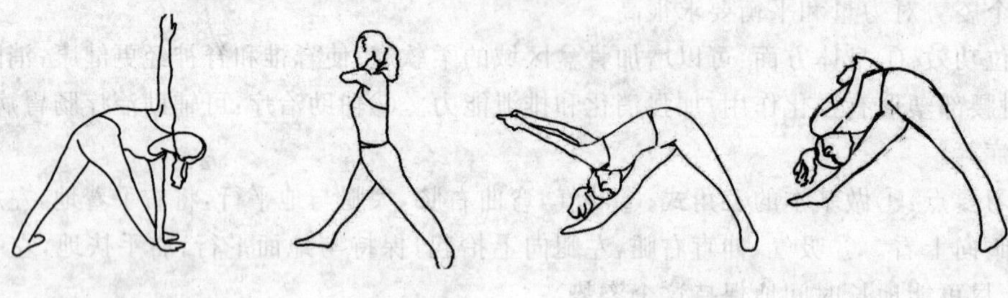

图 3-27　　图 3-28

三角侧伸展式(Utthita parsvakonasana,Extended Lateral Anglepose)(见图 3-29)

这个姿势强度较三角扭转侧伸展式弱,是一个拉伸侧肌的姿势。

体位功效:①使脊椎柔软;②改善腰围;③对腰背痛有益,缓解背痛;④缓解肩关节、脊椎和髋关节紧张。

练习要点:①三角式站立,右脚尖向外打开,左脚尖内收 30 度;②右膝弯曲成弓步 90 度;③两臂伸直,右手指尖触地,左手向上,眼睛向上看;④在此姿势中保持呼吸 6~8 次。

常见错误:①膝盖超过脚尖;②重心在一侧腿上。

图 3-29

战士式(Virbhadrasana Warrior pose)

这个体位的名字是奉献给勇敢而坚忍的英雄的。

体位功效:①身体方面:增强肺部功能,使呼吸深而长,可缓解哮喘;对大、小腿有塑形功效;收紧腹部肌肉,削减臀部和大腿的赘肉;减少颈部和肩膀的僵硬,也可以增强膝关节和髋关节的活动能力;这是一个全方位锻炼肌肉和心脏的体位。②精神方面:可缓解神经衰弱症,能增强自信,有规律地习练可以变得敏捷和勇敢。

注意事项:①心脏衰弱的人不要轻易练习这个体位;②练习时把意识力放在腿部、肩膀、腰背、手臂肌肉的抻拉和伸展感上。

战士一式(见图 3-30)

练习要点:①三角式站立,右脚尖向外打开,左脚尖内收 30 度;②右膝弯曲成弓步 90 度;③双臂水平伸直,眼睛看向右手;④右腿的脚后跟对着左腿的足弓,左脚平放在地面上;⑤在此姿势中保持呼吸 6~8 次。

图 3-30

常见错误：①膝盖超过脚尖；②身体向前或向后；③把重量完全落在一条腿上。

战士二式（见图 3-31）

练习要点：①三角式站立，右脚尖向外打开，左脚尖内收 30 度；②右膝弯曲成弓步 90 度；③双手合十，双臂向上伸展，脊柱向上延伸，眼睛看向双手；④保持扩胸；⑤右腿的脚后跟对着左腿的足弓，左脚平放在地面上；⑥在此姿势中保持呼吸 6～8 次。

常见错误：①膝盖超过脚尖，重心不稳；②身体方向没有正对右腿尖；③颈部僵硬，抬不起头。

图 3-31

雷电式（Thunder and lightning pose）（见图 3-32）

这个姿势让身体更加强壮有力。

体位事效：①强化大腿肌肉，伸展跟腱；②排列脊椎和背部肌肉；③清除骨骼和肌肉中尿酸的有效姿势。

练习要点：①从山立式开始；②吸气，双手合十，把手臂举过头顶向后伸展；③呼气，尽量弯曲膝盖，把脚后跟压在地面上，双腿和膝盖并拢。

注意事项：①在保持姿势的过程中，不要屏住呼吸；②孕妇练习时，需将双腿分开，并保持平行。

3. 平衡

平衡姿势可分为站立平衡和手的平衡。它是通过平衡或均等地使用身体，使身体灵活地移动，摆姿势和协调四肢，它包括平衡身体的两侧，或在单腿站立时，寻找身体的中轴来平衡。平衡看起来像一个静态姿势，实际上是一个悬置身体的动态过程，充满力量、活力和平静，你的大脑则非常宁静安详，注意力集中。

图 3-32

战士三式（Virabhadrasana）（见图 3-33）

这个姿势是战士式的延伸。

体位功效：①强化手臂、髋关节和背部肌肉；②伸展肩关节、踝关节和膝关节；③平衡身体的神经系统和腺体。

练习要点：①三角式站立，左脚尖向外打开，右脚尖内收 30 度；②右膝弯曲成弓步 90 度；③双手合十，双臂向上伸展，脊柱向上延伸，眼睛看向双手；④保持扩胸；⑤呼气，身体向前，手指尖指着前方，6～8 次呼吸；⑥慢慢地向伸直左腿，同时抬高右腿，身体呈一条直线平行于地面，保持呼吸 6～8 次。

注意事项：①平衡姿势比较费力，患有高血压和心脏病的人，须谨慎选择；②在感觉舒适的前提下，用最小的力保持一个平衡姿势；③不要屏气，要保持呼吸，使平衡姿势充满活力。

常见错误：①支撑腿不直，重心不稳；②臀部两侧肢体没在一条直线上。

图 3-33

树式(Vrikeshasnas)(见图 3-34)

此式形似一棵树,因此得名。

体位功效:①身体方面:调理大、小腿部,臀部,脚踝,和脚部等肌肉,锻炼平衡感;调整身体曲线,提升腹部肌肉,强化背部肌肉,防止胸下垂;强化手臂和肩膀的肌肉,使它们更加强壮。②精神方面:调节精神紊乱,培养大脑平衡及专注和决策能力。③能量方面:可排除大脑杂念,是进行冥想练习的有效体位。④辅助治疗:可缓解驼背、忧郁症、恐高症和肩周炎等。

练习要点:①山立式,以右腿站立,保持平衡,弯曲左膝,把左脚跟放在右腿内侧尽量高的位置,脚趾指向下方;②膝关节和大腿从髋部打开,膝关节指向右侧;③让髋部、身体躯干和肩膀持平,面向前方;④双手合十在胸前;⑤双手合十举过头顶,手指指向上方,双手和着地的脚分别向不同方向伸展。

注意事项:①头部、颈部和脊椎在一条直线上,不要向前倾斜;②右脚脚心贴在右大腿内侧;③两手合十在胸前或手臂伸直,两臂带动腹部两侧的肌肉向上伸展;④放松脚趾;⑤目视前方一点。

常见错误:①身体倾斜或扭曲使臀部突出;②支撑腿弯曲,弯曲腿的膝关节没有指向侧面,没有打开髋关节;③目光不集中,两手没有合十。

图 3-34

舞蹈式(Natarajasana)(见图 3-35)

此式看起来像舞蹈的姿势。

体位功效:①身体方面:有助于增强平衡感;强化髋关节、腰背部、肩关节和手臂;提高全身各个关节(肩关节、髋关节、膝关节、踝关节等)的机能及柔韧性。②精神方面:培养专注的意志力;③辅助治疗:可缓解驼背、忧郁症、恐高症和肩周炎等。

练习要点:①山立式,左腿站立,右小腿向后弯,靠近臀部的方向,右手抓住右脚脚踝,左手向上伸展到头部上方,均匀呼吸;②身体稍向前倾,左手向前方伸展,同时右腿向上和向后伸展,保持这个姿势 30 秒,做正常的呼吸;③吐气,还原山立式,换一边做同样的练习。

注意事项:①手臂有力伸直;②扩胸、支撑腿伸直;③目视一点。

常见错误:①上体向外,没有朝着正前方;②头向一侧扭转;③眼睛没有集中看着前方一点。

图 3-35

站立单腿伸展式(Utthita Hasta Padangusthasana)(见图 3-36)

此式加强身体的平衡感。

体位功效:①身体方面:此式可以矫正和美腿;对关节炎有益,缓解踝关节、膝关节和髋关节紧张;提高平衡能力;打开肩关节,伸展手臂,对膝、背、髋疼痛人士有益。②精神方面:培养专注的意志力。③辅助治疗:缓解驼背、罗圈腿等。

练习要点:①山立式,左腿站立,弯曲右膝,大腿靠近腹部,用右手抓住右脚;②调匀呼吸,左手叉腰,吐气,慢慢向前伸直右腿,保持这个姿势 6 次呼吸;③吸气,手和脚同时向右侧伸直,头向左看,保持这个姿势 6 次呼吸。

注意事项:①手抓大脚趾,膝部伸直;②扩胸,放松脚趾;③视线集中在前方一点上。

图 3-36

鸟王式(Garudasana)(见图 3-37)

这是一个模仿性很强的姿势。

体位功效:①身体方面:加强腹部和胸部的血液循环,减少腿部脂肪,防止腿部静脉曲张和痉挛;加强膝盖和脚踝的机能;②辅助治疗:可缓解恐高症、静脉曲张、腿部痉挛、关节炎、消化不良等。

练习要点:①山立式,稍微弯曲膝盖。②让左腿在右腿前方交叉,这样两条大腿能够互相接触,让左脚包住或钩住右腿的后面(正好位于小腿下方或脚踝处)。③弯曲手肘,再让两手臂缠绕,双手合十,保持这个姿势做深呼吸;下蹲,控制平衡,保持这个姿势 30 秒左右,做正常呼吸,还原山立式,换一边做同样的练习。

注意事项:①平衡姿势比较费力,患有高血压和心脏病的人,须谨慎选择;②在感觉舒适的前提下,用最小的力保持一个平衡姿势;③不要屏气,要保持呼吸,使平衡姿势充满活力。

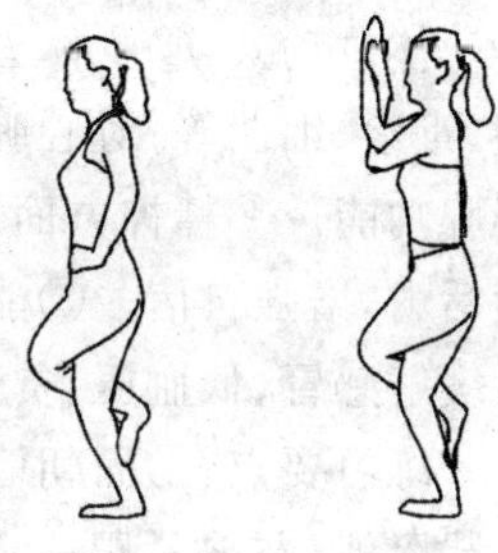

图 3-37

鹤式(Bakasana)(见图 3-38)

Baka 在梵语中是起重机的意思,此姿势称为起重机式是由于做动作时身体采取了起重机的原理。

体位功效:①身体方面:强化手腕;增加手臂和肩关节力量;增强身心的神经系统掌控,锻炼腹部肌肉;对女性的子宫下垂治疗有帮助;加强身体平衡感,腹部的压缩可以使肝脏、胰腺和肾更健康。②精神方面:增强自信,提高精神平衡能力和集中能力。③辅助治疗:消化不良、肩周

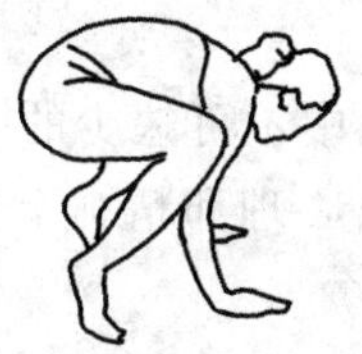

图 3-38

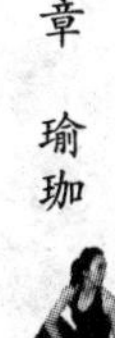

炎、肥胖症和神经衰弱等。

练习要点：①蹲下，双手十指张开，放在身体前侧的地上，与肩同宽，双膝顶在腋窝处，脚跟抬起，让身体的重心放在脚趾；②手肘弯曲向外推，膝盖向手臂上方夹紧，形成一对相反的作用力。保持这个姿势尽可能长的时间。

注意事项：①膝盖靠在大臂上；②抬高臀部，重量放在手上；③放松面部，保持固有的呼吸。

常见错误：①手臂无力，无法控制平衡；②臀部抬不起。

平板式(Plank pose)（见图 3-39）

图 3-39

体位功效：①强化手臂和肩关节肌肉；②憋气氧化血液；③加强腰、腹、背部肌肉的力量。

练习要点：①用双手和双脚趾支撑全身，使身体在同一直线上；②腰、腹、背部和腿部要尽量伸展，收紧，肩下压。

常见错误：①低头；②塌腰；③提臀。

侧撑式(Vasisthasana)（见图 3-40）

这是加强上体和手臂力量的姿势。

图 3-40

体位功效：①身体方面：强化侧腰肌；强化大腿内侧肌肉；强化手臂和肩关节肌肉。

练习要点：①让手臂、手掌和手指全部垂直向上伸展。保持在一条直线上；②让身体躯干和髋部与双腿保持在一条直线上；③抬头向上看。

常见错误：①双手臂不在一条直线上；②髋部下沉。

手倒立式(Adho Mukha Vrksasana)（见图 3-41）

这个姿势就像一棵倒立的树。

体位功效：①身体方面：所有腹部重量压在横膈膜上，促使深呼吸，排除肺部大量二氧化碳、毒素、细菌等；对心脏有放松作用，提高所有感官的敏感度；加强全身的神经中枢和内分泌腺功能。②精神方面：排遣焦虑，缓解心理失调，加强记忆力、集中力和智力，使脑细胞充满活力，增强自信。③能量方面：可以将性能量转化为精神能量。④辅助治疗：可缓解感冒、低血压、贫血症、哮喘、喉咙疾病、肠炎疝气、坐骨神经痛和鼻炎等。

练习要点：①面朝墙，双手扶地，做下犬式，弯曲左腿向后伸直右腿；②吸气，右腿蹬地，左腿紧跟一起往上伸直，双腿并拢，靠着墙面，并保持全身与地面垂直；③视线落在两手之间，尽量长时间地保持姿势，保持呼吸。

注意事项：①患有高血压、心脏病或者其他任何不允许倒立的眼睛疾病的人，不要进行手倒立；②女性月经期间，不要进行手倒立。

常见错误：①塌腰，重心没有落在双手上；②身体没垂直于地面。

图 3-41

4. 倒立

倒立姿势是瑜伽训练中不可缺少的一部分，它们能通过各种方式影响身体的机能，使我们得到生理、心理和精神上的益处，而且这些姿势还能使整个系统重新充满活力。

体位功效：①身体方面：通过将下巴紧压在胸部，激发甲状腺，让甲状腺更健康，保证骨骼的正常发育，预防过早的骨质疏松，提高免疫力，对血管和心脏有放松作用，对于消化系统、排泄系统、生育系统、内分泌系统等有一定的平衡作用；有效调节月经失调、绝经、大肠炎、甲状腺失调、哮喘、糖尿病等症状。②精神方面：重新调整精神压力，有效帮助排遣心理方面的迷失，促进大脑平静。③能量方面：推进能量向心理能量中心流动，让大脑平静祥和。④辅助治疗：可缓解感冒、低血压、贫血症、哮喘、喉咙疾病、肠炎、疝气、坐骨神经痛和鼻炎等。

倒箭式(Vipareeta Karani)(见图 3-42)

头和手在地，腿平稳地向上伸，是一个传统姿势。

练习要点：①仰卧在地上，弯曲膝盖，脚底贴在地面上，双腿并拢；②把双手放在腰间，大拇指在腰的两侧，其他手指在背部下方，用来支撑身体；③呼气，膝盖举到腹部上方，保持双腿弯曲，并抬起身体躯干，使用双手支撑背部，同时让手肘压在地上，尽量让两个手肘靠近一点，同时保持双手持平；④伸直双腿，双脚指向上方，呈对角线的方向，在这个放松的姿势中找到平衡，如果想恢复原状，双手支撑住背部，慢慢地放低身体躯干。

图 3-42

注意事项：①腿部伸直，脚趾尖向上；②身体的重量在肘部，手臂向上，手扶在下背部；③深呼吸，面部放松。

梨式(Halasana)(见图 3-43)

这是一个非常重要的传统瑜伽体位。

练习要点：①仰卧，双手放在体侧，双脚并拢；②吸气，双脚同时向上伸直；③呼气，将腿移动至头后触地，十指相交，保持 5 次呼吸。

注意事项：①两腿收紧，伸直并拢，尽可能地伸展腿部向后；②脚趾尖向外，手臂有力地伸直，两手相扣；③下巴触胸。

肩倒立式(Sarvangasana)(见图 3-44)

此势被称为“众姿势之母”，它是倒箭式的发展，是瑜伽体位中最重要的姿势。

练习要点：在梨式的基础上，吸气，双脚离地向上伸，双手扶住腰部，肘部着地，支撑住身体，肩部着地，眼睛向上看，保持姿势呼吸 6 次。

注意事项：①尽可能地将肘部相靠，后背尽可能地伸直；②全身重量放在肩部；③腿部有力地伸直；④下巴接触胸部。

图 3-43

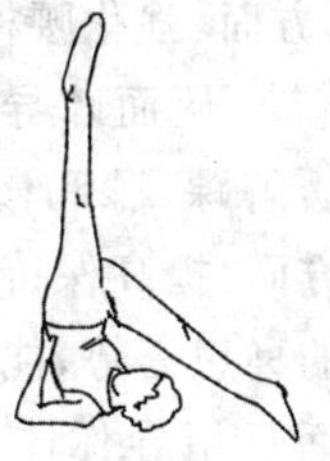

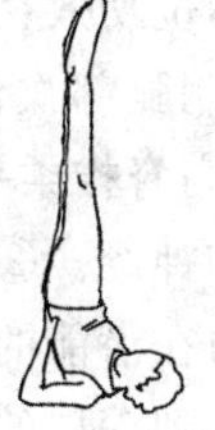

图 3-44

头倒立式(Sirshasana)(见图 3-45)

此势被称为“众姿势之王”，是瑜伽体位中最重要的姿势。

练习要点：①跪坐，两手十指相交，放于体前的地上；②上体向前，头置于地，后脑勺紧贴于手心，提高臀部，伸直双腿，使上体垂直于地面；③吸气，向上慢慢伸直腿部，使整个身体成为一条垂直的直线，保持姿势呼吸 6 次。

注意事项：①高血压、眩晕症、严重颈椎和头部有过严重损伤的人，不要练习此姿势，月经期间也不宜练习；②初学者，可以先贴着墙，以免受伤。

图 3-45

（二）冥想体位

冥想体位最基本的有四种：简易坐、至善坐、莲花坐和钻石坐。

简易坐（见图 3-46）

代表着舒适和稳定的坐姿。

体位功效：①身体方面：增强双腿的力量，使腹腔、骨盆的血液流动顺畅，帮助胃肠消化；稳定情绪，增加自信，使心灵平静；增强髋关节、膝关节的灵活性；提高脊椎柔韧性。

练习要点：①双腿交叉坐下来；②挺直后背，头与脊柱在一条直线上。

常见错误：脊椎没有保持在一条直线上，驼背、低头。

图 3-46

至善坐（见图 3-47）

这个坐姿是为莲花坐作准备。

体位功效：身体方面：增强双腿的力量，使腹腔、骨盆的血液流动顺畅，帮助胃肠消化；稳定情绪，增加自信，使心灵平静；增强髋关节、膝关节的灵活性；提高脊椎柔韧性。

练习要点：①从简易坐开始；②然后把一只脚放在另一只上面，最好让抬起来的那只脚的脚背压住腹股沟。

常见错误：脊椎没有保持在一条直线上，驼背、低头。

图 3-47

莲花式（The Lotus Pose）（见图 3-48）

莲花式是冥想的最好姿势。

体位功效：①身体方面：强化腰椎骶骨区域神经，缓解肌肉紧张；限制腿部血液的流动，从而疏导上半身的血液流动，滋养内脏；提高脊椎柔韧性；缓解踝、膝和髋关节紧张，增强和伸展腿的肌肉和神经。②精神方面：提高保持静止的能力。③能量方面：这是唤起内在潜能的很好的冥想姿势，能量可以从底部直接到达大脑，有助于达到深层的冥想而且指导你体会快乐和平静。④辅助治疗：可以降低血压、辅助消化，消除肠胃气胀。

图 3-48

练习要点：①从简易开始；②逐渐转到至善坐；③抬起另一条腿，把脚背放在相对腹股沟里，握住你的脚，把它们慢慢移到腹股沟区域里，尽量保持一个平衡、对称的姿势。

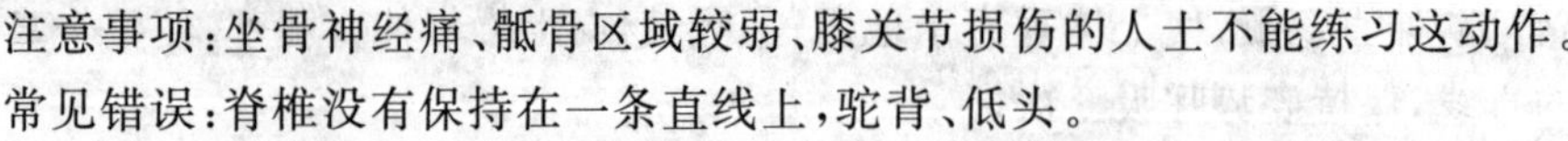

注意事项：坐骨神经痛、骶骨区域较弱、膝关节损伤的人士不能练习这动作。

常见错误：脊椎没有保持在一条直线上，驼背、低头。

钻石式(Diamond)(见图 3-49)

钻石式又被称为“金刚坐”或“雷电坐”,这是一个冥想姿势。

体位功效:①身体方面:限制腿部血液的流动,从而疏导上半身的血液流动,滋养内脏;提高脊椎和脊髓柔韧性;增强膝盖的灵活性,增强和伸展腿的肌肉和神经。②精神方面:缓解压力,增强注意力。③辅助治疗:辅助消化,消除肠胃气胀,缓解平足的问题,缓解坐骨神经痛。

练习要点:①两腿并拢跪立,然后坐在脚后跟上,两脚大脚趾相碰,但脚后跟分开,让脊椎骨一直垂直伸展到颈部;②双手放在大腿上,掌心向下,眼睛和头部保持面向正前方。

图 3-49

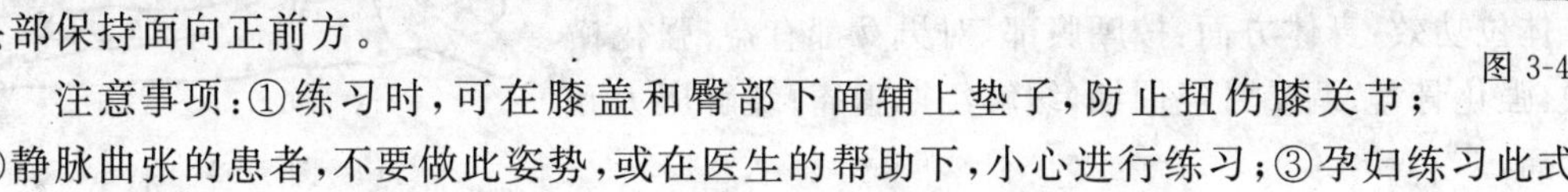

注意事项:①练习时,可在膝盖和臀部下面铺上垫子,防止扭伤膝关节;②静脉曲张的患者,不要做此姿势,或在医生的帮助下,小心进行练习;③孕妇练习此式时,需分开双腿。

常见错误:脊椎没有保持在一条直线上,驼背、低头。

(三)放松体位

放松体位是在练习者最放松的时候,可有效发挥最大能量。放松练习可使练习者调整生息并充满活力,因为放松的肌肉和神经天生就具备这些潜在的能力。

放松体位有三种:仰卧式、婴儿式和鳄鱼式。

仰卧式(见图 3-50)

仰卧式也称冥想休息术,它可使身心更易放松,是帮助睡眠的最佳选择。

辅助治疗:可缓解神经衰弱、失眠、哮喘、糖尿病、消化不良和月经失调等症状。

练习要点:①仰卧,双脚自然分开,双手掌心向上,放在身体两侧,让膝关节和脚趾自然、放松地朝外垂下,闭上双眼睛;②深呼吸,让手臂、腿部和头部轻轻地转动几次,然后停止一切动作来感受身体的放松状态;③感受一呼一吸……循环不已;④练习者要保持警觉:“我们是在做瑜伽放松,我们是清醒的……”⑤练习者要跟随教练的吟诵,把意识集中在自己身体的每一个部分上,并使身体处于极大的放松状态;⑥首先放松左脚:大脚趾、第二脚趾、第三脚趾、第四脚趾、第五脚趾,左侧踝关节、膝关节、髋关节,左侧腰部、胸部、肩部,左侧肘关节、腕关节,左侧大手指、食指、中指、无名指、小手指,左侧腕关节、肘关节,肩关节、左侧胸部、腰部、髋关节,膝关节、踝关节,左侧大脚趾、第二脚趾、第三脚趾、第四脚趾、第五脚趾——“我们在做瑜伽放松,我们是清醒的……”⑦放松右脚:大脚趾、第二脚趾、第三脚趾、第四脚趾、第五脚趾,右侧踝关节、膝关节、髋关节,右侧腰部、胸部、肩部,右侧肘关节、腕关节,右侧大手指、食指、中指、无名指、小手指,右侧腕关节、肘关节,肩关节、右侧胸部、腰部、髋关节,膝关节、踝关节,右侧大脚趾、第二脚趾、第三脚趾、第四脚趾、第五脚趾;⑧放松脚趾、脚面、胫骨、膝盖、大腿上侧肌群、小腹、肚脐、肋骨、胸部、心脏、颈部、下颌、嘴唇、牙齿、舌头、鼻子、眼球、眼皮、眉心、眉毛、太阳穴、额头、头顶、后脑勺、脖子;⑨放松肩部、背部、腰部,放松整根脊柱,放松臀部、大腿后侧肌群、小腿肚、后脚跟、脚心和脚趾……⑩“在做瑜伽式放松,我们是清醒的……”把意识集中在呼吸上,在心理上给自己暗示,吸气——呼气——吸气——呼气,直到身心完全平静下来。此放松方式可重复 2~3 次。

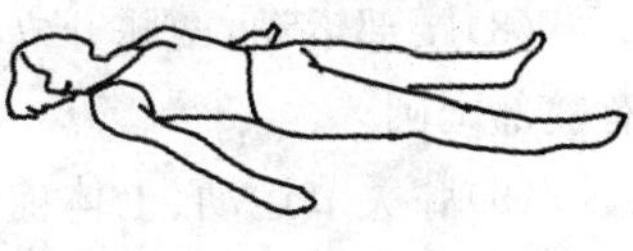

图 3-50

注意事项:①不要睡觉;②集中注意力。

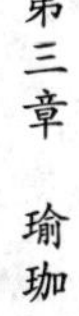

婴儿式(Child Pose)(见图 3-51)

体位功效:①身体方面:伸展背部和髋关节;延长脊柱;②精神方面:缓解压力,放松神经。

练习要点:①跪坐,上体前倾,额头放在地上;

②双手可以向前伸展放在地上,掌心向下。

注意事项:①臀部要坐在脚跟上;②后背放松伸展。

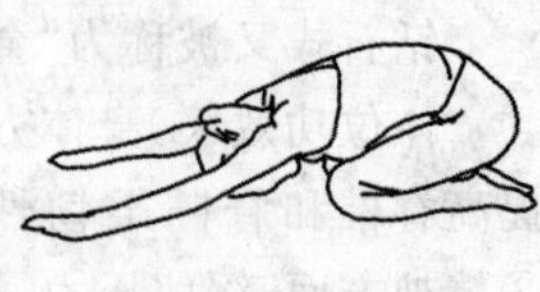

图 3-51

鳄鱼式(The Crocdile Pose)(见图 3-52)

鳄鱼式是一个很好的放松姿势。

体位功效:身体方面:按摩腹部,对男女都有益;强化横膈膜,强化骨盆;调整月经周期,缓解经期腹痛;缓解压力和腰背痛。

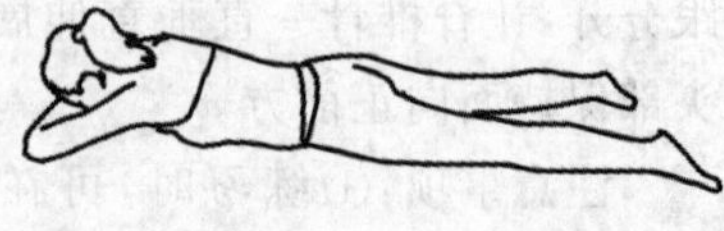

图 3-52

练习要点:①腹卧,双手折叠放在额头的下方;②脚趾放松,双脚自然开立。

二、瑜伽体位课程

本教材适合所有年纪和各种级别的学生,如果你是个初学者,请按照我们的修习的顺序与内容开始。开始会感到困难,但贵在坚持。

(一)瑜伽热身

在进行瑜伽体位练习时,要和其他运动项目一样进行热身运动。它可以打开身体的主要关节和放松身体的肌肉。每组动作做 4～6 次。

1. 准备动作

(1)颈部运动:简易莲花坐或山立式,收腹立腰、挺直背部,把注意力放在颈部;吸气抬头向后,呼气低头向前;吸气不动,呼气向右,吸气还原,呼气向左。

(2)指关节运动:慢慢地将手臂举至与肩同高,保持呼吸;用力握拳和伸展手指;立掌,压腕。

(3)腕关节运动:并拢手指,抓住大拇指,握拳;以手腕为轴,顺时针转动,再逆时针,吸气上,呼气下。

(4)肘部运动:吸气,屈肘;呼气,伸直手臂。

(5)肩部运动:①双手握拳,以肩为轴;吸气,手臂经体前由下向上;呼气,继续向后绕环落下。②手指放在肩关节上,以肩为轴;吸气,屈肘经体前由下向上;呼气,继续向后绕环落下。

(6)胸部运动:吸气,屈臂胸前平举,掌心向下,呼气,肘部向外打开胸,吸气,伸直手臂向后振臂两次,尽量打开胸,提踵。

(7)中背部运动:吸气,双臂侧平举;呼气,向左后方转体,吸气回到正面;呼气,向右后方转体,吸气回到正面。

(8)腰部运动:两腿开立,双手扶髋,自然呼吸向顺时针、逆时针各转动 8 次,转动时尽量有髋部画圆。

(9)膝关节运动:上体前倾,双手扶膝,深吸气;呼气时下蹲,将一腿的膝关节去靠另一侧的脚心侧面,吸气还原回正面,呼气时下蹲,双膝并拢;吸气还原,呼气反方向。

(10)踝关节运动:绷脚面,吸气,向上勾脚后跟,呼气,向下绷脚后跟;旋转踝关节,保持呼吸。

2. 太阳系列 1 (Kryoga series 1)(见图 5-53)

Kryoga 太阳系列 1 是由 12 个体位组成的一套有效的动作,它可以提高脊椎柔韧性和全身的力量。它的意思是要向太阳致意,因为太阳给所有生物带来生命和能量。

体位功效:①身体方面:柔软脊柱,强化全身的肌肉力量和柔韧性;促进血液循环;调节机体各系统的平衡;缓解压力,消除时差引起的不适。②精神方面:通过给人体充氧,帮助人从疲劳的状态中清醒过来,消除杂念,令大脑平静。③能量方面:这是获得内心的醒觉和平静的最佳习练。④辅助治疗:贫血、低血压、忧郁症、神经衰弱、内分泌失调、糖尿病和肥胖症等。

练习要点:①把意识集中在一呼一吸中;②这一系列动作应该一个接一个,流畅地完成;③呼吸要与动作协调配合。

注意事项:①这套动作不适合有高血压和心脏病的人,不适合患有眼睛和耳朵疾病的人;②这套动作也不适合孕妇做;③这套动作在身体十分疲劳时不要做;④这套动作在睡前不要做;⑤这套动作在发烧、身体有炎症或头晕时不要做。

流程:

①致意(Salutaion)。

②山立式(Raise Arms Straight Adove Head):双手合十在胸前,自然呼吸,手臂伸直在头顶,吸气,向上抬起双臂,双腿伸直,双臂伸直,排列骨骼并伸展肩关节,身体越长越好,放松颈部。

③体前屈(Front Bend):呼气,向前屈体,手掌下压,上体靠近腿部(初学者,可稍弯曲双膝)。放松肩部、颈部和脸部。

④武士式(Warrior Pose):吸气,左腿向后(膝关节和脚背着地),右腿弯曲成 90 度,膝关节不能超过脚尖,髋关节推向地面,打开髋关节周围的肌肉。抬头向上看,伸展脊柱。

⑤平板姿势(Plank Pose):屏住呼吸成平板,右腿退后,用双手和双脚趾支撑全身,使身体在同一直线上,腰、腹、背部和腿部要尽量伸展,收紧,可强化手臂和肩关节肌肉,憋气保持 8 秒,可氧化血液。

⑥蛇击式(Knee Chest And Chin):呼气,使膝盖、胸部、下颌着地,保持髋关节抬高。注意胸部落在双手中间,放松腰部和伸展胸部。可提高脊椎下部柔韧性,缓解全身紧张感,向地面致意。

⑦眼镜蛇式(Codra):吸气,脚背着地,双脚并拢,髋关节下压;上体向后弯屈,肩下沉,抬头向上看。

⑧下犬式(Downward Facing Dog):呼气,抬高髋部,使身体呈倒"V"字,向下压肩、压脚跟,眼睛看向自己的肚脐。保持姿势做 4 次深呼吸。

⑨武士式(Warrior Pose):左脚往前迈一步,落在双手的中间,右膝关节和脚背着地,左腿弯曲成 90 度,膝关节不能超过脚尖,髋关节推向地面,打开髋关节周围的肌肉。抬头向上看,伸展脊柱。

⑩体前屈(Front Bend):呼气,左脚向前,提臀成体前屈,手掌下压(初学者,可稍弯曲双膝)。上体靠近腿部,放松肩部、颈部和脸部。

⑪手臂伸直在头顶(Raise Arms Straight Adove Head):吸气,向上抬起双臂,双腿伸直,双臂伸直,排列骨骼并伸展肩关节,身体越长越好,放松颈部。

⑫致意(Salutaion):呼气,双手于胸前合十,调整呼吸,集中精力在呼吸上,使身心平静。

太阳系列 1 左右两侧为一组,一次做 4～5 组。

图 3-53

3. Kamals 流程瑜伽系列 1

Vinyasa 意思是从一个姿势流动或跳跃到另一个姿势。这个系列是完整的全身练习，可以提高心肺功能和训练身体主要的肌肉群，它同时可以提高脊椎的力量和柔韧性。可以纠正圆肩、驼背。在提高髋关节柔韧性的同时它也是手臂和肩关节的很好练习，它强化髋关节骨骼，髋关节被认为是身体中老化和退化最快的骨骼。

Vinyasa set1 流程第一组(见图 3-54)

①致意，调整呼吸；②吸气，双臂向上伸展，双手合十；③呼气成体前屈；④跳跃成下犬式，深呼吸 4 次；⑤跳跃回到体前屈；⑥吸气，双臂向上伸展，双手合十；⑦回到致意，调整呼吸。

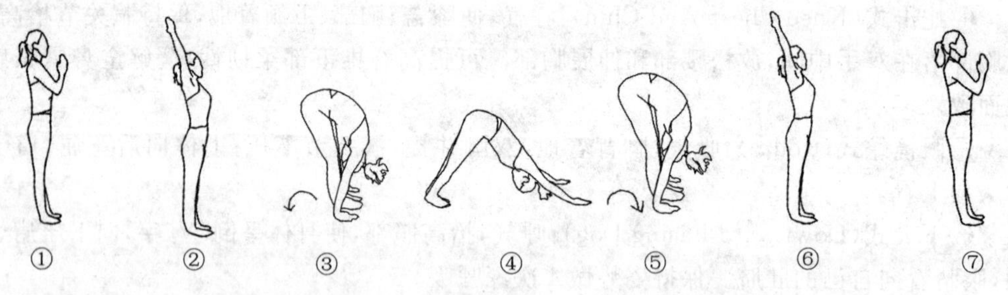

图 3-54

Vinyasa set2 流程第二组(见图 3-55)

①致意，调整呼吸；②吸气，双臂向上伸展，双手合十；③呼气成体前屈；④跳跃成下犬式；⑤吸气，成平板姿势；⑥缓慢呼气成夹肘腹卧撑；⑦吸气成上犬式；⑧呼气成下犬式，深呼吸 4 次；⑨跳跃成体前屈；⑩吸气，双臂向上伸展，双手合十；⑪回到致意，调整呼吸。

图 3-55

Vinyasa set3 流程第三组(见图 3-56)

①～⑧同 Vinyasa set2 流程第二组①～⑧;

⑨吸气上左脚,成武士三角式 1,深呼吸 8 次;

⑩呼气成下犬式;

⑪吸气,成平板姿势;

⑫缓慢呼气成夹肘腹卧撑;

⑬吸气成上犬式;

⑭呼气成下犬式;

⑮吸气上右脚,成武士三角式 1,深呼吸 8 次;同⑨方向相反;

⑯～㉒同 Vinyasa set2 流程第二组的④～⑩。

图 3-56

Vinyasa set4 流程四组(见图 3-57)

①～⑧同 Vinyasa set2 流程第二组①～⑧;

⑨吸气上左脚,成武士三角式 2,深呼吸 8 次;

⑩～⑭同 Vinyasa set3 流程第三组⑫～⑭;

⑮吸气上右脚,成武士三角式 2,深呼吸 8 次,同⑨方向相反;

⑯～㉓同 Vinyasa set2 流程第二组的④～⑪。

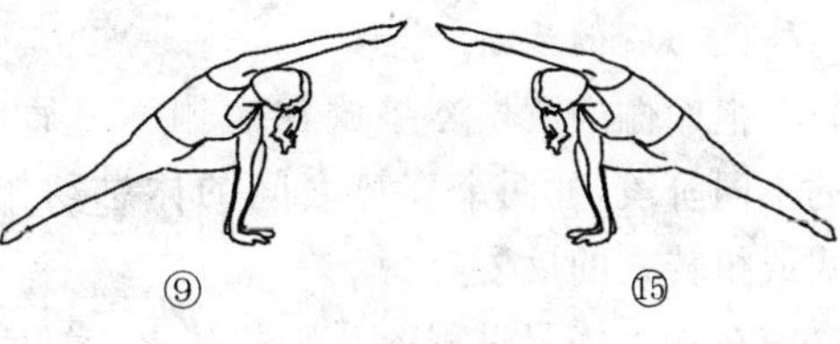

图 3-57

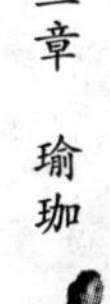

Vinyasa set5 流程五组（见图 3-58）

①～⑧同 Vinyasa set2 流程第二组①～⑧；

⑨吸气上左脚，成旋转武士三角式，深呼吸 8 次；

⑩～⑭同 Vinyasa set3 流程第三组⑩～⑭；

⑮吸气上右脚，成旋转武士三角式，深呼吸 8 次，同⑨方向相反；

⑯～㉓同 Vinyasa set2 流程第二组的④～⑪。

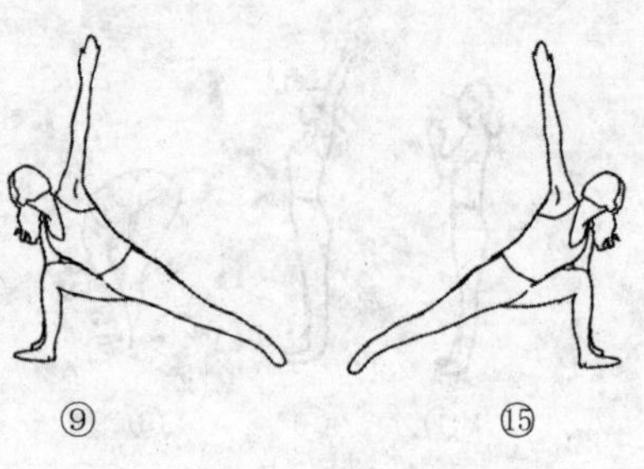

图 3-58

Vinyasa set6 流程六组（图 3-59）

①～⑧同 Vinyasa set2 流程第二组①～⑧；

⑨吸气上左脚，成武士式，深呼吸 8 次；

⑩～⑭同 Vinyasa set3 流程第三组⑩～⑭；

⑮吸气上右脚，成武士式，深呼吸 8 次，同⑨方向相反；

⑯～㉓同 Vinyasa set2 流程第二组的④～⑪。

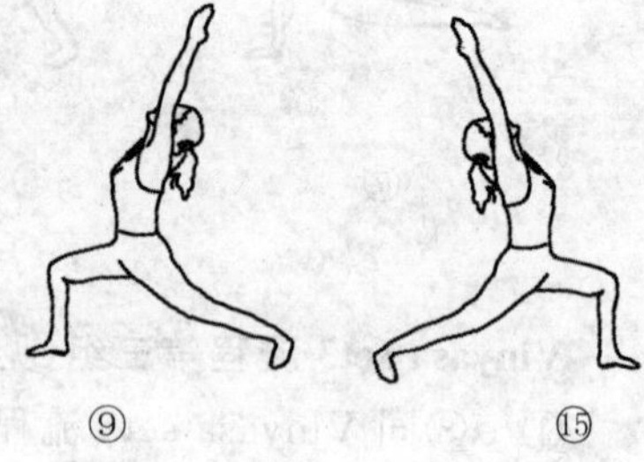

图 3-59

Vinyasa set7 流程七组（见图 3-60）

①～⑧同 Vinyasa set2 流程第二组①～⑧；

⑨吸气上左脚，成侧撑式，深呼吸 8 次；

⑩～⑭同 Vinyasa set3 流程第三组⑩～⑭；

⑮吸气上右脚，成侧撑式，深呼吸 8 次，同⑨方向相反；

⑯～㉓同 Vinyasa set2 流程第二组的④～⑪。

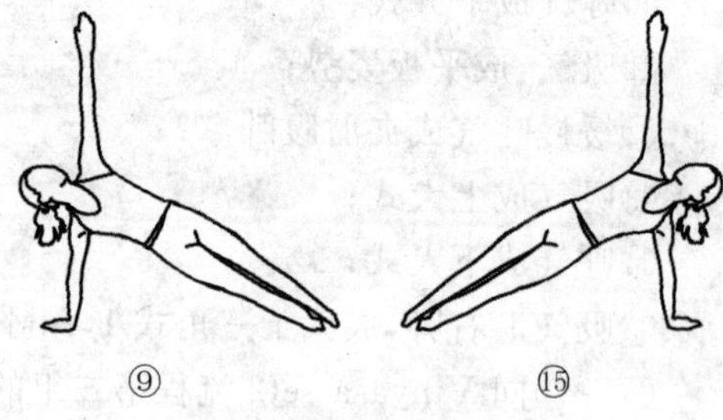

图 3-60

Vinyasa set8 流程八组（见图 3-61）

①～⑧同 Vinyasa set2 流程第二组①～⑧；

⑨吸气跳跃成体前屈，成雷电式，深呼吸 8 次；

⑩～⑭同 Vinyasa set3 流程第三组⑩～⑭；

⑮吸气跳跃成体前屈，成雷电式，深呼吸 8 次，同⑨方向相反；

⑯～㉓同 Vinyasa set2 流程第二组的④～⑪。

图 3-61

（四）控制体位

可根据控制体位的坐姿、站姿、平衡和倒立等类别，对每次课的体位练习进行合理选择与安排。

（五）瑜伽放松

把瑜伽的放松姿势放在瑜伽练习后完成，也可放在练习过程中的不同阶段，如两个姿势之间的休息动作，或把它们当成后仰、侧弯式或扭转式的反姿势。

在一个练习过程的开始和结束，最好进行仰卧式放松。

三、瑜伽冥想

随着瑜伽体位练习的深入，我们会体验到气息和能量的流动以及正确的呼吸方法。体位的练习与呼吸法的有机配合，可以让身体进入一个完美状态，扩展大脑的能力和加强精神的能力，以协助瑜伽修炼的最高境界——冥想阶段。

（一）冥想原则

我们渐渐地明了真正的自己，发现自己的智慧和宁静，这就是瑜伽的冥想。冥想是练习将思绪只停留在一点上，固定不动，通过排空杂念，观察自我。

冥想的八项原则：①选择一个大脑比较空的时间。②选择一个幽静的氛围，要适合于排除干扰，全神贯注。③习练的最佳时间是黎明和黄昏。④要持之以恒，而且尽量在同一时间、同一地点，以帮助大脑尽快进入状态。⑤冥想的坐姿一定要稳定舒适，头、颈、背挺直在一条线上，面东或面西。不要尝试去争取大脑的平静，这样只会事与愿违，所以尽力去忘却自我就好了。⑥以5分钟的深呼吸开始冥想，然后保持均匀的呼吸。⑦目视前方，将注意力集中在某一固定的实体中比如蜡烛或一幅画像，使自己的精神完全沉浸在无限深邃的寂静中。⑧练习中紧紧扣住你的冥想方式。

（二）基础冥想

1.烛光冥想

（1）练习方法：取一枝蜡烛，将其放置距离远的正面，高度与目光水平线一致，凝视黑色烛心1～3分钟，眼泪会慢慢渗出，然后，闭上双眼，继续凝视在眉心中出现的烛心，这样反复重复5次。

（2）益处：①能消除眼部的疲劳，纯净双眼，加强视力，并能使大脑得到平静。②对于刚开始学习冥想的人来说，这是最佳的练习方式。③通过长期烛光冥想习练，可以使人获得令人望尘莫及的如注目光。

2.睡眠冥想

（1）练习方法：以仰卧式平躺在地上，让全身各部位保持放松状态。闭上双眼，从脚拇指到额头扫描你的全身，越慢越好。然后再扫描整个背部。如此效法，做全身扫描6～8次。

（2）益处：①此冥想能帮助你在短时间让身体和大脑进入极度放松状态。②有效地练习，能够保障你自如地进入深沉的睡眠。③能消除失眠。④在工作之余，用30分钟的冥想补充3个小时的睡眠。

3.充电冥想

（1）练习方法：采用坐或卧姿，以舒服为主。开始观察你的呼吸——吸气、呼气，脑中没有任何思绪，不断地观察你的呼吸，10～30分钟。

（2）益处：①充电冥想能使你更接近自己的身体的能量源。②充电冥想能帮助你更有效地发掘和激活自身的潜层能量。

4.舞蹈冥想

（1）练习方法：选择你对其有特殊感受的音乐，能很快带你进入平静的音乐，双目合上，让你的身体随旋律随意舞动，你会从懈怠的滞动，被神奇般慢慢推向轻盈的旋转。灰色的心情衍变成优美的自得。30分钟后，平躺在地，开始观望全身，15分钟。

（2）益处：这个冥想可以有效地改善抑郁情绪，帮助摆脱自闭。

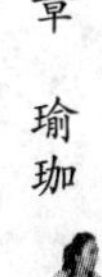

四、瑜伽饮食

瑜伽哲学把人的状态分成三种:善良状态、激情状态和愚昧状态,食物根据其特点也被分成三种:悦性食物、变性食物和惰性食物。

(一)悦性食物(Sattvic)

这是瑜伽饮食中最纯净的食物,是瑜伽爱好者应推崇的食物。

悦性食物能使精力在体内平衡流动,这类食物包括:谷类、豆类(含豆芽类),干果类、新鲜水果和蔬菜,全麦面包、牛奶、黄油、奶酪、蜂蜜、药茶等,通常烹制这类食物时要少用调味料,而且烹制的过程也大都简单,但这并不意味着口味单调,它们照样可以做成新鲜、可口、健康、营养的美味佳肴。这类食物营养、健康,能提供人体所需的养分和精力(即生命之气),并使身心都能保持健康、平和、纯净的状态。

(二)变性食物(Rajasic)

变性食物包括含有刺激性调味品的食物,过分辣、苦、酸、咸、干的食物也都属于变性食物,不管是荤菜还是素菜,只要是加上了过量的调味品就会变成变性食物,这类食物还包括:鱼、鸡蛋、咖啡、茶和巧克力。瑜伽甚至认为吃东西过急也会使吃进的食物成为变性食物。经常食用这类食物常常使人容易情绪失控、性情刚烈、脾气暴躁、缺乏耐性。所以这类食物是瑜伽修行者们应禁忌的,对于现在许多练习者来说建议少吃或不吃这类食物。在提供热量的同时也刺激身心,这类食物容易破坏人的身心平衡,消耗人的意识,并使人兴奋,难以平静,甚至焦躁不安。

(三)惰性食物(Tamasic)

这类食物包括各种肉类和油炸、烧烤的浓烈味道的食物以及变质、发酵的食物,还有酒精、大蒜、烟草、咖喱等, Swami Sivananda 瑜伽大师曾经说“味道浓重的食物只会使人产生惰性,让人昏昏入睡”。在瑜伽饮食中,蘑菇、黑木耳等菌类食品也被列为惰性食物,因为它们是在阴湿的环境中长大的,是没有经过阳光照射的食物,这类食物同样也是产生“惰性”物质的,会影响人的意识和身体,暴饮暴食也被认为是一种惰性状态,通过这种方式吃进的食物也会变成惰性食物。这是瑜伽修行者们十分禁忌的食物,它对身心全无益处。这类食品阻止了生命之气在体内的平衡流动,它带给人肥胖、臃肿的体态并使人心情忧郁,容易使人产生愤怒、贪婪的情绪和各种欲望。这种食物具有一定的抑制作用,使我们丧失能量,毒害我们的身体系统。

第四节　感悟瑜伽

瑜伽这种古老的修行方式已经不知不觉地在健身热潮中独占风头了。当我们亲身体验瑜伽这种时尚的、实用的、有效的塑身方式的同时,又深深感悟到了瑜伽它独特的健身功能。瑜伽体位的科学性通过修习者的练习已被认同。

一、减肥塑身功能

建议完成热身运动后,做如下体位:

①太阳系列　　②三角式　　③三角侧伸展式　　④战士式

⑤树式　⑥船式　⑦半脊柱扭转式　⑧圣哲玛里琪式
⑨头碰膝式　⑩背部伸展式　⑪下犬式　⑫眼镜蛇式
⑬船式　⑭蝗虫式　⑮弓式　⑯锁腿式
⑰犁式　⑱桥式

二、视力保健功能

建议晨起时先做眼球的各种转动(8～10 组),然后做如下体位:
①太阳系列　②犁式　③倒箭式　④肩肘倒立
⑤鱼式　⑥桥式　⑦轮式　⑧头倒立式
⑨头倒立二式　⑩手倒立式

三、改善背痛

建议首先完成热身运动,随后做如下体位:
①脊柱扭转式　②眼镜蛇式　③蛇式　④船式
⑤蝗虫式　⑥弓式　⑦鳄鱼扭转式　⑧锁腿式
⑨鱼式　⑩桥式

四、抗抑郁功能

建议做如下体位:
①太阳系列 1　②双角式　③三角式　④战士式
⑤树式　⑥舞蹈式　⑦半月式　⑧单腿垂直站立式
⑨起重机式　⑩船式　⑪脊柱扭转式　⑫背部伸展式
⑬坐角式　⑭侧撑式　⑮眼镜蛇式　⑯蛇式
⑰头倒立式　⑱蝗虫式　⑲弓式　⑳鳄鱼扭转式
㉑锁腿式　㉒肩倒立式　㉓鱼式　㉔桥式

第四章　定向运动

第一节　定向运动概述

定向运动可根据不同性别、年龄编组，赛程可远可近，场地可难可易。是一项男女老少皆宜的群众性体育运动。具有浓厚的趣味性、娱乐性。参赛者是根据地图标明的运动方向，进行地图与实地对照，选择运动路线、寻找检查点，比单纯的赛跑更能提高参赛者的兴趣，整个运动具有旅游特点。

这项比赛与其他比赛一样，具有激烈的竞争性。定向运动不仅是体力方面的竞争，更是智力和技巧方面的竞争。

定向运动还具有一定的知识性和军事意义，对于普及全民识图和用图的知识，加强国防建设大有好处。在青少年中开展这一项目，对于调节他们的学习、工作情绪，增强体质，丰富地理知识，尤其对培养他们的自我生存能力，启发智力有独到的好处。

一、定向运动(ORIENTEERING)简介

定向运动就是依靠地图和指北针，按规定的顺序到访地图上标定的各个检查点，以最短的时间到达终点的一项体育运动。定向运动通常设在森林、郊外和城市公园里进行，也可在大学校园里进行。

在实际地形中，一个橘黄色和白色相间的点标旗标志着运动员应该寻找的点的位置。为了证实你到访了这些点，运动员必须在到达的每一个点标处使用打卡器在卡上打卡，电子打卡系统能正确证实你的到访，同时记录你到访的时间。

点标与点标之间的路线并不固定；相反，运动员应自己作出选择。这种路线选择能力以及借助于地图和指北针在森林和公园辨明方向并以最快速度按顺序到达目的地的能力便是定向运动的精髓所在。

(一)定向运动的基本要素

1. 装备、器材

(1)个人需要装备：①服装。定向越野对服装没有特殊要求，对衣裤的选择应该是紧身而又不至于影响呼吸与四肢活动自如为准。因为是户外运动，为防止草木的刺碰以及虫蚁的侵袭，最好穿用面料结实的长袖衣、长腿裤。②鞋。合脚，轻便而又结实，鞋底的材料和造型应能牢靠地抓住地面。③指北针。

(2)赛会提供器材：(与比赛场地相符合的)地图、比赛路线、检查卡、号码布以及检查点说明符号(见图 4-1)。

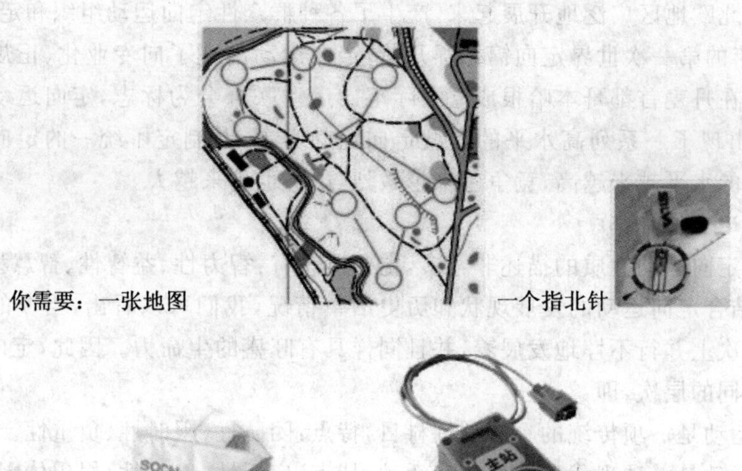

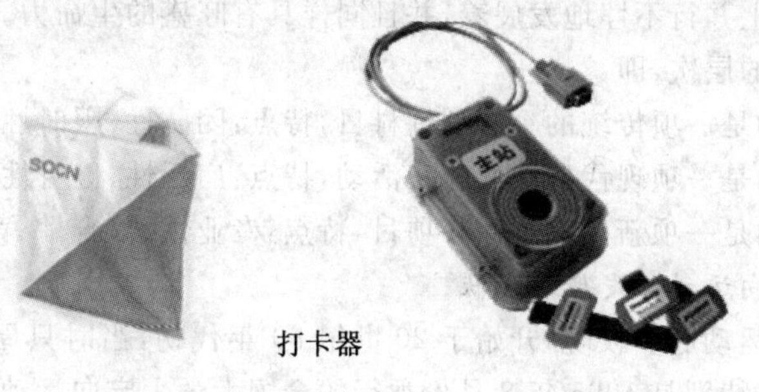

图 4-1

2. 技术

准确地判读地图和正确地选择前进路线的能力。

3. 体能

以最短时间到达终点所需要的体力和速度。

(二)定向运动的分类

以不同的要素条件为依据,可以将定向运动区别为不同的类型:

(1)以运动工具条件为标准可以分为:徒步定向、山地自行车定向、滑雪定向、残疾人轮椅定向、摩托车定向、独木舟定向等。

(2)以运动场地条件为标准可以分为:定向越野、公园定向、校园定向、夜间定向、水上定向、百米定向等。

(3)在以上各种类型的赛事中,根据更为具体的条件可以细分为:短距离定向比赛、标准距离比赛、长距离定向比赛、接力赛、积分赛、百米定向、团队赛等。

通常情况下,Orienteering 是指徒步定向。

(二)定向运动的历史沿革

定向运动起源于北欧国家瑞典和挪威。这是因为欧洲北部斯堪的纳维亚半岛广阔而且崎岖不平的土地上覆盖着一望无际的森林,散布着无数的湖泊、沼泽。人口稀少和居住分散的生活方式,使得人们必须要经常穿行于森林和荒野,并不可避免地要经常性地依靠地图和指北针。正因为如此,那些最经常在远离人口聚集地开展活动的人们,成为了开展定向运动的先驱,他们就是军队。在森林和荒野具备辨别方向、选择道路和越野行动的能力,成为军队完成任务的必备条件。1886 年,在瑞典首次使用了 Orienteering(定向)一词,意思为"在地图和指南针的帮助下,穿越不为人知的地带"。1895 年,在瑞典和挪威联合王国的军营中举行了第一次正式的定向比赛。由于定向运动本身所具有的实用性,从 20 世纪初开始,定

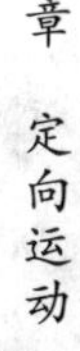

向运动很快在北欧地区广泛地开展起来，产生了各种群众性定向运动组织和定向运动形式。

从1932年的第一次世界定向锦标赛开始，定向运动出现了向专业化、正规化发展的趋势，以1961年在丹麦首都哥本哈根成立国际定向运动联合会为标志，定向运动的发展逐步开始规范化，出现了一系列高水平的大型定向运动赛事，并制定了统一的定向运动竞赛规则。定向运动的水平越来越高，竞争越来越激烈，影响也越来越大。

（三）定向运动的特征

当前对于定向运动性质的描述非常多，主要概念有：智力性、益智性、智慧型、娱乐性、休闲性等，但是结合定向运动的发展现状和历史沿革情况，我们可以看出，当今的定向运动仍然是在各个层次上并行不悖地发展着，并且同样具有旺盛的生命力。因此，定向运动的特征也应该具有不同的层次，即：

(1)定向运动是一项传统的军事训练科目，特点：团队性、限时性、负重性。

(2)定向运动是一项现代群众性体育活动，特点：广泛性、健身性、娱乐休闲性。

(3)定向运动是一项新兴竞技体育项目，特点：专业性、综合性、竞争性。

（四）我国定向运动的发展和现状

我国的定向运动起步较晚，开始于20世纪80年代初，当时只局限于部队与军事院校。其发展速度很快，特别是1995年8月份举行的全国大学生定向运动竞赛更把中国的定向运动推向一个新的高峰，为定向运动在中国的普及打下了坚实的基础。

二、定向运动竞赛介绍

定向运动竞赛介绍包括对其赛事、竞赛种类、竞赛形式、竞赛委员会的介绍。

（一）定向运动赛事

(1)02Ringen：瑞典五日。世界上最大规模的定向运动赛事——旅游节，每年7月吸引世界各国两万多名男女老少定向运动员相聚瑞典。

(2)世界定向越野锦标赛：最权威的传统定向比赛。每隔一年举行一次。

(3)Jukola：世界最大的定向接力赛，每年6月，2000多个队在芬兰白昼地区持续24小时。

(4)Tio-mila：世界最刺激的夜间定向接力赛。每年4月末在瑞典举行。

(5)定向越野世界杯赛。

(6)世界青年定向越野锦标赛。

(7)世界老年定向越野锦标赛。

(8)世界公园定向循环赛：每年在世界各地公园巡回举行的职业精英赛，只有世界排名前25位的男女运动员才有资格参赛。

另外，瑞典还有“世界五日定向越野连环赛”。

（二）定向运动竞赛种类

1. 个人徒步定向越野

这个项目的比赛成败，取决于个人识别地图、使用地图和野外奔跑的能力。它适应于不同年龄的运动员参加，成绩计算可分为个人跑计算个人单项成绩、个人跑计算团体成绩、个人跑计算个人和团体成绩。

2. 接力定向越野

把比赛路线分成若干段,国际比赛常分为四段,各段选手成绩之和即为全队总成绩。

3. 滑雪定向越野

选手使用滑雪装具参加比赛,比赛路线即滑道需用摩托雪橇开辟,同一比赛路线上,滑道通常不止一条,以供选手选择,运动员必须使用非机动雪橇参加比赛。

4. 夜间定向越野

比赛在视度不良的夜间进行,是一种高难度的比赛。检查点一般设在较明显的地形点上。

5. 积分式定向越野

通常以个人方式进行比赛。在比赛区内预先设置多个检查点,并根据地形之难易程度、距离远近,点的位置相互关系的不同,而赋予每个点以不同的分值,选手必须在规定时间内自由寻找若干或全部检查点,积分最高者为优胜。

6. 专线定向越野

在图上标出比赛路线,运动员必须按规定的路线进行,并将途中遇到的检查点位置标到图上,成绩以检查点位置准确程度和用时的长短确定。

(三)定向运动竞赛形式

1. 个人赛

运动员独立完成竞赛。速度赛、短距离赛、标准距离赛、积分赛。

2. 接力赛

3. 团队赛

(四)竞赛组织委员会

竞赛组织委员会(简称组委会)是竞赛的承办者。由主办单位会同有关单位协商组成。

(1)竞赛组委会负责竞赛的组织领导工作。组委会应根据竞赛规则,保证竞赛的公正、公平。

(2)竞赛组委会应根据有关规则制定本赛事的竞赛规程。

(3)竞赛组委会最迟应在竞赛前2个月发出竞赛邀请书。

(五)组委会

由主任、副主任及委员若干人组成。组委会下设技术组、裁判组、秘书组、后勤组,并任命总裁判长一人。

三、开展定向运动的作用、要求及意义

通过对定向运动发展历史的回顾我们不难看出,在不同层次上开展定向运动对参加者的具体要求是不完全一样的。但是,只要是参加定向运动,对参加者所产生的作用和要求却是基本相同的。

(一)定向运动的作用

1. 有利于智力和体力的发展

定向运动是一项非常健康的智慧型体育项目,是智力与体力并重的运动。运动中,除掌握基本动作要领与采用科学具体的运动方法外,还要遵循尽量选择最佳运动路线、有路不越野、宁慢少停等原则,这样既可以保证奔跑速度,减少体力消耗,又能提高效率,做到少跑距离又省时省力,否则事倍功半。同时,运动员在比赛过程中可能受伤或因跑错方向而得不到

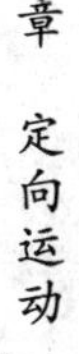

任何帮助，只能依靠自己的能力来战胜困难，超越自己。因此定向运动不仅能强健体魄，更能磨炼意志，培养人独立思考、独立解决困难的能力，以及在体力和智力受到压力下迅速作出反应、果断决定和采取行动的能力，同时，有利于智力的发展。

2. 有利于学生独立能力的培养

定向运动能培养学生独立分析解决问题的能力和较好的逻辑思维能力，定向比赛地图在比赛 1 分钟前才发给运动员，比赛场地是运动员未知的，因此每个人必须独立完成自己的比赛路程。同时，达到一个点标也许有好几条路线，其中只有一条是捷径，运动员能否寻查到捷径，需要运动员具有良好的判断和逻辑性思维能力，在这样的比赛氛围中充分展示自己，锤炼自己。定向运动不分年龄、性别，因此在这里不论男女老少、种族背景、文化阶层、社会地位，均可参加，共享人生。

总之，定向运动是一项集群众性、趣味性、知识性、竞争性和国防教育于一体的新兴体育项目，运动员必须具备在野外辨别方向，熟练地使用地图、指北针，善于长距离的越野跑等良好的身体素质和思维能力。定向运动对于调节学习与工作情绪，丰富地理与地图知识，对发展智力、增强体质、提高综合能力、加强国防建设都有积极的意义。因此，定向运动非常适合于学校开展，以弥补各学校课外体育活动陈旧与匮乏之不足。目前，有一些高校相继成立了定向运动俱体部，学生自发组织学习，丰富课余文化生活，很值得我们借鉴和参考。

(二)定向运动的要求

(1)体能要求——复杂地形条件下的持久奔跑能力(速度和耐力)。

(2)地图知识——熟练地判读地图(在陌生地域确定位置和方向)。

(3)思维能力——在奔跑中冷静地进行观察和地图与地形的对照。

(4)反应能力——在复杂情况下迅速地在多种选择中作出判断。

(5)意志品质——在困难和压力面前勇于拼搏、一往无前。

(6)安全意识——能把自我保护措施贯彻到奔跑、判读和选择诸环节。

(三)开展定向运动的意义

定向作为一种新兴的、利用地图和指北针导航的运动，在世界各地正吸引着越来越多人参与并为之狂热。它既是一种户外休闲、娱乐运动，又是一种竞技运动。参加定向运动除需要指北针和地图外，不需要特殊的设备，是一种较为经济的运动项目。定向运动通常在森林中举行，也可以在公园、校园，甚至城市街头举行；而且定向运动容易设计出满足不同年龄、性别、体能和定向技能水平参赛者需要的比赛路线，因此参与定向运动很少受到条件限制。根据国外有关报道，定向运动的参赛者年龄最小的才 3 岁，最大的已达 80 多岁高龄。在欧洲，特别是在定向运动发源地斯堪的纳维亚半岛，定向运动通常是一种全家人参与的富有情趣的户外运动，父母与子女一起去参加一项比赛，或者各自根据自己的年龄、技能水平分别参加专门设计的比赛项目。而在其他一些国家，定向运动更趋向于是一种令人兴奋的、充满挑战性的“智者”的竞技性运动，或是一种冒险者的运动，一种体能爱好者的运动。它不但考验人们的体能、智能和定向技能，而且还考验人们在环境压力下迅速作出正确判断和果断决策的能力及应变能力，这一点更具挑战性。定向运动还是一种个人体验型运动。从目前来看，定向运动主要还是在森林和公园中进行，不论是现场观赏，还是电视转播都受到很多限制，因此除了亲身体验，观众很难体会到其中的挑战、刺激和乐趣。

第二节 定向运动常识

一、地图识别

地图识别是定向运动中一项十分重要的技能，它对于整个运动的完成有极其重要的作用。

(一)定向越野地图

定向越野地图是一种专门为在野外进行定向运动的人们测制的精确、详细的地形图。为了便于使用者比较、辨别地面的障碍程度，同时保持地图在运动中的清晰易读，定向地图不仅运用不同的符号尽可能多地表示出各种地物地貌特征、岩石、地表状况、植被状况、土地使用状况(耕地、林地、果园等)、水系、住宅区和独立建筑物、道路网等特征物，而且还使用了较多的色彩来表示图中的内容，同时这也就区别于其他地图。

(二)定向地图的要素

1. 地图比例尺

比例尺的概念：图上某线段长度与相应实地水平距离之比，即地图比例尺。

地图比例尺＝图上长/相应实地水平距离

定向越野比赛中多采用 1∶5000 和 1∶10000 比例尺的标准地图。

2. 比例尺的特点

(1)比例尺只是一种纯粹的比值，因此相比的两个量必须取同样的单位，否则不能成比。比例尺的大小由比例尺分母决定，与分母值成反比。

(2)一幅地图，比例尺越大，其包括的实地范围就越小，图上显示的内容就越详细、越精确，比例尺越小则反之。换言之，一幅地图，当图幅面积一定时，比例尺越大，其包括的实地范围就越小，图上显示的内容就越详细；比例尺越小，图幅包括的实地范围越大，图上显示的内容就越简略。

(3)比例尺越大，图上测量的精度越高；反之测量精度越低。

3. 地图上的符号与颜色

如同其他地图一样，定向地图也要完整而详细地表示地貌、水系、建筑物、道路、植被和境界，即"地图六大要素"。根据国际定联定向运动地图规范(ISOM2000)的规定，将定向地图的符号分成七个类别：

(1)地貌(棕色)：地面的形态通过非常详细的等高线，辅以一些专用符号，如丘、洼地等来描绘。黑色的岩石和陡崖符号对地貌的描绘起补充作用。一般情况下，适合定向运动的地形用 5 米的等高距就可以得到最佳效果。

(2)岩石和石头(黑色＋灰色)：岩石和石块是地貌的特殊类型。地图上的岩石既为读图与确定点位提供有用的参照物，又可以向参赛者标明是危险还是可奔跑的通行情况。为了区别其他地貌特征，岩石用黑色表示。必须注意确保岩石的特征如陡崖的特征与用首曲线和间曲线表示的地面形状和落差变化保持一致。

(3)水系和沼泽(蓝色)：水系和沼泽包括开放的水体和因水(沼泽)而生的特殊植被。对参赛者而言，它们的分类是重要的，因为它们不但反映对奔跑的妨碍程度，而且还为读图和

检查点提供特征。如果水系特征被黑线环绕，表示在通常气候条件下不能通行。

(4)植被(绿色+黄色)：对参赛者而言，植被的描述是重要的。因为它不但影响易跑性和通视度，而且还为读图提供特征，同时为参赛者在比赛过程选择路线提供依据。

植被颜色的基本原则如下：

白色——表示可跑树林；

黄色——表示开阔地，被分为几种类型；

绿色——表示树林和下层丛林的密度，按易跑性被分为几种类型。

(5)人造地物(黑色)：交通道路网为参赛者提供重要的信息，它们的类别在地图上必须可以明确区分。对参赛者尤为重要的是较小的路的分类。另外，其他的人造特征如房屋、输电线等对读图和作为检查点特征也是重要的。

(6)技术性符号(黑色+蓝色+棕色)：技术性符号对所有种类的地形图上都是必要的，在定向图上主要有：

①磁北线，它是地图上指向磁北方向的线。它不仅可以用来标定地图的方向，确定寻找目标的方向，而且还可以用于概略地判明比赛路线的方向和距离。主要用蓝色或黑色，现常用红色。②套版线，在印刷时使用。③高程注记，可用于了解某个地点的高程(海拔高)和计算参照物的高差。等高线上的和水面的高程注记不标明点位，他们的高程注记的字头方向基本上是朝北的(向上)。

(7)比赛线路符号(紫色)：所有关于比赛用的符号，在比赛用图套印。

为了与图上其他颜色区分开来，图中一般用紫色标出比赛路线(如用笔画线，用红色笔)。起点在图中用等边三角形表示，并指向第一个点标。终点用两个同心圆标出，且点标的具体位置是圆圈的中心。圆圈的直径大约为7毫米(不太大也不太小)。

4. 地图符号的图形特点

无论何种地物，它们在现地的平面形状特点都可以被理解为面状的、线状的、点状的。这一点我们发现，图上各种符号的图形与实地物的形状特点之间有惊人的相似之处，并且一一对应。

(1)面状符号：这类符号在实地的面积通常较大，包括树林、水塘、河流、湖泊、湿地、建筑群等，它们用依比例尺描绘的符号或轮廓符号表示。我们可以在地图上直接量算出地物在实地的长宽和面积，因此这类符号又称为依比例尺表示的符号。

(2)线状符号：这类符号包括各种道路、输电线、石墙、围栏、河流等，它们的长度是依比例尺缩绘在地图上的，宽度则没有依比例尺表示，因此这类符号又被称作半依比例尺表示的符号。

(3)点状符号：这类符号在实地的面积或体积通常较小，但他们的外形或功能具有明显的方位作用，是参赛者在行进中的重要参照物。例如坟墓、石块、塔、井、独立树、坑等，用不依比例尺描绘的图案符号或点状符号表示，但在图中表示精确的位置。

5. 地貌类型的识别

地貌是地表的高低起伏状态，如山地、平地、凹地、谷地等。当然也包括一些附属于它的地物，如小丘、土崖、沟壑等。

定向地图采用等高线法表示地貌，能够熟练地应用等高线图形理解地貌是非常重要的。这是因为，定向地图上的所有要素都是建立在地貌的基础之上，并与地物形成各种关系。比如，地物的分布、比赛路线的方向和距离等，都要受到地表起伏、变化的制约和影响，而且在地物稀少的地方及森林中，地貌就是主要的甚至唯一的行进参照物。要想在野外充分地利用定向图上表示的地貌，必须首先懂得等高线显示地貌的方法和学会运用等高线研究地貌的方法。

等高线是由地面上高程(海拔)相等的各点连接而成的封闭的曲线。

(1)等高线显示地貌的方法：通俗的理解，假想把一座山从底到顶按相等的高度一层一层水平切开，山的表面就出现许多大小不同的截口线(同一截口线上各点的高度一致)，然后把这些截口线垂直投影到同一平面上，便形成一圈套一圈的曲线图形。因为同一条曲线上各点的高程都相等，所以叫等高线。定向越野地图就是根据这个原理测绘出等高线来显示地貌的(见图 4-2)。

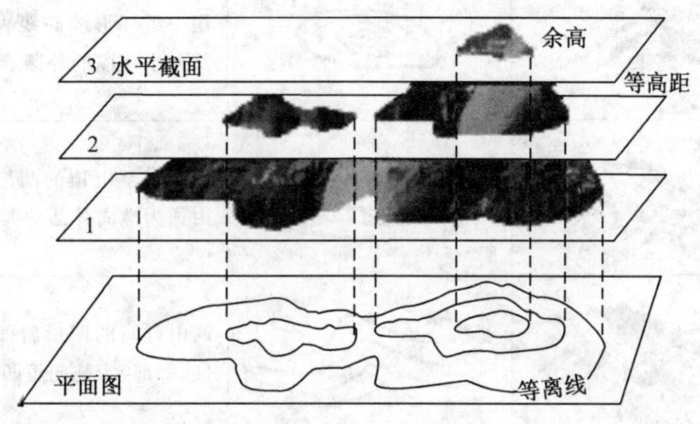

图 4-2

(2)等高线显示地貌的特点：①在同一条等高线上各点的高度相等，并各自闭合(等高封闭)。②在同一幅地图上，等高线多，山就高；等高线少，山就低；凹地的等高线则表示深浅(多高少低)。③在同一幅地图上，等高线间隔越密，实地坡度越陡；等高线间隔越稀，实地坡度越缓(密陡稀缓)。④地图上的每条等高线都是实地等高线的水平投影，它既描绘出地貌的平面轮廓，也表示出地貌的起伏(形似实地)。

(3)等高距的规定：①正如图 4-2 所示，相邻两个水平截面之间的垂直距离(或两条等高线间的实地垂直距离)叫等高距。②等高距的大小，在很大程度上决定着地貌表示的详略。等高距越大，等高线越少，表示地貌就越简略；等高距越小，等高线越多，表示地貌就越详细。同样，地图比例尺越大，等高距就越小；地图比例尺越小，等高距就越大。国际定联规定，定向越野地图的等高距一般为 5 米。

(4)等高线的种类和作用：①基本等高线用 0.14 毫米的棕色线表示，并按规定的等高距显示地貌的基本形态。②加粗等高线用 0.25 毫米的棕色线表示。它是为了便于计算高差，从平均海平面起，每隔四条基本等高线描绘一条的曲线，又称“计曲线”。③辅助等高线用 0.14 毫米粗的棕色虚线表示，它是按约 1/2 的等高距测绘的曲线。它可以提供更多的有关地表形态的信息。

(5)示坡线：是顺着下坡方向绘制并与等高线垂直相交的小短线。它通常绘在等高线最有特征的弯曲上，如山顶、鞍部或凹地(洼地)底部，以及在读图困难、有必要表明下坡方向的

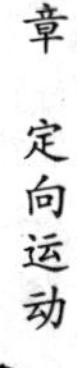

地方。

(6)地貌基本形态及其等高线图形:随着地貌的千变万化,等高线图形也不尽相同。等高线上任何微小的弯曲都可以像符号一样,向我们表明地貌的特征。地貌的外表形态尽管千差万别,多种多样,但它们都是由某些基本形态组成的,这些基本形态是:山(山顶)、山背、山谷、凹地(洼地)、鞍部、山脊、台地、山垄、山凸和丘等。

这些形态都可以运用等高线在定向图中精确的表示出来(见表 4-1)。

表 4-1

名称	基本形态	图形	简注
山			用一组环形等高线表示,有时在其顶部最小环圈的外侧绘有示坡线
山背			从山脚至山顶的凸形斜面,是一组以山顶为准向外凸的等高线图形
山谷			两山背间的凹形斜面,是一组以山顶(或鞍部)为准向里凹的等高线图形
洼地			低于周围地面且无水的地方,通常在其等高线图形的内侧绘有示坡线
鞍部			通常即是两个山脊的下端点,又是两个山谷的顶点
山脊			是若干山顶、山背、鞍部的凸棱部分的连接线
台地			斜面上的小面积平缓地,是一组(或一条)向下坡方向凸出的等高线
山垄			斜面上的长而狭窄的小山背,是一组向下坡方向凸出的等高线图形

续表

名称	基本形态	图形	简注
山凸			斜面上的短而狭窄的小山背，是一条向下坡方向凸出的等高线图形
丘			体积较小的只能以一条等高线表示的小山包

(三)检查点说明

检查点说明指用 IOF 制定的通用格式和符号构成的对检查点代码和位置的简短的精确描述。包括检查点说明、起点、终点、必经路线，以及比赛路线的组别、直线距离和爬高量等方面的说明。

1. 重要性

在定向比赛的全过程中，运动员必须要做到沉着冷静，判断准确，选择自己最佳的路线到访各个检查点。那么到达检查点检验正确与否的标准除了参照周围地物的方法之外，最快捷、最有效、最准确的方法就是对照检查点说明的检查点代号，它的重要性也就不言而喻了。

另外，检查点说明还能很好地协助运动员准确到达检查点，它对检查点位置准确而又全面的描述，在运动员接近检查点的时候为运动员快速找点提供了很大的帮助。

2. 检查点说明的结构

检查点说明表主要分为表头、起点说明、各检查点说明和终点说明这几部分。

(1)表头：说明比赛名称、路线组别、路线号、路线长度和爬高量等内容。

(2)起点说明：说明比赛起点的位置。

(3)各检查点特征说明：描述个检查点的位置特征。

(4)终点说明：主要描述最后一个检查点到终点的距离及中间的场地设置。

3. 比较常用的一些说明符号

在比赛中我们会经常用到一些较为常用的检查点说明符号，主要应该是地貌、地形及人工地物等，下面就简单举例说明(分别见图 4-3、图 4-4、图 4-5、图 4-6)。

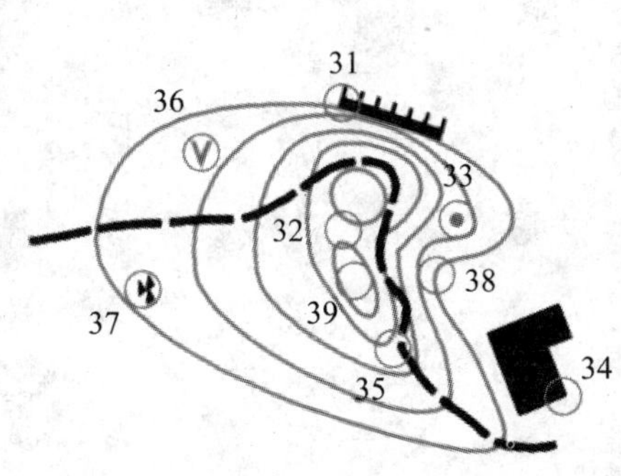

1		0.660				
1	31	⊓			⊢	
2	32	)(				
3	33	●				
4	34	■			┘	
5	35	D				
6	36	V				
7	37	← ▲				
8	38	∩				
9	39	○				

路线1
陡崖的西端
鞍部
小丘
建筑物的东南侧
山脊
土坑
西面的巨石
山谷
山顶

图 4-3

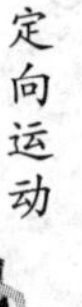

地貌
1.1 地貌
1.2 采石场
1.3 土垣，界埂
1.4 台地
1.5 山凸
1.6 山垄
1.7 谷地
1.8 冲沟
1.9 干沟
1.10 丘
1.11 小丘
1.12 鞍部
1.13 洼地
1.14 小洼地
1.15 坑

图 4-4

岩石与石块
2.1 陡崖、悬崖
2.2 石坪
2.3 山洞
2.4 石块
2.5 石块地
2.6 砾石地
2.7 石垒
水系
3.1 湖泊
3.2 池塘
3.3 水坑
3.4 河流
3.5 沟渠
3.6 淤泥地
3.7 小淤泥地
3.8 泥沼中的硬地
3.9 井
3.10 泉

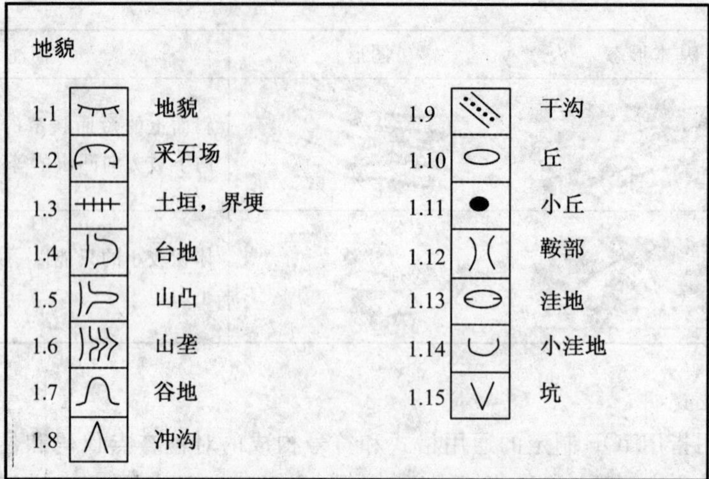

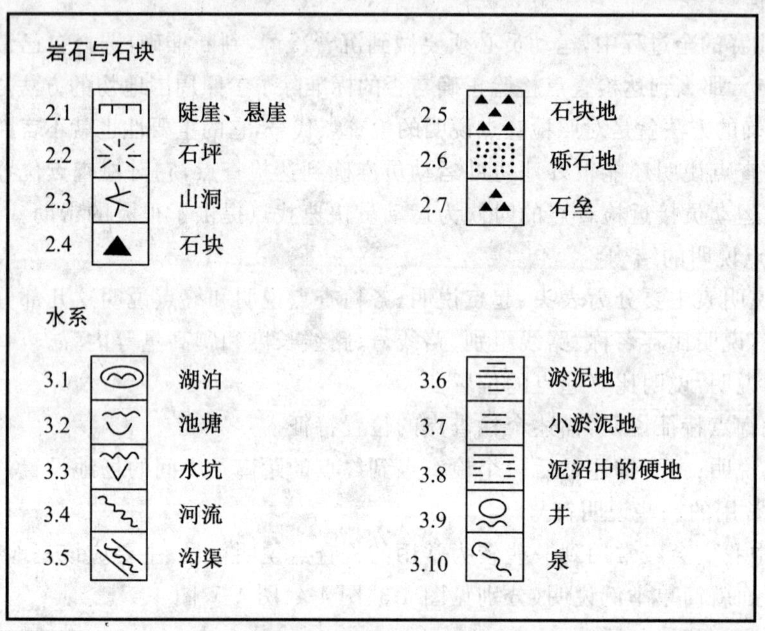

图 4-5

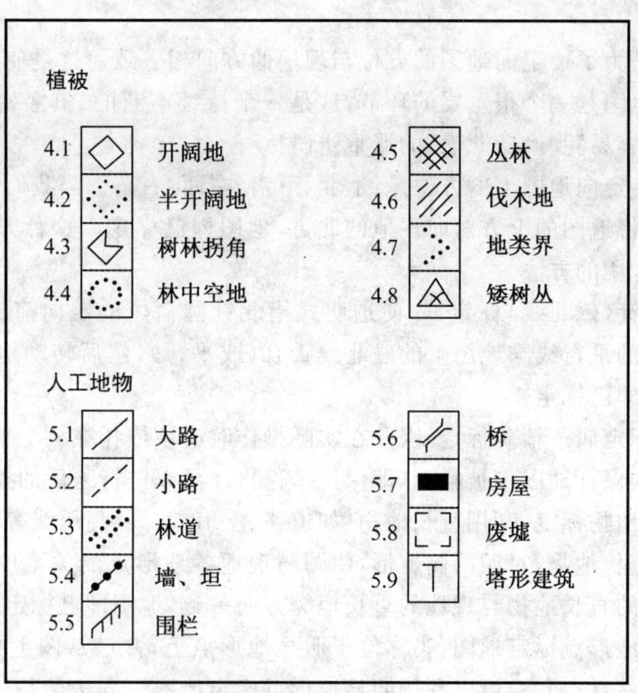

图 4-6

二、地图与指北针的使用

熟练地掌握使用国际定向地图与指北针的各种方法，在定向越野中具有特殊的重要意义。认识定向地图是为了正确地使用定向地图，因此，在学习定向越野技能的阶段，必须选择最合适的场地，用较多的时间去进行使用定向地图与指北针的训练。

（一）定向运动中地图的使用

1. 地图的正确使用

为避免无谓地浪费“眼神”，保证把全部精力和时间用于选择运动路线和发现检查点的位置上，须将地图折叠起来使用。

折叠的大小以抓在手中稳定，露出足够选择路线区和前方一两个目标检查点为宜(见图 4-7)。

图 4-7

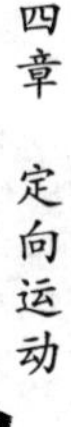

2. 标定地图

标定地图就是为了使定向地图的方位与现地的方向相一致。这是使用定向地图的最重要的前提。标定地图是一个很重要的环节,这是一个持续不断的、贯穿始终的基本要求,如果忽视的话,就很容易犯“南辕北辙”的严重错误!

(1)概略标定:定向地图上的方位是:上北、下南、左西、右东。当我们在现地正确地辨别了方向之后,只要将地图的上方对向现地的北方,地图即已标定。这种方法简便迅速,是定向越野比赛中最常用的方法。

(2)利用指北针(磁北线)标定:先使透明式指北针圆盒内的定向箭头“↑”朝向地图上方,并使箭头两侧的平行线与地图上的磁北线重合(或平行),然后转动地图,使磁针北端对正磁北方向,地图即已标定。

利用指北针标定属于精确标定,因此在实际操作时应该依托在一个平稳的基础上进行。标定完毕后还必须保证地图不被触动(即保持平稳),才可以进行之后的操作和使用。

(3)利用直长地物标定:利用直长地物(如道路、土垣、沟渠、高压线等)标定地图,首先应在图上找到这段直长地物,对照两侧地形,使图与现地各地形点的关系位置概略相符,然后转动地图,使图上的直长地物与现地的直长地物方向一致,地图即已标定。

(4)利用明显地形点标定地图:当你位于明显地形点上,并已从图上找到该地形点的位置(即自己所在的站立点)时,可以利用明显地形点标定地图。方法是:先选择一个图上与现地都有的远方明显地形点(目标),然后转动地图,使图上的站立点至目标的连线与现地的站立点至目标的连线相重合,此时地图即已标定。

3. 对照地形

对照地形,就是要通过仔细的观察,使图上和现地的各种地物、地貌一一“对号入座”,即相互对应。对照地形在定向越野比赛中的作用主要有两个:一是在站立点尚未确定时——只有正确地对照地形,才能在图上找出正确的站立点位置;二是在站立点已经确定,需要变换行进方向时——只有通过对照地形,才能在现地找到已选定的最佳行进路线。对照地形一般应先标定地图,然后根据不同的需要采用不同的对照方法:

(1)在站立点尚未确定前:首先应概略地标定地图,然后迅速地观察一下周围,记清最大或最有特征的地物、地貌的大概方位与距离,并从图上找到它们,此时站立点的位置即可概略地确定。若想较精确地确定,则须按下面所介绍的方法去做。

(2)在站立点已经确定之后:同样首先应概略地标定地图,然后从图上查明自己选定的运动路线上近前方两侧的特征物,同时记清它们的大概方位与距离,并将它们在现地辨别出来,然后再前进。如果因为地形太复杂,如山丘重叠、形状相似等,不易进行对照,可以先采用较精确的方法标定地图,然后用带刻度尺的指北针的长边切站立点和特征物,并沿这条直长边向前瞄准,则特征物一定在此方向线上。如此方法还不能解决问题,应变换对照位置,或者登高观察和对照。在这里需要特别强调的是,无论在什么情况下进行现地对照地形,都必须特别注意观察和对照地形的顺序与步骤问题。现地对照地形的顺序一般是:先对照大而明显的地形,后对照一般地形;由近及远,由左至右;有点及线,由线及面;逐段分片,有规律地进行对照。在步骤方面,首要的、也是必不可少的是要保持地图方位与现地方位的一致,然后再根据不同需要进行下面的步骤。

4. 确定站立点

熟练地掌握在图上确定站立点的各种方法是学习使用地图的关键。对于这些方法，除了要记住它们各自的步骤、要领，尤其重要的是要学会根据不同情况，对它们进行选择使用和结合使用。

(1)直接确定：当自己所处位置是在明显地形点上时，只要从图上找出该地形点，站立点即可确定。这是一种在行进中，特别是奔跑中最常用的方法。但是，采用直接确定法的困难在于：在紧张的进程中，怎样才能很快地发现可供利用的明显地形点？当同一种明显的地形点互相靠近的时候，这样才能够正确地区别它们，防止"张冠李戴"？

可以称得上是明显地形点的地物主要有：①单个的地物；②现状地物的拐弯点、交叉点(呈"十"字形)、交汇点(呈"丁"字形)和端点；③面状地物的中心或者有特征的边缘。

可以称得上是明显地形点的地貌主要有：①山地、鞍部、洼地；②特殊的地貌形态：陡崖、冲沟等；③谷地的拐弯、交叉和交汇点；④山脊、山背线上的转折点、坡度变换点。

(2)利用位置关系确定：当站立点位于明显地形点附近时，可以采用位置关系法。利用位置关系法确定站立点主要是依据两个要素，一是站立点至明显点的方向，二是站立点至明显点的距离。在地形起伏明显的地方，还可以结合高差情况进行判定。

(3)利用"交会法"确定：当站立点附近无明显地形点时，可以利用"交会法"确定站立。按不同情况，它又可以具体分为 90 度法、截线法、后方交会法和磁方位角交会法。这些方法的优点是：不需要判断或测量距离也能确定出较为准确的站立点位置，这对于初学者学习、巩固使用定向地图的训练是很有意义的。但是，它们中的一些方法，要么只能在某些特定的条件下才能运用，要么就是步骤繁琐，费时费力，因此在定向越野比赛中一般较少使用。

①90 度法：当待测点位于线状地形(包括道路、沟渠、山背线、谷底线、坡度变换线等)上时，如果在与运动方向相垂直的方向上能够找出一个明显地形点，那么确定站立点就简单得多：线状地形符号与垂直方向线的交点即为站立点。

②截线法：当待测点位于线状地形上，但在其与运动方向相垂直的方向上没有明显地形点，可以采用此法。其步骤是：标定地图；在线状地形的侧方选择一个图上与现地都有的明显地形点；利用指北针的直长边缘(也可用三棱尺、铅笔等)切于图上明显地形点的定位点上(为便于操作可插一细针)，然后转动指北针，使其直长边照准该地形点；沿指北针的直长边向后画方向钱，该方向线与线状地形符号的交点，就是站立点在图上的位置。

③连线法：当待测点位于线状地形上，同时待测的位置恰好是在某两个明显地形点的连线上，可以利用这种方法确定站立点。

④后方交会法：后方交会法通常要求地形较开阔，通视良好。其工作步骤如下：在图上找到选定的方位物之后，标定地图；然后按照截线法的步骤分别向各个方位物瞄准并画方向线，图上方向线的交点就是站立点。

⑤磁方位角交会法：既可以在地形开阔时使用，也可以在丛林中使用。但是，在丛林中需要攀爬到便于向远方观察的树上或其他物体上进行。其步骤是：先选择图上和现地都有的两个明显地形点，并用指北针分别测出至该两地形点的磁方位角。标定地图。将所测磁方位角图解在地图上。图解磁方位角时，要先转动指北针的分度盘，让指标分别对正所测的方位角值，再将指北针的直长边分别切于图上被照准的两个地形点符号并转动指北针；待磁针与定向箭头重合后，分别沿直长边描画方向钱。两方向线的交点，就是站立点在图上的位置。

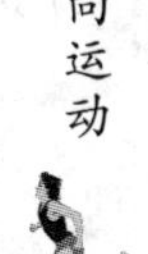

5. 按图进行

利用地图行进是定向越野的基本运动方式，它有赖于运动员对前面所述各种专项技能的综合运用。换句话说就是，学习辨别方向，识别定向地图以及标定地图，对照地形确定站立点，都是为了能够熟练地利用地图行进。因此，在实践中要根据地形情况、个人特点选择下述对自己最适合的一两种方法，反复练习，融会贯通，以便在比赛时不降低或少降低运动速度的情况下，始终正确地行进在自己选定的路线上，顺利到达目的地。

(1)记忆法：一般要按行进的顺序，分段地记住路线的方向、距离、经过的地形点、两侧的辅助(参照)物。通过记忆，应该使自己具备这样一种能力：现地的情景能够不断地与记忆的内容“叠影”、印证，即“人在地上跑，心在图上移”。

(2)拇指辅行法：先明确自己的站立点和将要运动的路线，到达目标；然后转动地图(身体要随之转动)，使地图与现地的方向一致；以左手拇指压于站立点上(此时要把左手拇指想象为自己——缩小到图中了的自己)；行进中要根据自己所到达的位置，不断移动拇指，转动地图，保持位置、方向的连贯性与正确性。即“人在地上走，指在图上游”。

(3)借线法：当检查点位于线状地形或其附近时，可以采用此法。行进时，要先明确站立点，然后利用易于辨认的线状地形，如道路、围栏、高压线、山背线、坡度变换线等，作为行进的“引导”，使自己运动时更有信心。由于沿着线状地形前进犹如扶着楼梯的栏杆行走，因此国外称这种方法为“扶手法”(handrail)。

(4)借点法：当检查点旁有高大或明显的地形点时，可用此法。行进前，要先将该地形点辨认清楚，然后用最快的速度前往检查点。

(5)导线法：当站立点距离检查点较远、途中地形又很复杂时，可以采用此法。行进过程中，要多次利用各个明显地形点，确保前进方向与路线的正确性。但须注意：切勿将相似的地形点用错。

(6)偏向瞄准：安全方法之一：沿线形地貌选择路线(见图 4-8)。

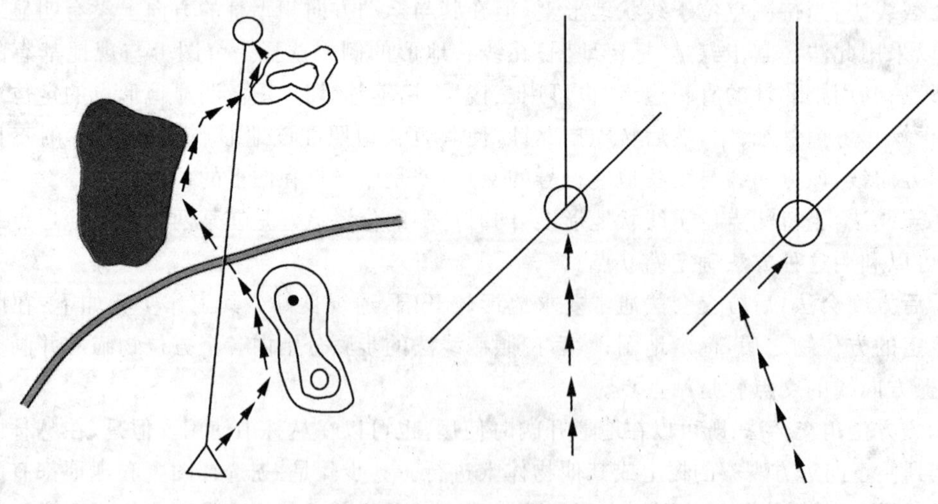

图 4-8

安全方法之二:偏向瞄准(见图 4-9)。

图 4-9

安全方法之三:简化视图(见图 4-10)。

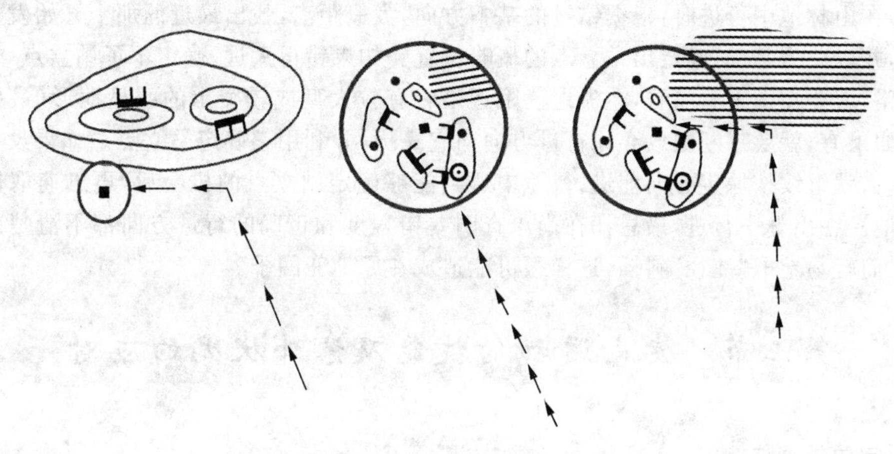

图 4-10

(二)指北针的作用

定向运动中最重要的仪器或工具就是人的大脑。定向运动是充满智力活动的体育运动。读图、选择路线和瞄准点标都需要由大脑决定。但为使这些工作变得容易,我们需要指北针的帮助。为了能正确辨别方向和给地图定向,最有用的工具就是指北针。在定向运动中,指北针的红针永远指北。

现代指北针是一种精密仪器,它的指针被放置在内部充满液体的容器里,能够迅速地定位南北方向。在定向中有许多不同样式和标有不同刻度的指北针。主要有:拇指指北针和基板式指北针。而我们现在常用的主要是拇指指北针。

1. 使用指北针给地图定向

在进行时地图必须被定向。指北针可以帮助你给地图定向,在地图上北永远都是固定的。我们往往把地图的正上方定为北,在中国所有 PWT 制作的定向地图上,北都用一条粗红线标出。我们把指北针给地图定向的方法称为"红对红",即"北对北"。

"红对红"意思是指指北针的红色指针指向地图顶端的红线,指针与红线呈"T"状。现在地图已被定项,你可以检查一下红色指针是否与地图上南北线平行。"红对红"也被称为

"光谱系统",因为指北针顶部的彩色标刻被称为"光谱"。

2. 利用指北针简易估测距离

利用指北针估测距离是最简单,也是最为准确的一种。在我们使用的定向专用指北针上,在一侧都标有刻度。我们可以利用这些刻度,测量出图中自己所在位置与检查点之间的距离,然后根据比例尺计算出实际距离。

3. 检查定位方向

(三)野外迷失方向解决方法

迷失方向怎么办?当在现地找不到目标,同时又无法确定站立点时,就是迷失了方向。下面介绍的是寻找正确方向的几种常用方法:

(1)沿道路行进时:标定地图,对照地形,判明是从哪里开始发生的错误以及偏差有多大,然后根据情况另选迂回的道路前进。如果错得不多,可返回原路再行进。

(2)越野行进时:应尽早停止行进,标定地图后选择最适用的方法确定站立点,然后尽量取捷径插到原来的正确路线上去,不得已时再返回原路。

(3)在山林地中行进时:根据错过的基本方向,大概距离,找出最近的那个开始发生偏差的地点,并以此为基础,确定出站立点的概略位置。如果错得太远,确定不了站立点,又不能返回原路,就要在图上看一看,迷失地区附近是否有较大型或较突出的明显地形(最好是线状的),如果有,就要果断地放弃原行进方向向它靠拢,并利用它确定站立点。如果没有这个条件,那么就继续按原定方向前进,待途中遇到能够确定站立点的机会后,再迅速取捷径插向目的地。在山林中行进,最忌讳在尚未查明差错程度和正确的行进方向都不清楚的情况下,匆忙而轻易地取"捷径"斜插,这样很可能造成在原地兜圈子。

第三节　定向运动的技能及意外状况的应对

一、定向越野技能

定向越野技能,是指参赛者在出发区领取地图后到跑完全程,整个参赛过程中所必须具备的技能。有出发点动作、运动中动作、检查点上的动作和终点动作四个部分。

(一)出发点动作

定向越野比赛,参赛者在出发区领到比赛地图后,很短时间(一般为 2 分钟)内就要出发。有限时间内,需要做很多准备工作。

1. 浏览全图明确走向

得到比赛地图后,①要浏览全图,根据标绘的比赛路线,弄清基本走向;②要明确出发点与终点的关系。若起点和终点设在一地或相距很近,应在实地观察一下终点设置、终点与附近地形的相互关系,便于终点冲刺。

2. 图上分析选准线

根据图上标明的出发点和第 1 号检查点的位置,进行图上分析,选择最佳运动路线。

①选择路线的基本原则(适用定向越野全过程)。②充分利用道路,坚持"有路不越野"的原则。③比赛地图现实性强,道路标示较详细。利用道路有利于运动中图地对照,有利于运动中随时明确站立点的图上位置,不易迷失方向,同时还可省力、节时。但利用道路运动

要考虑距离。④起伏不大，树林稀疏可跑的地段，坚持“选近不选远”的原则。⑤起伏较大、树林密集、障碍大的地段，坚持“统观全局提前绕”的原则。例如既无道路可利用，又因途中有陡坎、大水塘以及难攀登的高地。因此，在选择运动路线时，要分析整个地形，尽量避开这些不能通过的地段，提前作好绕行准备。

以上原则要综合利用。选好最佳运动路线后，要在地图上熟悉路线两侧的主要地形。

3. 标定地图定好向

为准确、迅速起见，在出发区一般利用指北针标定地图。地图标定后，通过图上出发点与第 1 号检查点的延伸方向就是实地运动的方向。

4. 对照地形选准路

根据确定的运动方向，迅速进行地图与实地对照，依据实地的地形条件，在能通视的地段内，选择好具体运动路线，与此同时在通视地段的尽头适当位置选好辅助目标，并确定该目标的图上位置。

通过上述准备，力争做到：图上明，方向明，路线明。

（二）运动中的动作

运动中，参赛者水平不一，采用方法也不尽相同，但都必须注意两个基本动作：

一是随时标定地图。这里所说的“随时”，并不是指任何时候都要使地图的方位与实地方位一致，而是指只要看图，就能快速准确地保证地图方位与实地方位一致。为了节约时间，便于在奔跑中标定地图，最理想的方法是依靠明显地物地貌点标定。

二是随时明确站立点在图上的位置。这里所说的“随时”，也不是随时都用眼睛盯在地图上，而是指奔跑中，任何时候心里都要明确自己在图上的位置，而且只要看图，就能准确地明确站立点的图上位置。即“人在实地走，心在图中移”。

1. 基本方法

（1）分段运动法：这是初学者平时训练或参加比赛时最理想的运动方法。

（2）连续运动法：分段运动法为进行地形对照且选择辅助目标与运动路线，必须在检查点和各个辅助目标做短暂停留，不易提高运动速度，有一定基础的参赛者就可以采用连续运动法。连续运动时，可把在各辅助目标要做的工作提前，即从检查点出发，未到达第一个辅助目标之前，边跑边进行图上分析，分析下一段能通视地域内的地形，选择好下一个辅助目标以及运动路线。到达第一个辅助目标后，如观察到的地形与到达之前从地图上分析的地形一致，即可不在此停留而做连续运动，如此类推直到检查点。到达检查点之前，同样可以分析检查点之后的路线，到达检查点之后，只须“作记”即可迅速向下一个检查点运动。

（3）一次记忆运动法：技术全面、经验丰富的参赛者，为了取得更理想的比赛成绩，还可采用一次记忆运动法。这种方法是：在出发点，把在地图上选择的从出发点到第 1 号检查点的最佳运动路线，一次性记在脑子里，运动中按记忆的路线运动。未到达第 1 号检查点之前，在地图上选择从第 1 号检查点到第 2 号检查点的最佳运动路线，又一次性记在脑子里，这样在检查点“作记”后，可立即离开检查点连续运动。

（4）依线运动法：“线”是指道路、沟渠、高压线、通信线等。

（5）依点运动法：“点”是指明显的地物、地貌点。具体方法同分段运动法和连续运动法，即用“点”来控制运动方向。

（6）提前绕行法：这种方法是在检查点之间有大的障碍时采用，要结合检查点的位置，提

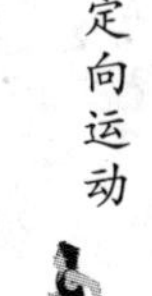

前选择好最佳迂回运动路线，不要等接近障碍再做折线绕行。

(7)指北针定向法：在起伏不大、无道路、有一定植被覆盖、观察不便的地域内，需要采用这种方法运动时，首先在地图上测出站立点到检查点(或目标点)的磁方位角，量算出两点之间的实地距离并换算成复步数。出发时，平持指北针，旋转身体，使磁针北端和定向箭头重合，此时前进方向箭头所指的方向就是实际运动方向。

2. 路线选择

“既果断又细心，能够迅速选择最佳的行进路线”，这是运动员在比赛中取胜的重要手段。当竞争对手之间实力比较接近的时候，能否掌握这个技能就成了关键问题。由于选择最佳行进路线的能力是建立在掌握其他定向越野技能，尤其是识图用图能力基础之上的，是体能与技能在比赛中的综合运用，因此可以这样说：选择路线是更高一层意义上的技能或称“尖端”技能。

选择路线需要考虑许多因素。有些因素已在前面章节中提及，为避免重复，这里只补充下述几点有关的问题：

(1)选择路线的标准：

什么是最佳行进路线？简单地说应该是：省体力，省时间，最安全，便于发挥自己的技能或体能优势。

(2)选择路线的基本问题：

当遇到高地、陡坡、围栏之类的障碍时，是翻越还是绕行？当遇到密林、沼泽、水塘之类的障碍时，是通过还是绕行？

(3)不同地形对运动速度的影响(概略值表)(见表 4-2)：

表 4-2

每公里用时(分钟)	公路	空旷地	疏林	山地或树林
走	9	16	19	25
跑	6	8	10	14

(4)因此，选择路线要遵循下述原则：

有路不越野。应尽量选择沿道路行进，这是因为：①在道路上容易确定站立点，使运动员更具信心；②地面相对光滑、平坦，有利于提高奔跑速度。

走高不走低。如果不得不越野，应尽量在高处(如山脊、山背)行进，避免在低处(如山谷、凹地)行进。这是因为：①地势高，展望好，便于确定站立点和保持行进方向；②高处通风、干燥，荆棘、杂草、虫害及其他危险少；③人们都习惯在高处行走，因此，像在山脊这样的地方，常常会有放牧、砍柴的人踏出的小路，利用它，便于提高运动速度。

(5)选择路线的方法(举例)：

实际上，依靠上述一般原则决定路线的选择是很不够的。只有让自己的“感觉”或“估计”变得更有科学根据，才有可能更快地提高定向越野成绩。分析与解决选择路线基本问题的方法有多种，下面仅介绍其中的一种——经验法：

某人以自己在道路上奔跑 300 米需要的时间 2 分钟(近似值)作为一个标准，通过多次实践，对自己奔跑的速度有了如下了解(见表 4-3)：

表 4-3

地形类别	每 300 米用时(分钟)	倍率	每 2 分钟的距离(米)
大路	2	1	300
杂草地	4	2	150
有灌木的树林	6	3	100
密林或荆棘丛	8	4	75

那么,他就可以用这样的方法解决问题:假定穿过密林的距离为 1(75 米),沿大路跑的距离为 4(300 米),则两种选择所用的时间相等;如果他的体力好而定向本领差,那他就应该选择沿大路跑。

对于其他选择,可以参照同样的方法进行。

(三)检查点上的动作

1. 检查点的"捕捉"

在定向越野比赛时,准确通过各检查点是评定比赛成绩的基础,能否一次"捕捉"成功又关系到比赛的速度,"捕捉"检查点主要有下述方法:

(1)定点攻击法:当检查点设在明显高大的地物、地貌点上或一侧,运动时先找到这些明显点的实地位置,然后根据检查点与明显地物、地貌点的相对方位、距离寻找检查点。

(2)有意偏离法:当检查点设在线状地物上或一侧且运动方向与线状地物的交角较适宜时,可有意向左(或向右)偏离检查点,以该线状地物为攻击目标。运动到该地物时,再向右(或向左)沿线状地物寻找检查点。

(3)距离定点法:在地势较平坦、无道路、植被较多、观察不便的地域内寻找检查点,一般采用"距离定点法",具体方法同"指北针定向法"。

(4)地貌分析法:地貌有一定起伏,检查点设在低小地物附近时,采用"地貌分析法"寻找检查点比较理想。主要是根据地图上检查点与地貌的关系位置.分析出实地两者相对应的关系位置,并依据这种关系位置来寻找检查点。

注意事项:①接近检查点之前,要在地图上分析、确定下一段最佳运动路线,并熟悉路线两侧的主要地形。目的是减少在检查点的停留时间,保证自己能做连续运动,避免为他人指示目标。②发现检查点,不要盲目作记,要看清该点标上的代号是否与检查点说明卡上注明的代号相符,因为在一定范围内可能设置多个检查点,参赛时必须注意。③一次"捕捉"检查点不成功时,应选择合适位置确定站立点,分析自己是否偏离了运动方向。确认偏离了运动方向,应按迷失方向的方法处理;确认自己只是局部误判,应在明确站立点之后,再次"捕捉"检查点。

(四)终点的动作

找到最后一个检查点后,应依据已选最佳路线,加快速度向终点运动,接近终点时做最后冲刺。

到达终点后,立即将检查卡交给收卡员,如规定收缴地图和检查点说明卡,应连同检查卡一同交给收卡员,并迅速离开终点区。

(五)比赛注意事项

1. 犯规

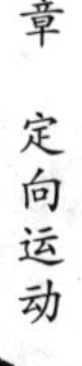

有下列行为之一者即为犯规,应取消比赛资格:①有意妨碍他人比赛(包括犯有同一性质的其他任何不良言行)者;②蓄意损坏点标、点签和其他比赛设施者;③比赛中搭乘交通工具行进者;④未通过全部检查点,而又伪造点签图案者。

2. 违例

有下列行为之一者被视为违例,应给予警告。裁判人员将根据违例的性质和程度,采取从降低成绩直至取消比赛资格的处罚:①在出发区越位(提前)取图和抢先出发者;②接受别人的帮助,如指路、寻找点标、使用点签者;③为别人提供帮助,如指路、寻找点标、使用点签者;④为从对手的技术中获利,故意在比赛中与对手同路或跟进者;⑤故意不按比赛规定顺序行进者;⑥不按规定位置佩戴号码布者;⑦有其他违反比赛规则行为者。

3. 成绩无效

有下述情况之一者,比赛成绩将被判为无效:①有证据表明在比赛前勘察过路线者;②未通过全部检查点,即检查卡片上点签图案不全者;③点签图案模糊不清、确实无法辨认者;④在检查卡片上不按规定位置使用点签者;⑤在比赛结束(指终点关闭)前不交回检查卡片者;⑥超过比赛规定的终点关闭时间(检查点一般也在同一时间撤收)而尚未返回会场者。如确系迷失方向,应向附近任意一条大路或原检查点位置靠拢,等候工作人员的处置;⑦有意无意地造成国家或他人的重大经济损失和破坏自然风景者,由此带来的一切后果,责任由肇事人承担。

二、定向运动中意外状况的应对

在定向运动中难免会遇到一些意外的情况,只有掌握这些意外情况的应对措施,才能提高效率,完成运动。

(一)水泡的防治

远足的你肯定有过长途跋涉后脚被磨破、长出水泡、每走一步都疼痛难耐的经历。现在让这种痛苦的感觉彻底离开你。预防:最好穿着与你的脚“磨合”惯了的鞋、吸汗的棉或线袜子。在容易磨出水泡的地方事先贴一块创可贴。如有条件,可以到商店里买一瓶防止起泡的喷雾剂(主要减轻摩擦作用)。一旦磨出了水泡,首先要将泡内的液体排出。用消毒过的缝衣针在水泡表面刺个洞,从上方挤出水泡内的液体,然后用碘酒、酒精等消毒药水涂抹创口及周围,最后用干净的纱布包好。

(二)中暑的防治

夏季在湿热无风的山区中开展登山活动时,由于身体无法靠汗液蒸发来控制体温,人就会中暑。中暑的主要症状为:头痛、晕眩、烦躁不安、脉搏强而有力,呼吸有杂音,体温可能上升至40度以上,皮肤干燥泛红。如果不及时救治,中暑的人可能很快会失去意识,且程度很深,有可能导致意外的发生。因此在夏季登山前一定要准备好预防和治疗中暑的药物,如十滴水、清凉油、仁丹等。另外,还应该准备一些清凉饮料和太阳镜、遮阳帽等防暑装备。一旦有人中暑,应尽快将其移至阴凉通风处,将其衣服用冷水浸湿,裹住身体,并保持潮湿。或不停扇风散热并用冷毛巾擦拭患者,直到其体温降到38度以下。中暑者意识清醒,应让其以半坐姿休息,头与肩部给予支撑。若中暑者已失去意识,则应让其平躺。

通过以上救治措施,中暑者的体温如已下降,则改以干衣物覆盖,并充分休息;若无改善,则重复以上措施,并尽快送医院救治。

（三）抽筋

抽筋发生的原因是由于登山时过度的运动或姿势不佳，而引起肌肉的协调不良，或因登山时或登山后受寒，体内的盐分大量流失，因而致使肌肉突然产生非自主性的收缩。抽筋的症状有患处疼痛、肌肉有紧张或抽搐的感觉，患者无法使收缩的肌肉放松。急救的方式为拉引患处肌肉，使患处打直，轻轻按摩患处肌肉，补充水分及盐分，休息直到患处感觉舒适为止。

（四）如何应付蛇咬

参加户外活动、休息或经过蛇类栖息的草丛、石缝、枯木、竹林、溪畔或其他比较阴暗潮湿处时，如果不慎被蛇咬伤，不要吓得不知所措。首先应判断是否为毒蛇咬伤，通常观察伤口上有两个较大和较深的牙痕，才可判断为毒蛇咬伤。若无牙痕，并在20分钟内没有局部疼痛、肿胀、麻木和无力等症状，则为无毒蛇咬伤，只需要对伤口清洗、止血、包扎。若有条件再送医院注射破伤风针即可。

被毒蛇咬伤的主要症状为：如是出血性蛇毒：伤口灼痛、局部肿胀并扩散，伤口周围有紫斑、淤斑、起水泡，有浆状血由伤口渗出，皮肤或者皮下组织坏死、发烧、恶心、呕吐、七窍出血。有血痰、血尿、血压降低、瞳孔缩小、抽筋等。被咬后6～48小时内可能导致伤者死亡。如是神经性蛇毒：伤口疼痛、局部肿胀，嗜睡，运动失调，眼睑下垂、瞳孔散大，局部无力，吞咽麻痹，口吃、流口水、恶心、呕吐、昏迷、呼吸困难，甚至呼吸衰竭。伤者可能在8～72小时内死亡。

一般而言，被毒蛇咬伤后10～20分钟后，其症状才会逐渐呈现。被咬伤后，争取时间是最重要的。首先需要找一根布带或长鞋带在伤口靠近心脏上端5～10厘米处扎紧，缓解毒素扩散。但为防止肢体坏死，每隔10分钟左右，放松2～3分钟。应用冷水反复冲洗伤口表面的蛇毒。然后以牙痕为中心，用消过毒的小刀将伤口的皮肤切成十字形。再用两手用力挤压，拔火罐，或在伤口上覆盖4～5层纱布，用嘴隔纱布用力吸吮（口内不能有伤口），尽量将伤口内的毒液吸出。

（五）如何应付蜂蜇

首先要注意预防，离草丛和灌木丛远些，因为那里往往是蜂类的家园。发现蜂巢应绕行，一定不要作出过于“亲近”的表现。最好穿戴浅色光滑的衣物，因为蜂类的视觉系统对深色物体在浅色背景下的移动非常敏感。如果有人误惹了蜂群，而招至攻击，唯一的办法是用衣物保护好自己的头颈，反向逃跑或原地趴下。千万不要试图反击，否则只会招致更多的攻击。如果不幸已被蜂蛰，可用针或镊子挑出蜂刺，但不要挤压，以免剩余的毒素进入体内。然后用氨水、苏打水甚至尿液涂抹被蜇伤处，中和毒性。可用冷水浸透毛巾敷在伤处，减轻肿痛。最后，直奔医院吧！

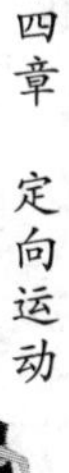

第五章 啦啦队

第一节 啦啦队的起源及其发展演变过程

啦啦队的历史可以追溯到原始部落时代，啦啦队原名 cheerleading，其中 cheer 有振奋精神、提振士气的意思，在早期的部落社会里，为激励外出打仗或者打猎的战士们，通常会举行仪式，仪式中有族人的欢呼、手舞足蹈的表演来鼓励战士，希望他们能凯旋而归，但是用于竞赛中的话是加油打气的意思。

一、啦啦队的起源

(一)现代啦啦队的起源

啦啦队运动的发源地是美国，至今已经有一百多年的历史。现代啦啦队运动的起源可以追溯到19世纪80年代，当时美国正风行着美式足球，在普林斯顿大学的校园里的一场美式足球赛场上，为了帮队员加油、呐喊助威、烘托赛场气氛，第一次出现了自发的、有组织的团队表演形式，这就是现代啦啦队的雏形。1884年，普林斯顿大学的一个毕业生 Thomas Peebles 把这种有组织的呐喊、欢呼连同足球运动一起带到了明尼苏达大学，从此有组织的啦啦队欢呼在明尼苏达诞生。我们今天所熟知的啦啦队创始于1898年，明尼苏达大学的学生 Johnny Cambell 在一次足球比赛时非常的激动，从人群中跳出来站在观众前面带领他们一起为比赛呐喊助威，这次对啦啦队发展有着重要转折意义的呐喊被记载在明尼苏达大学由学生发行的 *Ariel* 的刊物上，标志着啦啦队正式诞生。

(二)啦啦队发展史上的里程碑

19世纪70年代，第一个以加油鼓劲为主题的俱乐部在普林斯顿大学成立。80年代，第一个有组织的加油口号被记载在普林斯顿大学校史上。19世纪90年代，明尼苏达州大学发起组织了第一支啦啦队，并创作出第一首鼓励运动员比赛拼搏的歌曲。同一时期啦啦队开始普遍使用喇叭，喇叭的介入为啦啦队运动增添了很多色彩。第一个啦啦队联盟也在那时成立。20世纪初，第一个“返校日”啦啦队活动在伊利诺斯州大学举行。20世纪20年代女性在啦啦队的活动中活跃起来，明尼苏达大学啦啦队开始将体操动作和滚翻融入啦啦队的表演中。30年代，各大学和高中啦啦队开始在表演中挥舞纸做的彩球。彩球的出现又是啦啦队发展史上的一次变革，大大提升了啦啦队的观赏性和号召力。40年代，Lawrencer Herkimer 在 Texas 的 Dallas 成立了第一个啦啦队公司，成为日后众多美国啦啦队公司兴建的基础。50年代，各大学啦啦队开始成立啦啦队工作室，来教授基本的啦啦队技巧。60年代，一个名叫 Fred Gastoff 的美国人发明了用乙烯基制作的彩球，并很快得到“国际啦啦队基金会”的推广。同时“国际啦啦队基金会”在美国各地为各校啦啦队发起人和教练提供专门的训练课程。1967年，美国举行第一届年度“十佳大学啦啦队”排名活动。同时“国际啦啦队基金会”开始颁发“全美优秀啦啦队员”奖项，奖项的设立推动啦啦队飞速发展，另一方面美国很多大学将之与奖学金、减免学费以及荣誉直接挂钩吸引了更多的学生参加到这项运动中来。20 世纪 70 年代，啦啦队除了继续为传统的橄榄球和篮球比赛加油助威之外，也开始出现在其他所有校园体育比赛中。同时，学校会挑选不同的啦啦队来为摔跤、田径或游泳等项目助威。

1978 年春天，美国哥伦比亚广播公司 CBS 的体育频道首次在全国范围转播“大学生啦啦队锦标赛”，从此，啦啦队开始作为一项严肃的运动被人们认可。这时候，啦啦队的技巧有了很大的提高，例如增加了体操、叠罗汉、跳跃等动作。20 世纪 80 年代，美国啦啦队比赛在各大学之间展开的同时，专门为初中生和高中生举办的美国啦啦队比赛也在全美出现，啦啦队运动有了进一步的发展。后来啦啦队涉足领域更加广泛，除了为学校的赛事加油，他们也开始参与到社团的各项活动中。他们逐渐得到美国媒体的认可，成为在学校和社团中激发热情、发扬进取精神方面最重要的领导力量。

1980 年美国第一届全国啦啦队锦标赛开幕，标志着啦啦队运动进入了竞技比赛的行列，首次制定了比较规范的啦啦队竞赛规则。随着啦啦队的发展，比赛难度也在不断地增加，比赛和训练期间就难免一些意外事故的发生，因此在 1983 年作出规定，限制危险性的动作和不健康的叫喊，并且在 1985 年制定了安全指导规则。

(三)国际啦啦队联盟的建立

1998 年，国际全明星啦啦队联盟 ICF(International Cheerleading Federation)成立，是啦啦队发展史上的一个重要的转折点。它是一个以推动啦啦队向世界范围发展，通过传播啦啦队知识提高世界青少年的健康水平以及促进国家、地区之间啦啦队协会之间的友谊和世界和平为目标的非营利性组织，总部设在美国。国际啦啦队联盟举办或者是授权、联合举办世界啦啦队锦标赛。世界啦啦队锦标赛每年举办一次；负责制定竞赛和安全规则，决定裁判体制，培养国际啦啦队裁判员、教练员；在规则的基础上组织研讨会，提供各种信息协助啦啦队方面的科学研究并且实施出版啦啦队的书籍、影像资料。

2001 年 11 月在日本东京举办的首届国际啦啦队锦标赛吸引了全世界 8 个国家和地区参与(芬兰、德国、日本、挪威、斯洛文尼亚、瑞典、英国和中国台湾)，正式将啦啦队提升为世界竞技运动。

2003 年在英国的曼彻斯特举办了第二届，有 9 个国家和地区参加(芬兰、德国、日本、挪威、斯洛文尼亚、瑞典、英国、俄罗斯和中国台湾)。2005 年 11 月 5～6 日在日本东京举行第三届，有 12 个国家和地区参加(澳大利亚、乌克兰、丹麦、芬兰、德国、日本、挪威、俄罗斯、斯洛文尼亚、瑞典、英国和中国台湾)。

2007 年将在芬兰举办第四届。

二、啦啦队运动在我国的发展

在中国啦啦队是一项新兴的体育运动项目。1998 年中国大学生篮球联赛诞生以来，为其加油呐喊的啦啦队表演应运而生，各高校充满活力和洋溢着青春气息的啦啦队表演给观众留下了深刻的印象，也成为篮球场上一道亮丽的风景线，啦啦队首先在高校得到发展与 CUBA 的产生有直接的关系。

2001 年，在社会各界的大力支持下，由中国大学生体育协会健美操艺术体操协会(简称 CSARA)主办的迎九运首届中国大学生动感啦啦队比赛在广州举行，共有 23 支队伍参加了

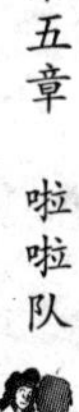

比赛，在各地的高校中引起了很大的反响。这也是国内首次举办啦啦队比赛，充分展现了大学生青春、动感、健康的一面，也标志着啦啦队在中国体育史上写下了第一页。

2002 年，两操协会在四川举办了“西部阳光杯”全国大学生健美操、艺术体操锦标赛，即第二届中国大学生啦啦队大赛。此届比赛的规模及其艺术性、观赏性都远远超过第一届，冠军队四川大学的表演中甚至出现了“轿抛”这样的高难度动作。由于啦啦队在我国仅有短短几年的发展时间，对啦啦队的认识还不够清晰，只是了解啦啦队的一些初级特征，由两操协会举办的前两届大学生啦啦队比赛中没有对项目进行细的划分，比赛内容主要是模仿国外啦啦队比赛情况而进行的。CSARA 中国大学生健美操艺术体操协会大力提倡和开展舞蹈啦啦队，又称“动感啦啦队”。

2004 年，CSARA 对啦啦队运动进行了初级研究之后，组织编排了四个成套动作，首次系统地进行了啦啦队运动相关理论和技术的培训，出版了光碟，并将此项目列为 CSARA 的正式比赛项目，正式推出中国学生啦啦操专业评判员等级资格制度。同时在 CSARA 和啦啦队专项委员会的努力下，目前啦啦队运动在中国的第一版教材初稿已经完成，从此啦啦队在中国成为一项正式的体育运动。12 月 CSARA 在广州体育学院举办了“首届中国学生健康活力大赛”，其中包括动感啦啦队的比赛。这次比赛有 26 支代表队参加，其中高校参赛队有 20 个，与以往不同的是，这次比赛有 6 支中学组的参赛队伍，拓宽了对啦啦队运动的推广范围。比赛包括动感啦啦队规定动作和舞蹈啦啦队自编动作。中国学生动感啦啦队规定动作内容是由 CSARA 中国大学生健美操艺术体操协会审定的“水晶级、黄金级、白金级、钻石级”四个成套构成；舞蹈啦啦队自编动作分为徒手项目（以徒手舞蹈动作的表演形式）和轻器械项目（采用彩丝花球等为道具的舞蹈动作的表演形式）。此次比赛制定了比较完善的评分规则，明确制定了比赛项目的内容，标志啦啦队在我国的发展提升到一个高的层次。

为了纪念《全民健身计划纲要》颁布实施十周年，充分体现“健康第一、终身体育”的新时期教育指导思想，2005 年底，以“为北京奥运加油喝彩”为主题的首届中国全明星啦啦队锦标赛（分区选拔赛和总决赛）的举办，将在全国的高校、中学、小学、健身俱乐部等单位开展的系列动感啦啦队项目推广、普及、培训、宣传活动，这意味着啦啦队项目将在我国大、中、小学和健身俱乐部等单位得到全面的推广和普及。此次比赛的成功举行无疑在全国范围内会掀起啦啦队运动开展的又一高潮，对啦啦队运动在我国的发展将具有里程碑的作用。

2006 年和 2007 年由 CSARA 中国大学生啦啦队委员会组织中国十余所院校参加由 IASF 国际全明星啦啦队联盟举办的世界啦啦队锦标赛并取得世界亚军和团体第五的好成绩，美国新闻周刊专门对中国啦啦队代表团进行了报道，在美国引起很好的反响，更加推动了中国啦啦队运动的开展，目前 CSARA 中国大学生啦啦队委员会已经代表中国啦啦队运动参加了 IASF 国际全明星啦啦队联盟的会员组织，相信在不远的将来，中国啦啦队运动将在中国亿万青少年当中掀起一个新的热潮。

1999～2001 年进行前期筹备，并于 2001 年初在北京由田敏月、刘承鸾、周田宝、徐中秋、邱建钢、杨萍、孟宪君、马鸿韬等人起草编写了第一部《中国学生啦啦队竞赛评分规则》（第一版），并于 2001 年 4 月颁布实施。

2001 年 4 月在广州体育学院举办首次啦啦队教练员及评判员培训，特聘请来自美国 UCA 啦啦队专家 Jim Lord 先生亲自授课。

2001 年 9 月，由中国大学生健美操艺术体操协会主办在广州暨南大学成功举行了首届中国大学生啦啦队大赛，开创了中国啦啦队运动的里程碑。

2002 年 10 月在四川成都四川大学举办了第二届中国大学生啦啦队锦标赛。

2004 年 4 月颁布实施了《中国学生啦啦队竞赛评分规则》(第二版)。

2004 年 6 月首次推出中国啦啦队专业教师及评判员认证系统及啦啦队规定套路。由来自中山大学啦啦队运动专家方娅进行全面系统的授课，并担任考官。

2004 年 12 月在广州学院举办了 2004 中国学生啦啦队锦标赛。

2005 年 12 月在广州中山大学举行了 2005 中国学生啦啦队锦标赛暨 2006 世界啦啦队锦标赛选拔赛。

2006 年 4 月中国啦啦队代表团参加在美国奥兰多举行的 2006 年世界啦啦队锦标赛，使中国啦啦队运动正式迈入国际啦啦队舞台。

2006 年 6 月 IASCA 国际全明星啦啦队协会聘请徐中秋、邱建钢先生、赵媛媛、方娅女士担任 IASCA 成员，并负责组建 IASCA 国际全明星啦啦队协会中国总部。

2006 年 6 月编写了《国际全明星啦啦队竞赛评分规则》(2006～2009 年版)。

2006 年 11 月 6 日在武汉华中科技大学举行了由 CSARA 主办、IASCA 协办的首届中国全明星啦啦队锦标赛暨 2007 年世界啦啦队锦标赛选拔赛。

2007 年 4 月 20～22 日中国大学生健美操艺术体操协会啦啦队专项委员会组织中国 9 所院校参加了 2007 年在美国奥兰多举行的世界啦啦队锦标赛。

第二节 啦啦队的基本内容与套路

啦啦队的基本内容由基本手位、站位和手型组成。

一、啦啦队基本手位、站位与手型

(一)啦啦队 32 位基本手位(见图 5-1)

(a)

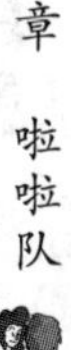

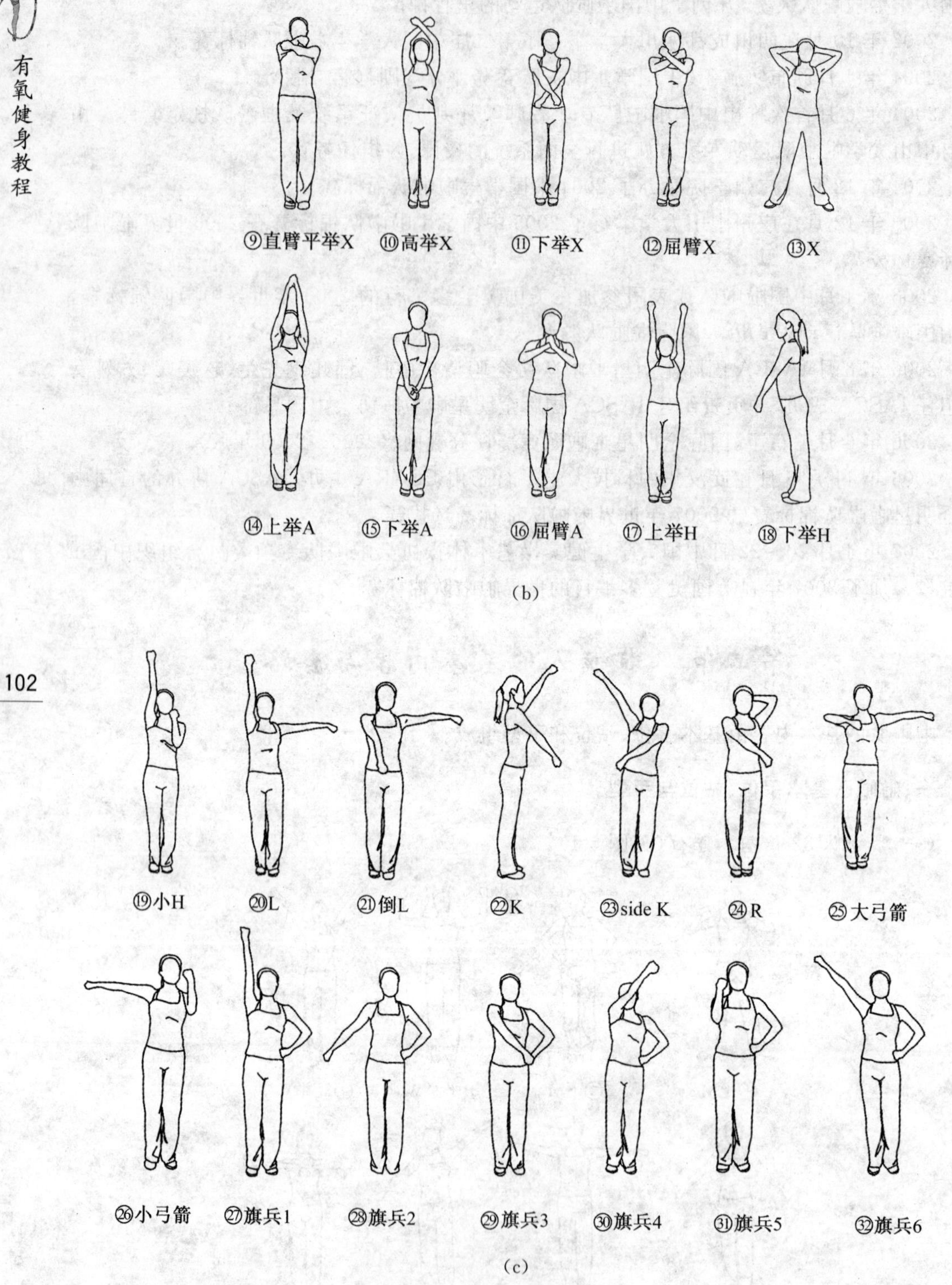

图 5-1　啦啦队 32 位基本手位

(二)啦啦队基本站位(见图 5-2)

图 5-2　啦啦队基本站位

(三)啦啦队手型动作与意义(见图 5-3)

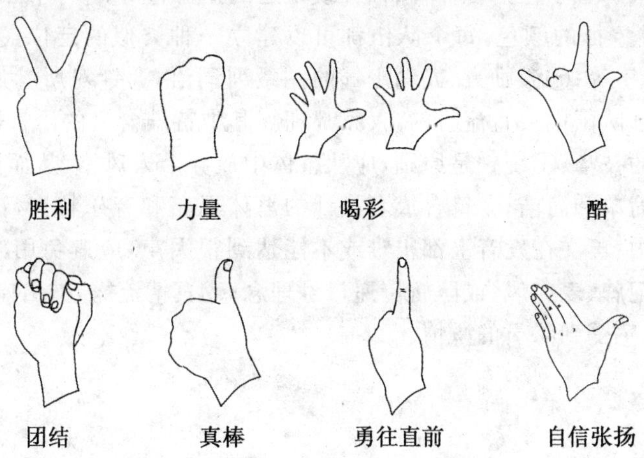

图 5-3　啦啦队手型动作与意义

二、啦啦队运动项目术语

评判员(judge)
教练(coach)
舞蹈啦啦队(cheerleading dance)
花球(pompon)
吉祥物(mascot)
队旗(flag)
爵士舞(jazz)
街舞(hip-hop)

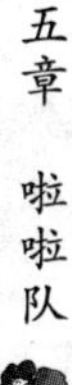

踢腿(kick)
姿态(pose)
技巧(stunt)
平衡(balance)
预赛(preliminary)
决赛(final)
名次(place)
颁奖(award)
翻腾(tumbling)
侧手翻(cartwheels)
底座(base)
抛接(toss)
篮子抛(轿抛)(basket toss)
跳跃(jump)
尖子(top person)
金字塔造型(pyramid)
托举(stunt)

三、啦啦队竞赛常用道具与口号设计

(1)常用道具:花球、标志牌、麦克风、旗、横幅、充气球。

(2)口号的定义与意义:口号作为伴随啦啦队运动兴起、发展的项目特征之一,充分体现了这项运动的健康、积极和充分的团队凝聚力,显示了参与这项运动的运动员在集体中的充分合作与团队精神。它是啦啦队成套中除基本动作、技巧和舞蹈外,通过语言、道具来体现整体与团队精神的工具,由一段具有特殊意义的字、词、短句等组成,象征队伍的目标与理念。

(3)口号的设计原则:往往组成口号的句子或词语多来自比赛的内容、自己的学校或队伍本身,而且是将这些短语组成一系列有意义、鼓动人心的句子。

①首先,口号来源于学校的吉祥物、福神或开运的护身符等;②学校的颜色:美国的学校通常有一种代表或象征的颜色,每个队伍都可以建立一种类似的定位;③来源于学校的名字、校训、队伍的名字等;④激励人、鼓动士气的一系列词语;⑤针对所参加的赛事设计特定的目标口号;⑥自己队伍中一直流行的,大家都理解其中特殊含义的语言等。

(4)口号运用的技巧:①统一是原则,应从整体中放弃个人风格,从而让口号听起来合二为一;②让口号更简单和简洁;③符合成套设计的总体思路和音乐特点,让口号的过渡更自然;④有些字无论中、英文在发音上都很难或不能达到很大声,应避免用喊起来让人听不清的字;⑤可以用标记牌、麦克风、或队旗传递口号理念;⑥真情流露,喊出口号的真谛,让所有的评判和观众都能感受到队员的激情。

第六章　游泳运动

第一节　游泳运动概述

一、游泳运动简介

游泳在有氧运动中是一项集水浴、日光浴、空气浴于一体的十分有益的体育运动项目，它不仅是广大青少年所喜爱的运动项目，而且也是适合男女老幼各年龄段的人群进行锻炼、简单易行的一项体育活动。

游泳是人类凭借自身肢体动作在水中进行运动的技能，它至少于史前时期即已产生了。古代的游泳，根据现有史料的考证，国内外较一致的看法是产生于居住在江、河、湖、海一带的古代人。他们为了生存，必然要在水中捕捉水鸟和鱼类做食物，通过观察和模仿鱼类、青蛙等动物在水中游动的动作，逐渐学会了游泳。我国历史悠久，水域辽阔，记载中游泳始于5000年前。但游泳作为一个体育项目得以发展还是近百年的事。现代游泳运动起源于英国。17世纪60年代，英国不少地区的游泳活动就开展得相当活跃。1828年，英国在利物浦乔治码头修造了第一个室内游泳池，这种泳池到19世纪30年代，在英国各大城市相继出现。1837年，在英国伦敦成立了第一个游泳组织，同时举办了英国最早的游泳比赛。1869年1月，在伦敦成立了大城市游泳俱乐部联合会(现英国业余游泳协会前身)，把游泳作为个专门的运动项目正式固定下来，并随之传入各英殖民地，继而传遍全世界。随着游泳运动的发展，游泳被分为竞技游泳、实用游泳和大众游泳三大类。

竞技游泳作为体育项目正式固定下来是1896年希腊雅典第1届奥运会，男子游泳被列为9个比赛项目之一(包括100米、500米和1200米自由泳)。在1908年英国伦敦第4届奥运会上成立了国际业余游泳联合会，并审定了当时的世界纪录，制定了国际游泳规则。1912年在瑞典斯德哥尔摩举办的第5届奥运会上正式设立了女子比赛项目。二次大战后，游泳在全世界有了飞速的发展。1952年，国际规则正式将蛙泳和蝶泳分成两个姿势进行比赛。从此，竞技游泳形成了蝶泳、仰泳、蛙泳和自由泳4种姿势。到目前为止，奥运会游泳比赛共设有自由泳、仰泳、蛙泳、蝶泳、个人混合泳、接力游泳等32个项目(男子16项，女子16项)，成为奥运会比赛中仅次于田径的第二金牌大户。从1957年5月1日起，国际泳联只承认在50米标准泳池中创造的世界纪录。国际泳联每4年举行一次世界游泳锦标赛，每2年举行一次世界杯。

当今，欧美和澳洲等体育强国的游泳仍居世界领先水平。我国泳坛健儿吴传玉早在1953年布加勒斯特第一届国际青年友谊运动会上，就取得过100米仰泳的冠军。而中国女运动员在20世纪90年代初创造的一系列优异成绩，真正使中国游泳引起国际泳坛的注意。

(一)运动场地

正式比赛使用的游泳池长50米,宽21米,水深1.80米以上。泳池的两端装有电动计时器,池内设8条泳道,每条泳道宽2.50米,分道线直径为5～11厘米,固定在泳池两端并拉直。出发台前缘应高出水面50～75厘米,台面积为50×50平方厘米,台面向前倾斜不超过10度。泳池的水温必须保持在25℃～27℃。

(二)比赛规则

游泳比赛以游完规定距离使用时间最短者为胜。按照规则的规定,抢先入水的运动员将被取消比赛资格。在自由泳和仰泳比赛中,到达终点的时候运动员可以只用一只手触池壁,而在蛙泳和蝶泳中,必须双手同时触及池壁。

(三)国际赛事

奥运会游泳项目、世界游泳锦标赛、世界短池游泳锦标赛。

(四)国际机构

国际业余游泳联合会(FINA)于1908年成立于英国伦敦,总部设在美国艾罗瓦。联合会的宗旨是促进和鼓励世界游泳、跳水、水球、花样游泳以及其他水上运动项目的健康发展;保证世界游泳运动的业余性;制定世界游泳运动各个项目的规则;监督和管理奥林匹克运动会、世界锦标赛和其他国际性游泳、跳水、水球和花样游泳比赛的技术安排。国际泳联现有会员国近130个。我国早在1949年前就已加入了该组织,后由于政治上的原因于1956年退出。直至1980年,国际泳联才恢复了中国在该组织的合法席位。

二、游泳的内容

游泳的内容是随着人类社会的发展、社会生产力的提高以及人们对文化娱乐生活的不断追求而发展变化的。游泳是人类在长期与大自然的斗争中逐步形成的,具有实用性价值。当娱乐性游泳出现时游泳就成了满足人们精神文化生活需要的一种体育形式。随着近、现代竞技体育的发展,又逐步形成了游泳的高级形式,即竞技游泳。

(一)竞技游泳

竞技游泳是指具有特定的技术规格,并按游泳竞赛规则进行比赛的游泳运动项目。近代竞技游泳出现后的一个多世纪以来,竞技游泳的内容不断充实和丰富,形成了蝶泳、仰泳、蛙泳和自由泳4种姿势。根据国际业余游泳联合会的规定,正式的游泳竞技项目有自由泳、仰泳、蛙泳、蝶泳、个人混合泳和接力共6类,每一类根据不同的距离分成若干项目。

(二)实用游泳

实用游泳是指直接为生活、生产或军事服务的游泳技术。它是一类专门技能,包括踩水、反蛙泳、侧泳、潜泳和救生等,在泅渡、水中拖带、水下作业、水上救生等方面有广泛的应用。竞技游泳和实用游泳是不能绝对分开的,蛙泳和爬泳等竞技技术虽不归入实用游泳的行列,但在事实上也常被用于生产和生活中。

(三)大众游泳

大众游泳是指以游泳动作为基本手段,以增进身心健康、丰富业余生活为直接目的的各种游泳活动。虽然健身性、娱乐性的游泳古已有之,但只有在物质文明高度发达的现代社会,大众游泳才能得以迅速发展,成为现代游泳的重要组成部分。

大众游泳包括健身游泳、娱乐游泳、康复游泳等。它不受姿势与速度的限制,不追求严格的技术规范，注重锻炼价值，可以借鉴竞技游泳和实用游泳的各种技术来进行水中活动。大众游泳内容丰富，形式简便，自由自在，情趣盎然，适合男女老幼及不同体质的人群，很容易被大众所接受。

大众游泳还包括一类特殊游泳活动，它们融竞技性、健身性、娱乐性为一体，以游泳为手段，锻炼体魄，检验人体的极限工作能力。这类游泳活动常以创造某项特殊世界纪录为目标，如最长时间踩水、最长时间游泳、最长距离游泳等。近年来，世界上正在兴起一种在公开水域的游泳比赛。

三、游泳运动的健身作用与意义

游泳是在水这种特殊环境中进行的活动。作为有氧健身的一种手段，他对增进人体的身心健康具有独特的和其他体育运动无法替代的作用。这些作用主要体现在以下几个方面：

（一）增强心脏功能

经常参加游泳的人，能使心脏得到很好的锻炼，使心肌逐渐发达，收缩能力增强进而更好地促进机体的新陈代谢。经常参加游泳锻炼的人，心脏跳动要比一般人缓慢而有力。一般人的脉搏安静时为70～80次/分，每搏输出量为60～80毫升。而经常参加游泳锻炼的人的心律只有40～60次/分，而每搏输出量却高达90～120毫升，个别甚至会减少到36次/分，而跳动时所排出的血量却等于一般人70～80次/分心跳排出的血量。人们的心脏之所以能正常跳动，全靠每次收缩后有一个舒张期使心肌获得休息，下一次收缩才同样均匀有力。心跳越快，心肌获得的休息时间就越短，就越容易产生疲劳。如果我们经常从事游泳锻炼，就达到了锻炼心肌的目的，从而使心脏的工作周期达到节省化。而当心肌无力时，心脏为满足人体的需要，必须加快心跳，这就很容易产生心肌劳损。要想提高心肌的力量只有通过长期的锻炼才能达到目的。

游泳还能刺激血液中运输氧气的血红蛋白含量增多，从而提高人体摄氧能力。据测定，游泳运动员每100毫升血液中血红蛋白含量，男子为14～16克，女子为13～15克；而一般人分别只有12～15克和11～14克。

（二）提高呼吸系统的功能

水的密度是空气密度的800多倍。在水中，深度每增加1米，人所承受的压力就增加0.1千克/立方厘米。人若站在齐胸深的水中胸腔就会承受12～15千克的水压。因此，游泳运动是所有运动项目中对呼吸系统影响最大的一项。人的呼吸过程是由人体中呼吸肌的工作完成的，呼吸肌的能力是否强，很大程度上决定了一个人呼吸系统功能的强弱。经常进行游泳锻炼，可以有效地增强呼吸肌的力量，增大肺的容量。普通人的肺活量只有3000～4000毫升，而游泳运动员的肺活量一般可达到4000～6000毫升，个别优秀运动员甚至高达7300毫升。有研究表明，儿童在经过2年系统锻炼之后，肺活量可提高74%，而仅进行陆地上锻炼的儿童，肺活量只提高了23%。可见游泳是提高呼吸系统功能的一项很有效的运动。

（三）增强体温调节的功能

水的导热能力约是空气的25倍。游泳时，人体浸入水中体温散失的速度大大加快，势必要相应地加强体内的能量代谢过程，以产生更多的热量来维持体温恒定。从另一角度来

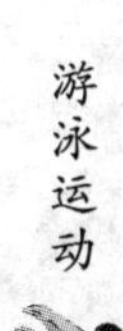

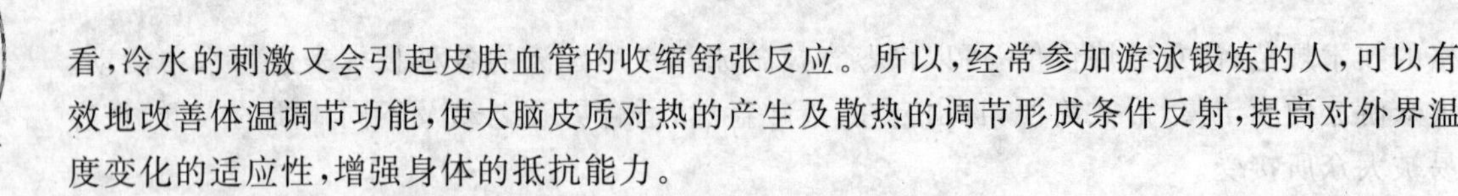

看，冷水的刺激又会引起皮肤血管的收缩舒张反应。所以，经常参加游泳锻炼的人，可以有效地改善体温调节功能，使大脑皮质对热的产生及散热的调节形成条件反射，提高对外界温度变化的适应性，增强身体的抵抗能力。

(四)发展身体素质

身体素质在一定程度上是身体发育情况和生理功能状况的综合表现。坚持游泳锻炼能有效地促进身体素质全面发展。

游泳是最好的有氧健身运动之一，它对耐力素质有着深刻的影响。游泳属于周期性运动，对游泳者的耐力素质要求很高。这种耐力表现为肌肉长时间重复收缩放松的能力以及呼吸、血液循环系统维持持续性高强度活动的能力，其实质就是人的机体有氧代谢功能的能力的表现。

游泳对力量素质的影响也很大。人体在水中运动受到了水的阻力，需要相关肌肉群协调产生足够大的持续的推动力克服水的阻力，以保证身体向前游进。因此，经常进行游泳锻炼，可以促进肌肉力量地发展，使肌肉发达而富有弹性。

游泳对柔韧素质有特殊的要求，尤其是对肩关节、膝关节和踝关节的灵活性要求很高。因为拥有良好的肩关节柔韧性，可以轻松自如地完成各种泳姿的臂部动作和呼吸动作，并能加长做功距离获得很好的划水效果。通过比较系统的游泳训练，可以有效地促进全身各关节和韧带的柔韧度，使人们在从事各种形式的身体活动时，更加轻松省力。

游泳是一项全身运动。在游泳时，颈部、四肢、腰腹、腿部和手脚的大小肌群都积极地参与工作。各种泳姿中有相当一部分动作是左右交替或是左右对称的。因此，经常参加游泳锻炼，不仅能使全身的肌肉得到锻炼，而且还有利于矫正和改善身体姿势，使人体均匀协调的发展，形成健美的体形。

(五)培养良好的意志品质

在各种情况的水域中游泳，没有勇敢顽强、不怕困难的精神是不行的。游泳与陆上运动相比，无论是在运动条件上还是在运动形式上都有着很大的差别。初学者由于身体失去固定支撑漂浮在水中，随时可能出现呛水或溺水等情况，会使其产生怕水心理。通过学习游泳可以熟悉水性，消除怕水心理，进而掌握各种游泳技能，具备应对各种水情和风浪的能力。经常参加游泳锻炼，一方面可以有效地增强体质、保持健康；另一方面可以锻炼意志、培养自信、勇敢、坚强和临危不乱等优良品质。

(六)防病治病

近年来，一些研究人体的专家指出：游泳可以帮助人矫正某些不正常的体形。因为游泳时，人总要尽量伸展脊柱和四肢以加长做功距离，这对矫正驼背、脊椎侧弯和预防驼背、脊柱弯曲都大有好处；还有的专家认为，游泳如与医疗体育配合可以治疗一些慢性病，如高血压、慢性肠胃炎、关节炎、神经衰弱、哮喘等。坚持经常进行游泳锻炼，不仅能使神经、呼吸和循环等系统的机能得到改善，而且还能使身体各部位肌肉得到均衡全面的发展，塑造健美的体型。

(七)提高智力

经常参加体育锻炼，能提高脑细胞的功能及工作效率。有关研究表明，一般情况下大脑耗氧量占人体耗氧量的25%，运动时可达32%。故经常参加体育锻炼能使人大脑清醒、精力充沛。游泳时，划水和打腿等动作是在大脑皮层的指挥下进行的，这对调节大脑皮层的兴奋与抑制,改善大脑对各系统的调节功能有良好的作用。经常游泳能使学生注意力集中稳定,知觉敏锐精确,想象力丰富,记忆力增强,非智力因素(如兴趣、动机、情绪等)得到发展,使人兴趣广泛、动机良好、情绪稳定,对提高智力有促进作用。

第二节　游泳运动的安全与卫生常识

掌握游泳的安全常识,是游泳运动的前提,是应对各种意外情况的需要。

一、游泳的安全常识

(一)安全第一

切实确立安全第一的观念,强化安全教育。俗话说得好:“人命关天”,“水火无情”;“欺山莫欺水”。游泳是与水打交道的运动,树立安全第一的指导思想,不能麻痹大意,必须慎之又慎。

在进行游泳活动时,最好是有组织地或多人结伴前往,尽量不要单独行动,尤其是在天然水域更不能独自游泳。在游泳时要注意互相关照,同去同返,中途离去应和同伴打招呼。有组织地游泳,如上游泳课时,课堂教学组织要严密,要经常检查人数,安全措施必须落实。

(二)选择安全卫生的游泳场所

首先应选择人工游泳场馆。人工游泳场馆的管理比较规范,池水经常消毒、排污或过滤,清晰度较高,便于在岸上观察水中的情况,并且深水区和浅水区一般会有明显标志。

如果到自然水域游泳或上课,一定要预先了解水域的深浅,水下是否有水草、淤泥及漩涡暗流,水质是否清洁等,选择合适的水域进行。如在海边游泳要了解潮汐规律和浅滩水下的情况,不要远离岸边。

(三)游泳前体检

游泳前进行身体检查,主要是防止患病者在游泳时发生事故,同时也避免传染性疾病的传播。凡查明患有心脏病、高血压、癫痫、活动性肺结核、传染性肝炎、皮肤病、红眼病、精神病、中耳炎、发烧、开放性创伤者,都不宜游泳。女性月经期最好不要游泳,如要游泳必须采取卫生措施。

(四)游泳必须做好准备活动

准备活动具有提高神经系统的兴奋性,增强心血管系统和呼吸系统的功能,加快血液循环和新陈代谢的功能,使肌肉的力量和弹性增加,身体各关节的活动范围相应加大,灵活性也有所提高,有利于身体更好、更快地适应游泳运动和水环境。同时,对防止抽筋、拉伤肌肉有积极的作用。

游泳前的准备运动,一般可做广播操、跑步及各种拉长肌肉和韧带的练习。特别要活动颈、肩、腰、髋、膝、踝、腕各部位的关节,准备活动应做到使身体微微发热后稍事休息,然后用冷水淋浴,从头到脚冲洗全身才能下水游泳。这是保持游泳池场水质清洁卫生的重要措施,也是为了使游泳者在下水前先适应冷水刺激,以避免下水时发生身体不适。

(五)预防眼耳疾病

由于水中有许多杂质和细菌,游泳者如不注意会很容易产生眼、耳疾病。预防眼病,除要选择干净的游泳场所游泳外,还要注意维护公共卫生,经常进行游泳池水净化处理和水质

检验。游泳后最好向眼中点氯霉素眼药水或金霉素眼药膏，切勿随便用手乱擦眼睛，以防挫伤眼结膜或使细菌进入眼内。

游泳最常见的眼疾就是结膜炎，可分非传染性和传染性两类。非传染性结膜炎大多起因于泳池内消毒水的化学刺激或不洁溪水、海水等的刺激，患者眼睛会有局部酸涩、红肿及流泪的感觉，简单处理后数小时即可复原，对视力不会有严重影响。

另一种是传染性极高的流行性角结膜炎，它很容易在游泳池等公共场所散播，是夏季眼科门诊中最常见的眼科疾病，主要经由手、眼接触到公共毛巾、水中的腺病毒而传染，患者不分男女老幼，但小孩的症状会比较严重。症状初期包括急性眼睛红、易流泪、畏光和不舒服感，严重时则会产生眼皮水肿、结膜水肿、结膜下出血、角膜及前淋巴结肿大等情形，同时角膜也容易被侵犯而出现点状白斑。就病程而言，两眼发病的快慢和程度均可不同，急性期 7～14 天，在此期间都具有传染力，痊愈后虽不会对视力造成严重影响，但有些人仍会留下长期干涩及异物的感觉。因此，一旦出现症状，就应该赶快就医，并保持眼睛清洁，多休息，常洗手，降低发炎程度，使自己的眼睛舒服些，同时也杜绝传染来源，免得亲朋好友受连累，当然最重要的是要养成不乱揉眼睛的好习惯。

游泳时如果耳内进水，常会有刺痒、耳鸣等不适感。这时切勿用手指挖耳，以免擦破耳道，招致感染，引起中耳炎。水一旦进入耳内，应及时处理，可采用头偏向进水耳朵的一侧并用同侧的脚连续单脚跳的方法，使水从耳朵内流出来；或者将头偏向进水耳朵一侧用手掌紧压耳廓，屏住呼吸然后迅速提起手掌，反复几次后，就可以吸出水来；用棉棒吸水也是一个不错的办法。实在处理不了时，也不要着急，应及时就医，请大夫帮助排出耳中的积水。

（六）选择适合自己的游泳用具

不论是刚学游泳的人还是经常参加游泳的人，都要准备一些必需的适合自己的用具，这样才能使游泳活动称心如意地进行。

1. 合身的游泳衣裤

游泳衣裤必须合身。如果太大，在游泳时容易兜水，以致加大身体负重和阻力，影响游泳动作。因此游泳衣裤要以穿在身上感到舒适为宜。如何根据自己的身材选择一件合适的泳衣？一般来讲，身材瘦小型的女子可选择颜色鲜艳或是两截式的泳衣，这样可使人看上去较为丰满；身材较丰满型的女子可选择深色或小碎花型，设计较为保守的泳衣，这样可使自己的身材显得苗条；而双腿短或粗的游泳爱好者，最好选择高叉的泳衣，这样穿起来可使双腿看起来修长一些。总之，在选择泳衣时，应根据自己的身材选择一件能掩盖身材缺点而又能突出优点的泳装，而不要盲目地追求时代潮流。

2. 合适的游泳帽

游泳时应戴游泳帽，特别是女性，可以防止头发散乱和变黄。游泳帽应选带有松紧的尼龙制品或是由高级硅胶制造的，手感较为柔软，伸展力强且非常耐用的橡胶制品。

3. 游泳眼镜

如果水质不干净，游泳时细菌很容易进入眼内，以致产生红眼病等。为了预防眼病，需要戴游泳眼镜进行游泳。对于初学游泳的人来说，戴游泳眼镜还可以纠正在水中睁不开眼睛的毛病。那么如何选择一副适合于自己的游泳眼镜呢？现在市场上销售的 F·EW，Arena 等一些进口名牌的泳镜质量都是很好的，而且也适用于一般的游泳爱好者。在挑选时只须注意眼镜的防水性、清晰度、防雾性能及胶带固定的松紧程度是否适合于眼睛就可以了。而对于那些初学游泳者来讲，选择一款价格较便宜并适合于自己的泳镜的标准主要是：在游泳出发时和游泳过程中，泳镜不脱落、不漏水，佩戴舒适；近视者，可戴度数相当的泳镜；戴隐形眼镜游泳会增加感染机会，所以尽量不要把隐形眼镜当泳镜来使用。

4. 浴巾和拖鞋

浴巾和拖鞋是游泳者必备的用品。在游泳的间歇期间或游完后上岸时，用毛巾擦干身体，披上浴巾，穿上拖鞋，既可以保暖，防止感冒，又比较卫生。

5. 浮体物品

初学游泳者，最好自备一些浮体物品，例如救生圈(衣)、泡沫塑料打水扳等。但使用这些物品时，要随时检查救生衣、救生圈有无漏气，以防发生事故。

6. 耳塞

游泳时水流入耳朵是难以避免的。耳朵进水后很不舒服，有时会引起疼痛以致影响听力。为了防止水进入耳朵，准备耳塞。

二、自我救护

游泳救护技术包括他人救护和自我救护。所谓自我救护是指溺水者在没有他人救助的情况下，通过自身努力而获救的自救技术。掌握水中自我救护技术是十分必要的，它可以使自救者及时排除险情或能争取时间等待他人救护。

游泳者在水中遇到意外事故时一定不要慌乱，要沉着、冷静，先按照一定的方法进行自我救护，同时发出呼救信号，以便及时得到同伴或救生员的救护与帮助。

(一)自我救护

1. 抽筋

(1)解除抽筋的方法：在游泳中，有时会发生抽筋。抽筋是肌肉突然发生强直性收缩，同时产生剧痛，破坏了正常的动作节奏。此时如果游泳者惊慌则极易发生溺水事故。

游泳时抽筋的常见部位是小腿、手指、脚趾、大腿及胃部等；抽筋的原因主要是下水前没有做准备活动或准备活动不充分，身体各器官及肌肉组织没活动开，下水后突然做剧烈的蹬水和划水动作或由于水凉刺激肌肉突然收缩；游泳时间长、过分疲劳及体力消耗过多等情况下也会出现抽筋。

(2)预防抽筋的方法：充分做好游泳前的专项准备活动，容易抽筋的部位多活动一会儿，也可以在大小腿、脚趾及腹部等部位进行适当的按摩与放松；下水前用冷水冲洗，既卫生又能使身体适应冷水刺激；游泳时间要根据自己的体力和技术情况而定，不宜过长。上岸后要注意保暖，及时更衣。

解除抽筋的方法主要是拉伸抽筋部位的肌肉，使收缩的肌肉伸展和松弛。具体方法如下：

①解除小腿和脚趾抽筋法：若因水温过低或疲劳产生小腿或脚趾抽筋，则可使身体成仰浮姿势，用抽筋肢体对侧的手将抽筋肢体的脚趾用力向身体方向拉，使抽筋腿伸直；同时用同侧手掌压住抽筋腿的膝盖，帮助抽筋腿伸直。当抽筋情况减轻时，可用另一腿踩水，另一手划水，帮助身体上浮并向岸边游近，上岸后用中指、食指尖掐按承山穴(小腿后面正中、腓肠肌两侧肌腹交界的下端)或委中穴(在窝横纹的正中点)进行穴位按摩，帮助恢复正常。②解除手指抽筋法：两手抽筋时，应迅速握拳，再用力伸直手指，反复多次，直至复原。如单

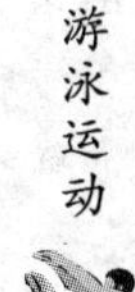

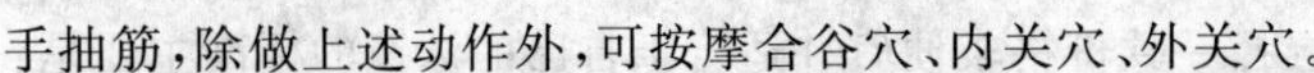

手抽筋，除做上述动作外，可按摩合谷穴、内关穴、外关穴。

2. 呛水

游泳时水从鼻腔或口腔进入呼吸道，影响呼吸器官与外界进行气体交换而引起的咳嗽，称为“呛水”。

呛水的预防与处理的方法是：游泳者在游泳时应注意练习和掌握正确的水中呼吸方法。在水面上用嘴吸气，吸气结束后应有一瞬间的憋气过程，然后在水下用嘴鼻呼气，没有呼完的气在水面上换气前迅速呼出，紧接着做吸气动作（千万不要在水中吸气）。此外，掌握正确的避浪技术也可避免呛水。如果已经呛水了，也不要心慌，应迅速调整呼吸，或把头露出水面做几次水面游泳动作。也可以做原地踩水动作，休息一会儿以恢复正常的呼吸节奏。

（二）游泳的禁忌

（1）忌饭前饭后游泳：空腹游泳会产生低血糖的现象，在游泳中易发生头昏乏力等意外情况；饭后马上游泳会影响消化功能，还会产生胃痉挛，甚至呕吐、腹痛现象。游泳后宜休息片刻再进食，否则会突然增加胃肠的负担，久之容易引起胃肠道疾病。

（2）忌不做准备活动或剧烈运动后即游泳：水温通常总比体温低，因此，下水前必须做准备活动，否则易导致身体不适、抽筋等现象。剧烈运动后马上游泳，会使心脏加重负担。体温的急剧下降，会使抵抗力减弱，引起感冒或其他疾病。

（3）忌在不熟悉的水域游泳：在天然水域游泳时，切忌贸然下水。凡水域周围和水下情况复杂的都不宜下水游泳，以免发生意外。

（4）忌游时过久：皮肤对寒冷刺激一般有三个反应期。第一期：入水后，受冷的刺激，皮肤血管收缩，肤色呈苍白色。第二期：在水中停留一定时间后，体表血流扩张，皮肤由苍白转呈浅红色，肤体由冷转暖。第三期：由于体温热大量散失，皮肤出现鸡皮疙瘩和寒战现象。这是夏游的禁忌期，应及时上岸。游泳持续时间一般不应超过 1.5～2 小时。

（5）忌月经期游泳：月经期间游泳，病菌易进入子宫、输卵管等处，导致月经不调、经量过多、经期延长。

（6）忌有癫痫史游泳：无论是大发作型或小发作型，在发作时有一瞬间意识失控，如果在游泳中突然诱发，就难免有生命危险。

（7）忌高血压患者游泳：特别是顽固性的高血压，药物难于控制，游泳有诱发中风的潜在危险，应绝对避免。

（8）忌心脏病者游泳：如先天性心脏病、严重冠心病、风湿性瓣膜病、较严重心律失常等患者，不能参加游泳活动。

（9）忌患中耳炎游泳：不论是慢性还是急性中耳炎，因水进入发炎的中耳，等于“雪上加霜”，使病情加重，甚至可使颅内感染等。

（10）忌患急性眼结膜炎游泳：该病病毒，特别是在游泳池里传染速度之快、范围之广令人吃惊。在该病流行季节即使是健康人，也应避免到游泳池内游泳。

（11）忌某些皮肤病患者游泳：如各个类型的癣、过敏性的皮肤病等，不仅诱发荨麻疹、接触皮炎，而且易加重病情。

（12）忌酒后游泳：酒后游泳体内储备的葡萄糖大量消耗会出现低血糖。另外，酒精能使人的意识模糊，自控能力下降从而发生意外。所以酒后一定不要参加游泳活动。

（13）忌长时间曝晒：长时间曝晒会产生晒斑或引起急性皮炎，亦称“日光灼伤”。为防止晒斑的发生，上岸后最好用伞遮阳，或到有树荫的地方休息，或用浴巾在身上保护皮肤，或在身体裸露处涂防晒霜。

三、在公开水域游泳的常识

公开水域不同于游泳馆，它可能存在着更多的安全隐患，所以公开水域需要游泳者给予更多的重视。

(一)小心水母与海胆

在海滨进行游泳活动时，要特别小心不要被海胆或水母刺到，在国外和我国都曾经出现因为被水母蜇伤而死亡的事件。建议你除了避免到水母群聚的海域游泳外，台风或大风雨过后也应避免到海边游泳。如果被水母蜇伤时，会出现刺痛、瘙痒、红疹和水泡等症状，严重的会有全身性反应，发生恶心、呕吐、发烧、畏寒、头痛和肌肉酸痛。被水母蛰到时应马上用海水、食用醋或稀释冰醋酸冲洗，千万不要以清水或酒精来处理，并尽快就医。如果被海胆钙化的刺扎到皮肤，会引起剧痛、局部红肿，若未作适当处理，可能在两三个月后产生肉芽肿，因此必须就医治疗。

(二)风浪

在公开水域游泳经常会遇到风浪。浪主要有两种：一种是涌浪，这种浪顶圆、波谷深、起伏大，比较有规律。涌浪产生的原因很多，除风的作用外，轮船经过时也会形成。另一种是风浪，这种浪的外形多不规则，峰顶常破裂成白色的碎浪，它容易使游泳者呛水和不易辨别方向。在游泳中遇到风浪时，不要害怕，应沉着迅速地判断风浪的方向、速度和大小，以便掌握好呼吸时机。如浪从正面打来，可在浪来之前深吸一口气，接着低头闭气，浪过抬头换气。浪从侧面涌来，则头转向另一例吸气。如果遇到不规则的小风浪时，可将头适当地抬高些，这样就可以避免呛水。总之，在风浪中游泳时要注意呼吸方法，做到浪来低头浪过抬头吸气。

(三)漩涡

在江河中凡是使水流的方向和速度突然改变的地方，都容易出现漩涡。如在江峡急流、两条河流交汇处、桥梁水闸下游、排水管的出口处、地下水道进水口附近，或在水底有岩石突出和有其他水下障碍的地段等。漩涡的中心呈凹形，可将物体卷入水底。游泳时，发现漩涡应尽量避开。如已经接近，应顺着漩涡的外沿，用爬泳迅速游出。如果不慎被漩涡卷入，应保持镇静，立即使身体平卧在水中，用爬泳或侧泳冲出漩涡，切不可直立踩水或潜入水中，以免发生危险。

(四)淤泥、水草

在公开水域缓流地带，靠近岸边或浅滩多有淤泥。游泳时要避免到这些地方去，如果不慎陷入淤泥，千万不能采取单脚站立企图拔出另一脚的办法，那样会越陷越深。这时应使身体俯卧水面，用两手在体侧做连续快速向下用力压水动作，同时脚尖自然伸直，轻轻向上移动，使其脱离淤泥，然后从原路退出淤泥地带。

水草是生长在水中的植物，它不会自动缠人，游泳时只要避开它就行了。万一碰到水草，身体应仰卧，最好用手拨动前进。如被水草缠绊，要保持冷静，切勿乱动，并叫同伴协助解脱，或自行解脱，然后从原路返回。

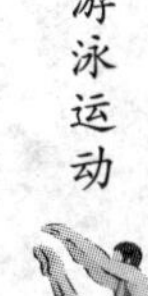

第三节　游泳运动技术介绍

一、熟悉水性

游泳技术的掌握必须在熟悉水性的基础上进行，这对于初学者来说是一个必须经过的阶段。熟悉水性是学习各种泳姿的一重要环节，这个阶段主要是初学者了解和体会水的特性，逐步熟悉水中的环境，即水的浮力、压力和阻力，逐步适应水环境，克服怕水的心理，培养学生对游泳的兴趣，并掌握一些水中活动的一些技能，如水中行走、呼吸、浮体和滑行等动作，为下一步学习和掌握各项游泳技术奠定基础。

（一）水中行走

水中行走时熟悉水性的第一步，目的是使初学者体会并适应水的浮力和阻力初步掌握在水中站立和行走时维持身体平衡的方法。水中行走一般在齐腰深的水中进行。迈步时，上体略向前倾斜，大腿向前抬起，带动小腿和脚向行进方向伸出，落脚站稳后再迈第二步；两手臂在体侧轻轻拨水保持身体平衡。

一般采用以下步骤练习：①在泳池中扶池边行走。②拉手行走：在泳池齐腰深水中，两人或多人拉手行走。③水中跳跃：在泳池中，做向各个方向的跳跃式行走。④在泳池中：进行各种水中行走的游戏或比赛。

（二）呼吸

呼吸是熟悉水性阶段的重点内容，目的是使初学者初步掌握呼吸的方法、过程和节奏，消除怕水心理。

游泳时的呼吸，一定要用嘴在水面上吸气，吸气后脸浸入水中稍闭气然后用嘴和鼻在水中缓慢呼气，并一直呼出水面。由于脸部大部分时间浸在水中，抬头的时间比较短促，因此要求在嘴露出水面的时候应迅速地把剩余的气吐尽，并借此动作把附在口、鼻周围的水吹走，然后立即快速换气，呼吸之间不能停顿。练习换气的节律是“快吸、稍闭、慢呼、猛吐”。

呼吸的练习方法：

(1)水中闭气：手扶泳池边的排水槽或拉着同伴的手，深吸气后闭气，慢慢下蹲把头浸入水中，睁开眼睛，停留片刻然后站起，在水面上换气。

(2)水中呼气：在上一练习的基础上闭气，稍停片刻用口、鼻慢慢呼气，当气马上呼尽时起立在水面上换气。

(3)连贯呼吸：站立水中，两手扶泳池壁上的排水槽或大腿，上体前倾两腿略下蹲。水面上吸气后低头将脸浸入水中，闭气片刻然后开始呼气，并向上抬头；当口露出水面时不停顿地迅速将气吐尽，紧接着快速吸气。

上述练习应反复练习，直至能熟练自由地换气。

（三）浮体与站立练习

通过浮体练习体会水的浮力，初步掌握在水中控制身体平衡的能力，进一步消除怕水心理，增强学会游泳的信心。在做浮体练习时，一定要同时学习漂浮后的站立方法，以保安全。

练习方法：

(1)抱膝浮体练习：在齐胸深的水中原地站立，深吸气后下蹲低头抱膝，双膝尽量靠近胸部，前脚掌蹬离池底，身体就会自然漂浮于水中。练习时，要尽量睁开眼睛。站立时，两臂前伸向下压水并抬头，同时两腿下伸脚触池底站稳，两臂在体侧拨水保持平衡。

(2)展体浮体练习：水中开立，略向下蹲，两臂沿水面放松自然前伸。深吸气后闭气，身体前倒并低头，两脚轻蹬池底，两腿上摆自然伸直稍分开，身体成俯卧姿势漂浮于水中。站立时，先收腹屈腿屈膝，然后两臂下压、抬头，同时两腿下伸脚触池底站稳。

(3)滑行练习：滑行练习是熟悉水性阶段不可缺少的一个练习，目的是使学生体会和掌握游泳时身体的水平位置和流线型姿势，为各种泳姿腿部动作的学习打好基础。

练习方法：①蹬池底滑行：两脚前后开立，两臂前伸，两手并拢，深吸气后上体前倾并屈膝；当头和肩没入水中时前脚掌向后用力蹬离池底，随后两腿并拢，使身体呈俯卧流线型姿势在水面向前滑行。②蹬池壁滑行：背对池壁，一手拉池槽或池边，一臂前伸；同时一脚站立，一脚紧贴池壁。深吸气后低头，上体前倾，提臀，向上收支撑腿，两脚紧贴池壁，臀部后移，两臂前伸、并拢，头夹两臂之间，两脚用力蹬壁，使身体呈仰卧流线型姿势在水下向前滑行。

(四)游泳技术术语

各项运动项目都有其专用技术术语，游泳同样也是如此。常用的游泳技术术语有：

(1)动作周期：是指一次完整腿臂配合动作的全过程，或指一次臂或一次腿完整动作全过程。

(2)动作频率：是指单位时间内划水打腿或蹬腿动作的次数，也称“划频”，常以次/分表示。计算公式是：动作频率＝动作次数/成绩(不包括出发转身时间)。

(3)动作节奏：是指游泳时每一动作周期内各技术组成部分的动作速度与时间的比例关系。以爬泳手臂技术为例，入水和抱水时较慢，划水时加快，划水将近结束时最快，出水和移臂较快。

(4)划水次数：是指游完一定距离所用的划水动作次数。如游 50 米距离，运动员用了 22 次划水动作游完，其划水次数就是 22 次。划水次数要与划水效果结合起来分析，才能反映运动员的技术状况。教练员常通过统计运动员 50 米或 100 米划水动作次数来评价其划水效果。一般情况下划水次数越少，划水效果就越好。

(5)划水距离：也叫“划步”、“划距”、“划幅”，是指在一个完整动作周期内身体前进的距离，是划水技术量化指标的体现，常以米/次表示，计算公式是：划水距离＝比赛距离(不包括出发转身距离)/划水动作次数。

二、蛙泳

蛙泳是模仿青蛙游泳动作的一种游泳姿势，也是最古老的一种游泳姿势。由于其游速比较慢，在早期不分泳姿的比赛中曾一度受到排挤。后因规则的改变——比赛时不同泳姿分别进行——才得以保留，并经过若干年的发展、演变，才成为今天的蛙泳技术。

(一)身体姿势

蛙泳在游进中，身体形态是在不断变化的。当蹬夹腿结束时，运动员应臂腿并拢伸直，身体接近水平状态俯卧水中，头部稍微抬起，身体保持一定的紧张度，呈流线型向前滑行。这种卧水姿势，可减少水的阻力、加快游速。

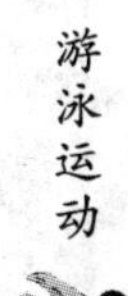

(二)腿部动作

蛙泳的腿部动作不仅有保持身体平衡的作用,而且是推动人体在水中前进的主要动力之一。蛙泳的腿部技术动作由收腿、外翻、蹬夹水、滑行 4 个紧密相连的完整动作构成。

1. 收腿

蛙泳的收腿动作是为了把腿收至最有利于蹬水的位置上。但是,由于收腿的方向是向着前进的方向,因而它不但不产生推进力,反而还造成了阻力。因此收腿时,既要考虑如何减少阻力,也要考虑手臂和腿配合的需要。

开始收腿时,两腿随着划手和吸气动作略下沉,同时两膝自然分开,小腿向前收。收小腿时两脚放松,稍内旋,脚踵向臀部靠拢,两腿边收边分,脚和小腿要藏在大腿投影截面内,收腿时速度不宜太快,以减少阻力。

收腿结束后,大腿与躯干成 120～140 度角。两膝内侧与髋关节同宽,大小腿之间成 40～45 度角。

2. 外翻

外翻是蛙泳收腿与蹬水之间的连接动作,目的是增大蹬水面积,为蹬水创造有利条件。当腿收至脚踵接近臀部时,两脚背屈和外展使脚尖朝外;同时膝关节内旋,使脚和小腿内侧对准蹬水方向。蹬腿开始时,小腿与水面几乎垂直,脚位于水面下外翻接近 90 度。收腿与翻脚是一个连续的完整动作过程,正确的外翻动作是在收腿未结束时开始,在蹬腿开始时完成。

3. 蹬夹水

蹬夹水在外翻即将完成时开始。人体利用外翻创造的有利条件,充分利用腰部和腿部力量,两腿做向外、向后、向内的弧形鞭打状蹬夹水动作;当两腿即将蹬直并拢时,两脚踝关节主动内旋,用脚向内下方做有力的鞭水动作。鞭水动作结束后两脚自然伸直并拢。

4. 滑行

蹬夹水后,两腿应尽量伸直并拢,腿部肌肉和踝关节自然放松,借助蹬腿的惯性向前滑行。

(三)臂部动作

现代蛙泳技术强调发挥手臂划水的作用。手臂的力量虽然没有腿的大,但是在划水的过程中能以较大的对水面取得较好的划水效果,而且准备动作时的阻力也比较小。蛙泳手臂的一个动作周期由外划、内划、伸臂 3 个阶段组成。

1. 外划

手臂开始划水之前,两臂与水面平行伸直,掌心向下,身体充分伸展并保持流线型。开始划水时,两臂内旋使掌心外翻,并同时对称地向外、向后方划水。当两手分开超过肩宽时,手臂略外旋,屈肘,开始抓水。手掌由朝外下方转为向外下后方。此时,手掌和前臂应有抓住水的感觉。抓水动作的目的是为后面的划水创造条件,同时也能产生一定的推进力,并对躯干上部有支撑和平衡作用。

随着两臂的继续外划,手臂外旋逐渐加大屈肘度,两手沿着向外、向下、向后的方向划水。外划开始后,划水速度加快。当两手在体下划至最低点时,外划结束,转入内划。外划的整个过程应始终保持高肘、加速。肘关节随外划的进行不断减少弯屈的角度,到外划结束时,大臂与小臂之间的夹角为 90 度,手臂位于肩的前下方。

2. 内划

内划是外划的后续动作。外划结束时，手臂向外旋转，首先由向外、向下向后划水转为向内、向下、向后划水。然后随着手臂的继续外旋向内、向上和向后划水，内划结束时，手上升到略高于肘的地方。内划产生的推动力是划水过程中最大的，在内划过程中，手掌的攻角不断地变化，由向外和向下转为向内和向上。肘关节也随手的动作向下、向内再向上运动。当内划即将结束时，手臂应在肋下做夹肘动作，也称作“抱水”。因为内划阶段对人体的推进力大，所以应尽量延长这阶段划水路线，双手要划至下颌下方接近合拢时才开始伸臂，以免过早进入伸臂阶段而减少向前的推力。

3. 伸臂

伸臂是在内划一结束即开始的。当两手内划至下颌下方接近并拢时开始伸臂。伸臂动作是由伸肘、伸肩来完成的。伸臂时掌心相对或掌心向下，两手并拢，手腕自然伸直，手臂呈流线型沿身体纵轴前伸。伸臂动作一般在水面下完成，但也有运动员为减小阻力采用在水面上伸臂的方法。

快速向前伸臂是现代蛙泳技术特点之一，它紧密配合腿的动作，在伸臂的同时，肩要向前；有不少运动员在做伸臂动作时头部同时有向前“压”的动作。向前伸臂过程中不能有停顿。

以上分析说明，蛙泳手臂划水是一个完整、连贯的动作。蛙泳手臂的划水动作，强调高肘划水技术，在划水的前部分，应注意以肘关节为支点，发挥前臂屈肌的作用，在划水的最有效部分，应注意以肩关节为支点，发挥胸大肌、背阔肌等肩带肌群作用，配合强而有力的蹬夹水，使动作产生连贯而不间断的推进力。

4. 完整配合动作

蛙泳的完整配合技术较复杂，为保持游泳速度的均匀性，手臂和腿的配合应尽可能使游进中每一动作周期内每个动作阶段都有推进力产生或保持。常见的蛙泳腿臂配合技术是：臂外划时，腿自然放松伸直；臂内划时收腿，手向前伸至大约 2/3 部位时快速蹬腿。

蛙泳是用嘴吸气，用嘴或鼻子呼气，呼吸动作与划臂动作紧密配合。当前蛙泳呼吸技术中有两种方法：一种是抬头吸气，即通过前伸下颌，使嘴露出水面吸气；另一种是通过强有力的划水动作使头和肩上升至水面时吸气。

蛙泳的臂、腿、呼吸多采用 1∶1∶1 的配合，即两臂划水一次，蹬腿一次，吸气一次。手腿配合形式有 3 种：一是连接式，蹬腿结束后没有滑行动作，手臂立即开始划水；二是滑行式，蹬腿结束与划水开始之前有一短暂滑行阶段；三是重叠式，在腿蹬夹还没有完全结束就已开始划水动作。至于选择哪一种配合技术，要根据自己的特点而定。

三、爬泳(自由泳)

爬泳的名称是来自其动作外观特征。在竞技游泳比赛中，是没有爬泳这一项目的，但有自由泳项目。由于自由泳项目允许运动员采用任何姿势参加比赛，而爬泳的游速又是所有泳姿中最快的，因而几乎所有参加该项比赛的运动员都采用爬泳技术，故人们也将爬泳称为“自由泳”。

(一)身体姿势

爬泳时，身体尽量保持水平，躯干保持一定紧张度，位于水面上较高的位置。头部与水

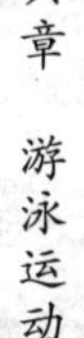

面平行，眼看水底，双肩略向前耸，使臂部划水肌群处于更有利位置，以加大划水效果。尽可能使身体保持水平状态，减小阻力。

爬泳游进中，身体随划水和移臂动作而不停地、有节奏地沿身体纵轴转动，向每侧转动的角度为35～45度(两肩的连线与水面的夹角)，其作用是：

(1)便于手臂的出水和空中向前移臂，缩短移臂半径，加快移臂速度。

(2)有助于手臂在水中抱水和划水，使划水的最有力部分更接近于身体重心的垂直投影面。

(3)由于臀部随身体转动而造成腿产生部分侧向打水动作，可抵消移臂时产生的使身体侧向运动的分力，维持身体平衡。

(4)便于呼吸。

(5)减少阻力。研究表明，身体处于侧卧时，受到的阻力远小于平卧。

(二)腿部动作

爬泳腿的主要作用是维持身体平衡，配合两臂划水动作，协调全身肌肉用力，并能产生一定的推进力。

爬泳腿部动作由向上打水和向下打水两部分组成，向下打水比较有力，而向上打水相对放松些。打水对短距离自由泳项目所起的作用非常大。

爬泳腿的动作效果，取决于运动员腿的技术、踝关节的柔韧性和腿部肌肉力量。

打腿时，两腿应稍内扣，踝关节自然放松，由大腿发力，带动小腿和脚交替做鞭状打水动作。

1. 向上打水

向上打水时，由大腿带动小腿直腿上移。当腿部移至水面并与水面基本平行时，大腿停让上移，转而向下打水。而小腿和脚由于惯性的作用继续向上移动，大腿的主动向下和小腿的惯性向上使膝关节弯曲约成160度角，这时小腿和脚达到了最高点。小腿上打时，脚不能高出水面太多，接近水面或略高于水面即可。

2. 向下打水

向上打水结束后，小腿和脚在大腿的带动下开始向下打水。由于膝关节的弯曲，小腿和脚的打水方向是向后下方。当大腿向下打水至最低点并开始向上打水时，膝关节仍保持弯曲。随着大腿继续向上和股四头肌强有力收缩，小腿加速下打至膝关节完全伸直，此时向下打水结束，小腿和脚随大腿转入向上打水，下一循环动作开始。

(三)手臂动作

爬泳时，推动身体前进的主要动力来自手臂划水动作。为了描述方便，将手臂习惯性地分为入水、抱水、划水、出水和空中移臂5个部分。

1. 入水

入水部分包括手插入水中和手臂入水后向前伸展两个动作。手臂入水时，肘关节略屈并高于手，手指自然伸直并拢，手掌心向侧下方。入水点在肩的延长线上或在身体中线和肩延长线之间。手臂入水的顺序是：手、前臂、上臂。

2. 抱水

臂入水后，积极伸向前下方，手腕微屈；屈肘并使肘保持较高位置，使手臂形成较大划水面，充分拉开肩带肌群，为划水作好准备。抱水动作结束时，屈肘约成150度角，上臂与水平面约成40度角。

3. 划水

划水是获得推进力的主要阶段，是在抱水的基础上进行的。划水分为拉水和推水两部分。划水时要继续保持高肘，同时逐步屈肘。当手臂划至肩下方时，拉水动作结束，此时手臂在身下靠近中线处或手指略超过中线，屈肘成90～120度角。屈肘的程度因人而异，一般手臂较长或臂力较差的屈肘程度大些；反之屈肘小些。手臂划过肩下垂直面后，前臂迅速向后推水至大腿旁，结束划水。在向后推水过程中，应逐渐伸腕，以免产生附加的阻力。

推水是爬泳手臂动作中最关键环节，因为手臂在这一阶段产生的推进力是最大的。为使获得的推进力更大、更好地作用于推动身体前进，手掌应在身体下放沿身体纵轴划水。整个划臂动作保持高肘，手在水下的移动路线为“S”型，以加速的方式完成。

4. 出水

划水结束后，借助推水后的惯性，利用肩带肌群的收缩以及身体沿纵轴的转动，将臂提出水面。这时，手臂由于放松而微屈肘。出水时，肩略早于臂。

5. 空中移臂

空中移臂是出水和入水的连接动作，应保持连贯，放松自然。目前，多数运动员均采用高肘移臂技术，在出水开始时肘关节已经弯屈，随肩和上臂向前上方移动，手掌几乎完全向后和稍向外，手腕放松，手落后于肘关节；当手前摆过肩时，与肘成一直线：过肩后手和前臂超过肘部并向前伸出，掌心也由向后上方转向前下方，做好了准备入水的动作。

也有一些运动员采用直臂移臂技术，方法是：手出水时，手臂几乎完全伸直，手在肘上直臂向前、向上、向外移动；当手移至肩上方时，开始屈肘，手和前臂向前、向下、向内移动。准备入水。

6. 两臂配合

爬泳正确的两臂配合技术，是保证游进速度均匀性的最重要条件。两臂的配合通常有3种方式。

(1)前交叉配合：一臂入水时，另一臂处于肩前方，与水平面约成30度角。

(2)中交叉配合：当一臂入水时，另一臂处于肩下垂直部位，与水面约成90度角。

(3)后交叉配合：当一臂入水时，另一臂划至腹部下方，与水面约成150度角。

有人认为中前交叉是最为合理的配合方式，因为它可以使运动员游进时，始终有一手臂处于前伸位置，使身体保持较长长度，流线型好，阻力小。

7. 呼吸与臂部动作的配合

爬泳的呼吸是利用头左转或右转使嘴露出水面换气的。以向右呼吸为例：右手入水后，嘴或鼻开始慢慢地呼气；臂划至肩以下开始向右侧转头，呼气量增加；右臂推水即将结束时，呼气量进一步加大；右臂出水时，嘴露出水面猛然吐气并张嘴吸气；移臂一半时吸气结束，闭气并开始转头复原。当头部已经复原并保持稳定，右臂又入水时，开始下一次呼吸过程。

吸气时肩和头应向同侧转动，使嘴能在低于水平面的波谷中吸气，一定不能抬头；否则会使腿部下沉，身体摆动或起伏，增大阻力。

(四)完整配合动作

爬泳的完整配合技术即腿、臂、呼吸的配合技术，主要有3种形式：

(1)6∶2∶1配合：是指每一动作周期中打腿6次，划臂2次，呼吸1次。这种配合技术

能充分发挥打腿作用，动作连贯协调，使身体保持较好姿势和卧水位置。

(2)4∶2∶1配合：是指在每一动作周期中打腿4次，划臂2次，呼吸1次。这种配合技术可适当减少腿部负担。

(3)2∶2∶1配合：是指有每一动作周期中打腿2次，划臂2次，呼吸1次。采用这种配合技术的人一般浮力较好，打腿技术也比较好，毋须用较大力量打腿就能使腿浮起成水平姿势。

上述3种爬泳的配合方式被运动员广泛采用，此外，还常出现交叉打腿和不规则打腿配合技术。由于各人情况不同，实践中应根据个人特点选择合适的配合方式，最大限度地发挥自已的运动能力和水乎。

四、仰泳

仰泳是人体仰卧水中进行游泳的一种游泳姿势。现代仰泳借鉴了爬泳技术，因而也被称为“爬式仰泳”。由于爬式仰泳速度快，在竞技游泳比赛中，游泳运动员多采用爬式仰泳。

(一)身体姿势

游仰泳时，身体应自然伸展，平直仰卧于水面，头和肩部稍高于臂，下颌略收，水面与耳齐。身体纵轴与水平面构成一个很小的仰角，两腿均在水面下5～10厘米。

游进中，头对控制身体姿势和位置起“舵”的作用，故应保持相对稳定，并与身体在同一轴线上。头部过于后仰，会使髋部抬高，使脚和腿露出水面，影响打腿效果。如有意抬高头的位置，髋和腿则会下沉，造成身体“坐”在水中，增大阻力。

与爬泳一样，仰泳时，躯干应随划水和打水动作绕纵轴自然转动，转动的作用有3点。

(1)使划水臂处于较好的位置，更好地发挥划臂力量。

(2)保证划水的深度。

(3)有利于手臂出水和移臂。

(二)腿部动作

仰泳腿部动作的作用是维持身体平衡，使身体保持较好流线状态，并产生一定的推进力。仰泳腿动作与爬泳腿相似，所不同的是膝关节弯屈的角度比爬泳稍大一些，大腿与小腿之间的夹角约为135度。由于身体的转动，仰泳腿的动作并不是垂直摆动，而是随着髋关节的转动向内上方踢水，向外下方下压水。

1. 下压

由于水的阻力，向下压水动作的开始阶段是直腿进行的，膝关节和踝关节应自然放松，大腿带动小腿下压到一定位置后，大腿停止下压转入上踢。此时小腿和脚随惯性继续下压，使膝关节弯曲，之后，小腿和脚在大腿的带动下依次结束下压动作。

2. 上踢

上踢是产生推进力的主要部分，需要用较大的力量来完成。上踢时，脚内旋，大腿带动小腿和脚向上踢水；在踢水的过程中膝关节逐渐伸直，当大腿向上移至接近水平面时转为下压。小腿和脚加速向上踢水，形成鞭状打水动作。当膝关节完全伸直时，上踢动作结束，此时，脚应位于水面或略低于水面。在上踢过程中，膝关节和脚都不能露出水面。

(三)手臂动作

仰泳时，两臂轮流交替向后划水，是推动身体前进的主要动力。手臂划水技术的好坏将直接影响游速。同爬泳一样，把手臂部动作分为入水、抱水、划水、出水和空中移臂5部分。

1. 入水

手臂的入水动作应与身体的转动相协调。当一臂入水时，身体向同侧转动。手臂放松伸直，掌心朝外，以小拇指领先在头前同侧肩的延长线上切入水中。手入水时，手掌与前臂成150～160度角。

2. 抱水

当手臂入水后，利用移臂时产生的转动惯性和身体的转动使手臂向下，同时伸肩，手臂外旋，屈腕、屈肘，使前臂内侧和手掌对准后方，手指向外。抱水结束时，肘部微屈成150～160度角，手掌距离水面30～40厘米，肩部保持较高的位置。

3. 划水

划水是获得推进力的主要阶段，在抱水的基础上，随着身体的转动、肘关节下移，手掌向上、向后、向内划动，并逐渐屈肘。当手划至肩侧与水平面垂直时，身体转动的斜度达到最大。大、小臂之间的夹角为90～120度，手掌离水面10～15厘米。指尖指向侧上方。

当手掌划过肩部时，身体开始向划水手臂对侧转动，手掌、小臂、大臂同时向下、向内和向后加速划水。为加大划水效果，这时肘关节和大臂应逐渐向身体靠近，当划水即将结束时，臂内旋做加速转腕下压动作，直至臂部侧下方完全伸直。手腕和手的动作速度很快，像甩鞭子一样。划水结束时，手掌朝下，手臂伸直，于位于大腿侧下方，手掌距水面40～50厘米，距臂部10～15厘米。

仰泳手臂划水的路线，前浅后深，呈“S”形。整个划臂过程，掌心一直在不停地改变朝向。

4. 出水

划水结束后，手臂立即外旋，掌心转向大腿外侧，迅速提臂出水。出水时手臂应伸直，压水提肩，使肩部先出水，然后带动小臂、大臂依次出水。

5. 空中移臂

提臂出水后，应迅速沿肩的垂直面向肩前移动。手移过垂直部位后，手掌开始内旋，使掌心向外，为入水作好准备。空中移臂时，手臂要伸直放松。

（四）两臂配合技术

和爬泳一样，仰泳两臂配合应保证身体得到连贯均匀的推进力。目前普遍采用的是后交叉的配合方式，即一臂入水时，另一臂划水结束，两臂基本处于相反位置，这种配合能保证游进速度的均匀性。

（五）仰泳的呼吸技术

仰泳的呼吸技术比其他泳姿简单，一般是两臂各划1次，呼吸1次，呼吸要有节奏地进行。多数运动员采用一臂移动时呼气，另一臂移动时吸气的呼吸方式。提肩时，用口吸气，臂入水吸气结束；抓水短暂闭气；随着划水时口鼻呼气。

（六）腿、臂、呼吸完整配合技术

现代仰泳多采用6次打腿，2次划臂，一次呼吸的配合技术，即6∶2∶1的配合。

五、蝶泳

蝶泳是从蛙泳派生出来的一种泳姿，因其动作外形而得名。游蝶泳时，身体俯卧于水

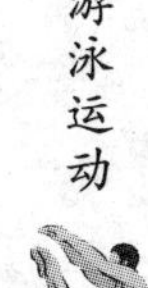

中，两臂同时在体下划水后提出水面经空中前摆，看上去很像蝴蝶展翅，故被人们称为"蝶泳"。由于现代蝶泳技术中躯干和腿采用了类似海豚游泳的动作，所以蝶泳又被称为"海豚泳"。

（一）身体姿势

蝶泳没有固定的身体位置，在一个动作周期中不断变化。游蝶泳时，头、躯干和腿沿身体横轴做波浪式的传递起伏，形成有节奏的波浪运动，这是由于蝶泳臂、腿及呼吸的特殊技术而自然形成的。腰部是全身动作的枢纽，腰部的动作在蝶泳游进过程中起着承前（上肢动作）启后（下肢动作）的作用。蝶泳身体各部位波浪式上下运动的幅度不同：肩部动作幅度较小，臂部动作幅度适中，大、小腿动作幅度逐渐加大，脚的动作幅度最大。

（二）躯干和腿部动作

蝶泳腿打水动作与躯干动作紧密相连，由腰部发力，大腿带动小腿做鞭状打水。打水时两腿自然并拢，双脚自然稍分成"内八字"。

当上一个向下打水动作结束，两脚至最低点时，膝关节伸直，臂上升至水面，髋关节屈成约160度角；接着两腿伸直向上移动，髋关节逐渐展开，臂部下沉；在两脚和小腿继续向上时，大腿开始下压，膝关节随两腿下压动作自然弯曲；随大腿继续加速向下，屈膝程度增加，脚上抬至接近水面，臂部下降至最低点，膝关节屈成110～130度角，脚和小腿准备向下打水。随着大腿加速下压，脚和小腿加速向后下方做推水动作。在两脚继续向后下方推水尚未结束时，大腿又开始向上移动，由于大腿的向上移动和脚的加速向下打水形成了鞭水动作。当膝关节完全伸直时，向下打水结束，接着开始下一动作周期。

（三）手臂动作

蝶泳时，手臂划水是产生推动身体前进的主要动力。蝶泳的手臂动作与爬泳相似，不同的是蝶泳两臂同时对称划水，而爬泳是两臂交替划水。蝶泳臂部动作由入水、抓水、划水、出水和空中移臂5个部分组成。

1. 入水

蝶泳手臂的入水位置是在两肩的延长线上或略宽于肩的延长线。入水时，掌心朝外下方，大拇指领先斜插入水，紧接着小臂和大臂依次入水，两手臂要同时对称地插入水中。

2. 抱水

手臂入水后，肘和肩关节前伸，手和小臂内旋并外分，向外后方划水。当两手外分至超过肩宽时，屈腕，手臂由向外、向后变为向外、向下和向后，同时屈肘。做这一动作时，手和小臂的移动速度要快于肘和大臂，此时小臂与水面约成45度角，在头前形成高肘抱水姿势。

3. 划水

划水是获得推进力的主要阶段，在抱水基础上手臂以肩为中心，划至大腿侧下方为止，分为拉水和推水两个部分。

在拉水过程中，手臂转入向内划水。继续屈肘，并保持高肘姿势。紧接着手臂继续外旋，手同时向内、向下和向后划水。随着划水的继续，屈肘程度继续加大，当手臂划至肩下时，肘关节屈至90～100度角。而后两手臂继续向内划水到两手之间距离最近时，开始进入推水阶段。

推水时，上臂内收，肘部向体侧靠拢，掌心转为朝向外后方，两臂保持屈臂高肘姿势划水至腹下。然后肘关节用力伸展，两手加速向后、向外、向上划至大腿前外侧。推水结束时，小臂与大臂之间的夹角为150～160度。

手在水下的移动路线，从水面上看很像两个对称的“S”形。所以人们就把这种划水路线称为“双S”型或“漏斗”型。

4. 出水

当两手划到大腿两侧时，随着推水动作的惯性，提肘出水。

5. 空中移臂

两手臂提出水面后，在肩的带动下迅速从空中前移到头前准备入水。由于蝶泳是两臂同时向前移动，故一般采用低平的直臂姿势从两侧前移，以使两臂放松自然；移臂过程中手臂要放松，大拇指朝下，手前移到入水点时肘微屈，以便入水后及时抓水。

（四）呼吸与手臂的配合动作

优秀运动员多采用晚呼吸技术，即在划水的结束阶段吸气：蝶泳在划水的主要阶段已开始抬头，肩部升高，当两臂划过肩的垂直面开始推水时，脸部几乎完全露出水面开始吸气，吸气一直延续到两臂完成推水动作，开始移臂为止。在移臂时闭气低头，臂入水后开始慢慢呼气，进入推水阶段，呼气加快，以便推水结束时能及时张口换气。

（五）完整配合技术

正确的蝶泳配合技术应该是速度均匀、节奏感强、技术动作连贯，腿每次打水的间隔时间大致相同，打水协调有力。当前运动员大都采用2∶1∶1的完整配合技术，即打腿2次，划臂1次，呼吸1次。其配合方法是：手臂入水时做第一次向下打腿动作，手臂推水时做第二次打腿动作并吸气。

第七章　体育舞蹈

体育舞蹈是时下十分流行的一种运动方式，它的音乐欢快、富有节奏感，舞步清爽、优雅，衣着华丽、端庄，让无数人为其深深着迷。而体育舞蹈的风格时而似行动流水、典雅大方，时而又此起彼伏，火暴热烈，加配华美的服饰、优美的音乐，使体育舞蹈深受大学生的喜爱。

第一节　拉丁有氧操

一、拉丁有氧操的独特魅力与健身作用

（一）拉丁有氧操的定义

拉丁有氧操又称“拉丁健身操”，是拉丁舞和有氧操的嫁接。它将拉丁舞中最具风情、最具纤体功能且有益健康的舞蹈动作吸收过来，和时下流行的有氧运动完美结合，让人们在感受拉丁舞蹈魅力的同时塑身美体，健康身体。

拉丁健美操是有氧健身操的一种，它融合了拉丁舞与健美操的基本步伐，是一种具有鲜明拉丁风格的有氧操。但是它与拉丁舞有明显的区别，主要表现在以下几个方面：

(1)拉丁有氧操可单独练习，而拉丁舞要靠两人配合来进行。

(2)拉丁有氧操以健身步伐为主，拉丁风格的动作和拉丁步伐比例较少，而拉丁舞有5个舞种，每个舞种的基本动作都不一样，风格也各异。

(3)拉丁有氧操的音乐常用有氧操的节奏加入拉丁风格的配器，而每种拉丁舞都有它的独特的音乐节奏。

（二）拉丁有氧操的优势

拉丁有氧操与拉丁舞有很大的区别。拉丁舞里表达“情”的东西特别多，突出热情奔放；而拉丁有氧操则保留了拉丁舞的“健康”和“燃脂”功效，去掉了繁复的规则和太多夸张的动作，更倾向于一种运动。拉丁有氧操对动作细节要求不高，不强调基本步法，而强调能量消耗，追求身体线条。注重对胸、腰、臀、腿等人体重点部位的肌肉雕塑，注重对肩、手腕、髋、膝、脚等各关节的充分活动。但拉丁有氧操毕竟与拉丁舞一脉相承，伴舞的音乐含有充满异国风情的拉丁美洲音乐元素，动感十足，让人一听就想扭动身躯，劲舞一场。拉丁有氧操不要求动作百分百正确，只要求百分百的情绪投入，越是淋漓尽致地把拉丁舞的感觉发挥出来，就越能在音乐中释放情绪，缓解压力。

（三）拉丁有氧操的动作

拉丁有氧操的动作并不复杂，但要完成好首先要掌握好正确的用力方法和节奏。拉丁有氧操的动作用力顺序是从下到上、由里向外，即所有力量来自于地面对身体的反作用力，由脚传到腿到腹到腰再到躯干。而手臂的动作是躯干内部发力向外延伸，另外全身各部位

的协调用力是完成好动作的关键，如基本动作中，左膝内扣，髋右转动时躯干应左转，也就是左右两侧的对应要形成对抗状况，这样能积蓄力量来完成下面的动作。另外拉丁有氧操的步伐也包括一些拉丁舞的基本步伐，如恰恰、桑巴、牛仔舞中的基本动作，甚至还有拉美民间舞的基本动作，如伦巴等。它们节奏的形成都是在均匀的节奏上对音乐进行分割，具有一定难度。

二、拉丁有氧操的种类

(一)俏皮活泼恰恰有氧操

恰恰的发源地是北美南部，由非洲传入。后来在古巴发展起来恰恰的舞步是模仿企鹅的动态而创造出来的。所以动作可爱俏皮，轻松愉快，节奏感强。

恰恰健身操动作轻快自由，富有感召力。它结合了恰恰的舞步和有氧操的肌肉素质训练要求。不但有健体塑身的效果，而且还通过动作训练可使身体肌肉修长紧实，并达到减肥降脂，提高身体柔韧度、协调性、灵活性和表现力的效果。

1. 抖肩(见图 7-1)

动作准备:身体直立放松

动作说明:

步法	1	左脚尖向侧面点地，身体略微下沉，胯摆向左侧
	2	右脚向侧面点出，胯向右侧送出
	3～8	重复 1～2 拍
手臂	1～8	手臂向两侧分开，肩膀轻轻地抖动
手型	1～8	花掌
面向		1 点

图 7-1

2. 抖胯(见图 7-2)

动作准备:抬头挺胸，收紧小腹

动作说明:

步法	1	右脚尖点地，胯部向左侧抖动两次
	2	左脚尖点地，胯部向右侧抖动两次
	3～8	重复 1～2 拍
手臂	1～8	手臂上举
手型	1～8	花掌
面向		1 点

图 7-2

3. 拉伸(见图 7-3)

动作准备:双脚打开比肩略宽，双手自然下垂

动作说明:

步法	1	向前迈左脚，胯部向前顶出，抬头挺胸
	2	向前迈右脚，胯部向前顶出

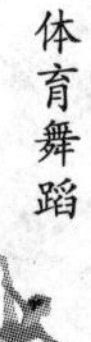

3～8　重复 1～2 拍
手臂　1　手臂上举
　　　2　弯曲手臂，把掌心顺着身体的两侧慢慢向下放
　　　3～8　重复 1～2 拍
手型　1～8　花掌
面向　　1 点

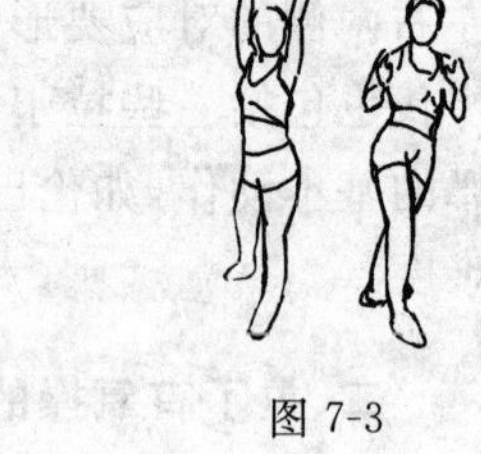
图 7-3

4. V 字步(见图 7-4)

动作准备：身体直立，挺胸收腹

动作说明：

步法　1～4　左脚开始依次 V 字步走
　　　5～8　重复 1～4 拍
手臂　1～4　左右手依次抱头并依次收于胸前
　　　5～8　重复 1～4 拍
手型　1～8　花掌
面向　　1 点

图 7-4

5. 开合步(见图 7-5)

动作说明：

步法　1～2　双腿分开，并拢
　　　3～8　重复 1～2 拍
手臂　1　双手臂高举斜上，同时向下压腕
　　　2　双臂屈肘于胸前
　　　3～8　重复 1～2 拍
手型　1～8　花掌
面向　　1 点

图 7-5

6. 踢腿步(见图 7-6)

动作准备：身体自然站立

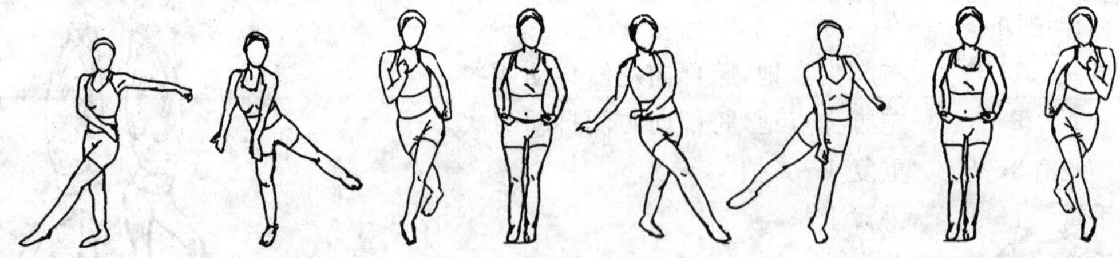
图 7-6

动作说明：

步法　1　左脚向右前方踢出
　　　2　左腿向侧打开
　　　3　左腿落于右后方与右腿形成交叉步
　　　4　右腿收回成还原

5～8　重复 1～4 拍

手臂　1　自由摆臂

2　手臂下举

3～8　自由摆臂

手型　1～8　花掌

面向　1 点

7. 恰恰交叉步(见图 7-7)

动作准备:身体抬头挺胸,双脚呈小八字打开

动作说明:

步法　1　左脚向左迈出一步

2　右脚向左前迈一步成交叉步

3　左脚再向左迈一步

4　转体右脚向后迈一步,再提膝抬左腿

5～8　重复 1～4 拍

手臂　1～8　手臂自由摆臂

手型　1～8　花掌

面向　1 点

图 7-7

8. 恰恰举手步(见图 7-8)

动作准备:身体向右侧 45 度转体,直立,双手自然放在体侧

动作说明:

步法　1　向左转体,迈出右脚

2　上左脚,转正

3～4　动作同 1～2 拍,方向相反

5～8　重复 1～4 拍

手臂　1　左臂举上左上方,压腕

2　右臂向前平举,左手放腰间

3～4　动作同 1～2 拍,方向相反

5～8　重复 1～4 拍

手型　1～8　花掌

面向　1 点

图 7-8

9. 恰恰扩展步(见图 7-9)

动作准备:双脚打开比肩略宽,双手自然下垂

动作说明:

步法　1　恰恰步

2　向左转体,重心前移迈右脚,左较脚尖点地

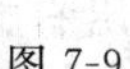

图 7-9

3～4　动作同1～2拍,方向相反

5～8　重复1～4拍

手臂　1　双手掌心向上体侧打开

2　双手打开掌心向后

3～4　动作同1～2拍,方向相反

5～8　重复1～4拍

手型　1～8　花掌

面向　1点

(二)热情奔放桑巴有氧操

桑巴(Samba)起源于南美东部巴西第二大城市里约热内卢。桑巴是巴西的国舞,最初由黑人奴隶从农村带来,之后经过加工提炼,成为巴西独具特色的民族舞蹈。桑巴的特点是胯部的前后摆动和膝部的颤动形象如热带的椰树,随风摇曳。表现得热情奔放、轻松悠然,是别具情调的舞蹈。

桑巴健身操是结合了桑巴的舞蹈动作和腰胯部律动的特点,按照有氧操肢体训练要求组合而成。桑巴健身操动作特点是热情奔放,美丽舒展,韵味十足,它的训练动作使我们身材线条流畅,肌肉紧致,充满感性,而且还能培养妩媚华丽、异国风情的气质。

1. 美腹式(见图7-10)

动作准备:身体直立,抬头挺胸,收紧小腹

动作说明:

步法　1　向右侧迈右腿,脚尖点地,重心放在两个脚掌之间。胯部快速向前抖动三次

2　收回右腿

3～4　动作同1～2拍,方向相反

5～8　重复1～4拍

图7-10

手臂　1　左手放在腹前,右手扶头

2　右手收于腹前

3～4　动作同1～2拍,方向相反

5～8　重复1～4拍

手型　1～8　花掌

面向　1点

2. 蝴蝶式(见图7-11)

动作准备:双脚打开比肩略宽,身体重心略偏后,落于后脚跟上

动作说明:

步法　1　向前迈出右腿,脚尖点地,摆动胯部三次

2　身体右转,向前迈出左腿,继续摆动胯部三次

3～8　动作同1～2拍

图7-11

手臂　1～8　　两臂体侧打开上举,手臂随胯部的摆动而摆动

手型　1～8　　花掌

面向　　　　　1,3,7 点

3. 平衡式(见图 7-12)

动作准备:挺胸收腹,双手叉腰,两腿微微打开

动作说明:

步法　1　　　重心于左腿,右腿屈膝,髋由左向右后扭动

　　　2　　　重心于右腿,左腿屈膝,髋由右向左后扭动

　　　3～8　　动作同 1～2 拍

手臂　1～8　　两臂体侧打开

手型　1～8　　花掌

面向　　　　　1 点

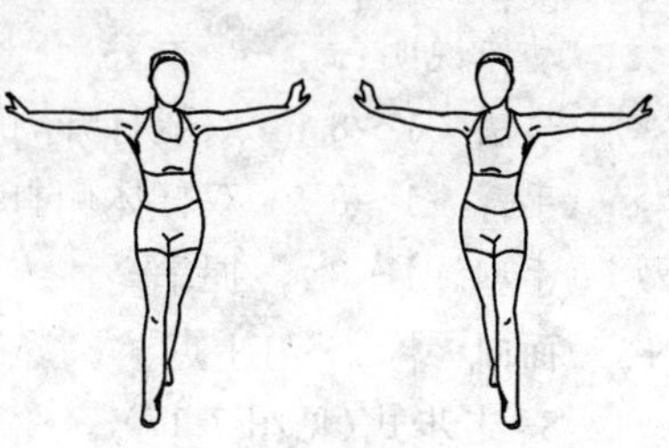

图 7-12

4. 横移式(见图 7-13)

动作准备:身体直立,手臂自然下垂,挺胸收腹

动作说明:

步法　1　　　向右迈右脚,脚尖点地,膝关节内扣

　　　2　　　左脚收于右脚中心位置,大腿内侧加紧

　　　3～8　　动作同 1～2 拍

手臂　1～8　　双肘弯曲自由摆动

手型　1～8　　握拳

面向　　　　　1 点

图 7-13

5. 转腰式(见图 7-14)

动作准备:身体直立,挺胸收腹,双手叉腰

动作说明:

步法　1　　　向前迈左腿,同时顶出胯部,以右腿为轴,将身体转向前侧

　　　2　　　继续以右腿为轴转动身体,左腿向后,右脚尖着地

　　　3～8　　动作同 1～2 拍

手臂　1～8　　双肘弯曲自由摆动

手型　1～8　　握拳

面向　　　　　1,3,7 点

图 7-14

6. 摆胯(见图 7-15)

动作准备:挺胸收腹,两腿打开与肩同宽

动作说明:

步法　1　　　向右摆胯,耸右肩后再向右划动

　　　2　　　向左摆胯,耸左肩后再向左划动

　　　3～8　　动作同 1～2 拍

图 7-15

手臂　1～8　　双臂自然放于体侧

手型　1～8　　并掌

面向　　　　　1点

7. 抖臀(见图 7-16)

动作准备:身体直立,两腿打开与肩略宽,双手放于体侧

动作说明:

步法　1～8　　双腿打开,快速抖动臀部,双臂放松体侧

手臂　1～8　　双臂体侧打开

手型　1～8　　握拳

面向　　　　　1点

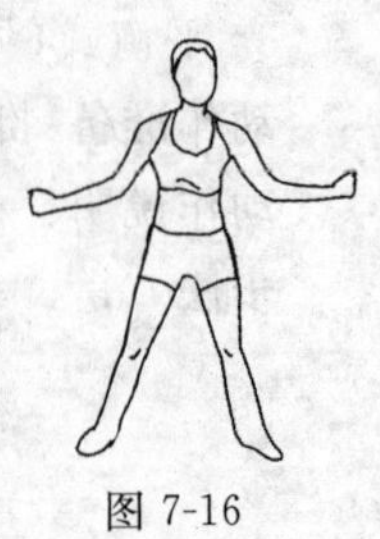

图 7-16

8. 走步式(见图 7-17)

动作准备:身体直立,两腿打开与肩略宽

动作说明:

步法　1～4　　向前迈左腿顶胯

　　　5～8　　向前迈右腿顶胯

手臂　1～8　　双手胸前平举,相叠,打开

手型　1～8　　花掌

面向　　　　　1点

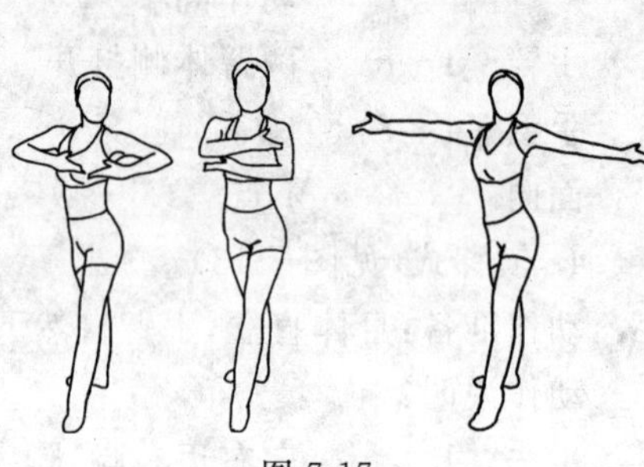

图 7-17

(三)潇洒狂放牛仔有氧操

牛仔舞(Jive),又称为“爵士摇摆舞”,源于美国南部黑人爵士乐舞,属于美国式舞蹈,风行于世界。它节奏感强,动作敏捷,舞步花哨,通过有节奏地摆胯动作和眼花缭乱的舞步呈现出活泼自由、欢快雀跃的热烈气氛。

牛仔有氧操接合了牛仔舞的舞步和律动,加入有氧操的训练要求,使它充满了时尚气息。牛仔有氧操的动作特点是可爱而富有活力,舞步繁多,动作猛烈,表现力强,训练肢体肌肉和关节的灵活度。有减肥降脂塑形、提高协调能力和放松心情、解除精神压力的作用。

牛仔有氧操热情欢快,舞步敏捷花哨。其中腰胯部左右的摆动和多样性的步伐相结合,训练腰胯部的灵活性、表现力,肩臂部与身体的协调能力。牛仔有氧操的动作诙谐滑稽,不但可修饰下肢线条,使腿部修长结实,而且在调结情绪,刺激脑神经上有一定积极作用。

1. 提膝步(见图 7-18)

动作准备:身体直立,两腿小八字打开

动作说明:

步法　1　　　左脚向右后方撤步,重心于左脚掌

　　　2　　　左脚向左侧点地

　　　3　　　右脚向右侧点地

　　　4　　　吸右腿

　　　5～8　　重复1～4拍

手臂　1～8　　自由摆臂

手型　1～8　　花掌

面向　　　　　1点

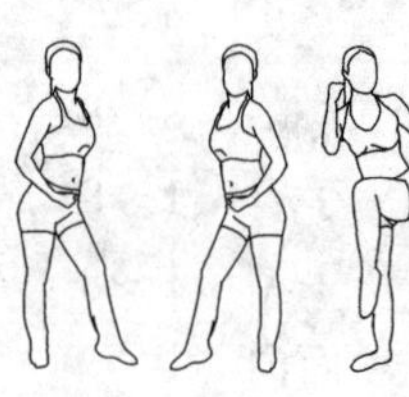

图 7-18

2. 扭转步(见图 7-19)

动作准备:身体直立,抬头挺胸,收紧小腹

动作说明:

步法	1	向左顶胯部,右脚尖点地
	2	向右顶胯部,左脚尖点地
	3～8	动作同 1～2 拍
手臂	1～8	双臂屈肘左右摆动
手型	1～8	握拳
面向		1 点

图 7-19

3. 开脚步(见图 7-20)

动作准备:身体直立,手臂自然下垂

动作说明:

步法	1	重心放左腿上,右腿向右侧踢出,脚面绷直
	2	重心放右腿上,左腿向左侧踢出,脚面绷直
	3～8	动作同 1～2 拍
手臂	1～8	双臂自然下垂
手型	1～8	花掌
面向		1 点

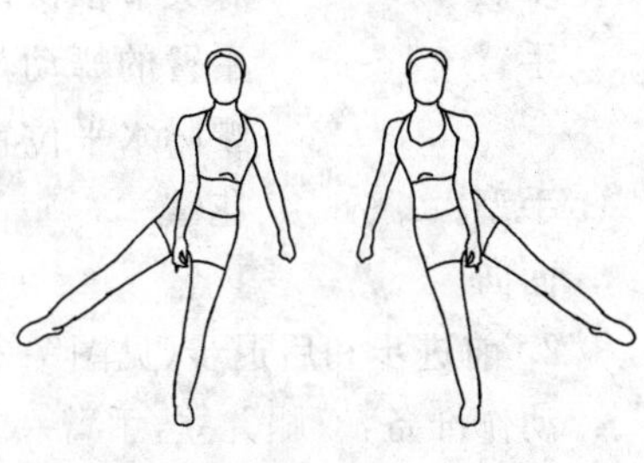

图 7-20

4. 摆臀(见图 7-21)

动作准备:身体直立,两腿打开与肩略宽

动作说明:

步法	1	向右摆跨,稳住上半身并移动脚尖
	2	向左摆跨,稳住上半身并移动脚尖
	3～8	动作同 1～2 拍
手臂	1～8	双臂屈肘左右摆
手型	1～8	握拳
面向		1 点

图 7-21

5. 左右移动步(见图 7-22)

动作准备:身体直立,略微侧身,抬头挺胸,双腿并拢

动作说明:

步法	1	脚尖与脚掌抬起,重心放脚跟上,膝关节伸直
	2	落脚掌时,脚跟抬起,身体向左侧微侧,屈膝
	3～8	动作同 1～2 拍
手臂	1～8	双手屈肘向上自然摆动
手型	1～8	握拳
面向		1,3,7 点

图 7-22

(四)柔美伦巴有氧放松操

伦巴(Rumba)起源于非洲北部苏丹黑人民间舞蹈,传入古巴后又吸取南美洲智利的葵卡舞成分。伦巴的风格特点是以柔为主,内柔外刚,腰胯部有节奏的扭动和手臂的舞动充分表现了女性的婀娜多姿、柔美浪漫。

伦巴有氧健身操比其他拉丁操的节律要缓慢,但它独特的塑身效果和流畅的动作要求可以让你体验身体如水般的流动。伦巴有氧健身操不但能带给你优雅高贵的气质,而且还可修整身体曲线,在翩翩起舞间找到自己的美丽。

1. 手臂的舞动(见图 7-23)

动作准备:身体直立,双臂采用芭蕾舞的一位手势,抬头挺胸,双腿并拢

动作说明:

步法	1~8	膝关节依次内扣
手臂	1~8	手臂的舞动是大臂带动小臂和手腕在腰际水平位置上做环形舞动
手型	1~8	花掌
面向		1 点

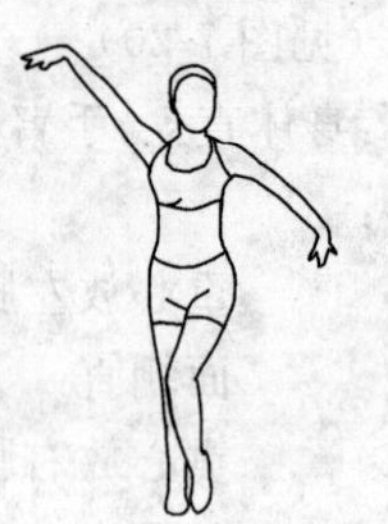

图 7-23

2. 前进步和后退步(见图 7-24)

动作准备:双腿并立,手臂一位展开,身体重心略微前倾

动作说明:

步法	1	重心移到左腿,顶左胯,右腿脚尖点地膝关节内扣
	2	右脚向正前方迈步,扭腰胯,移重心到右腿
	3~4	动作同 1~2 拍,方向相反
	5~8	重复 1~4 拍
手臂	1~2	右臂平举,左臂上举后收于腹前
	3~4	动作同 1~2 拍,方向相反
	5~8	重复 1~4 拍
手型	1~8	花掌
面向		1 点

图 7-24

3. 伦巴的体态(见图 7-25)

动作准备:双腿并立,手臂一位展开

动作说明:

步法	1	左脚支撑身体重心,左胯提起,挺胸收腹
	2	右脚支撑身体重心,右胯提起,挺胸收腹
	3~8	动作同 1~2 拍
手臂	1~8	手臂一位展开
手型	1~8	花掌
面向		1 点

图 7-25

4. 腰胯部律动(见图 7-26)

动作准备：双腿打开与肩同宽，手臂一位展开

动作说明：

步法　1～8　由腰带动胯部和膝关节做环转运动，即做"8"水平位置扭动

手臂　1～8　手臂一位展开

手型　1～8　花掌

面向　1点

图 7-26

5. 库克拉恰(见图 7-27)

动作准备：双腿并立，手臂一位展开

动作说明：

图 7-27

步法　1　左膝关节弯曲抬脚跟，扭腰胯，重心于右腿

2　将重心移到左腿，屈右膝，顶左胯

3　将重心移右腿，屈左膝，顶右胯

4　屈右膝同时迈左腿，扭腰，顶左胯重心于左腿

5～8　动作同1～4拍

手臂　1～2　手臂一位展开，并依次收于胸前

手型　1～8　花掌

面向　1点

6. 1/2 转体(见图 7-28)

动作准备：双腿并立，手臂一位展开

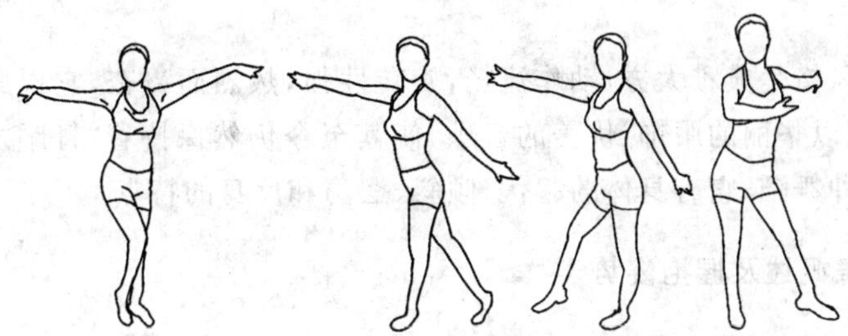

图 7-28

动作说明：

步法	1	右腿经左脚迈向前方脚尖点地
	2	重心移到右腿，向左转体
	3	顶胯，将重心移到左腿
	4	右脚向右侧迈出，向左转体，同时顶胯，移重心到右腿
	5～8	动作同1～4
手臂	1～2	手臂一位展开，并依次收于胸前
手型	1～8	花掌
面向		1点

7. 轴心转步(见图7-29)

动作准备：双腿并立，重心稍微前倾，手臂一位展开

图7-29

动作说明：

步法	1	移重心左腿，顶胯，右脚尖点地
	2	右腿向正后方撤步，移重心右腿，顶胯，左脚尖点地
	3	将重心前移左腿
	4	以左腿为轴，提重心，后抬右腿快速转身，面向后
	5～8	动作相同，轴心转步转半圈，面向前
手臂	1～2	手臂一位展开，自然摆动
手型	1～8	花掌
面向		1点

第二节　华尔兹舞

华尔兹舞的风格是典雅大方，动作流畅，旋转性强，热烈而兴奋，它以此起彼伏、连接不断的潇洒转体，配以华丽的服饰、优美的音乐，使其至今仍然保持着“舞蹈之王”的美称。它是表现爱情的一种舞蹈，它有身体的起伏、倾斜、摆荡和反身的特点。

一、华尔兹舞概述及握抱姿势

(一)华尔兹舞概述

本章所述的华尔兹舞是通常人们所说的慢三步，它是交际舞中历史最悠久的舞蹈，它原是德国和奥地利的一种农民舞蹈，16世纪传入法国，作为一种宫廷享用的舞蹈，18世纪末正式在英国舞厅出现，19 世纪末 20 世纪初流传于美国波士顿，称为“波士顿华尔兹”，又以新的形式流行于英国和欧洲许多国家，在那里得到了很大的发展，所以又被称为“英国华尔兹”，即当代标准华尔兹。它的音乐是 3/4 拍，每分钟 30～32 小节(职业组为 27～29 小节/分)，它的舞步基本上是一拍跳一步，每小节三步，但在各舞步中也有不同的变化，如犹豫步、前进并合步(追步)、前进锁步、后退锁步是每小节跳四步。华尔兹是五种摩登舞中最基础也是最难跳的一种舞，因为华尔兹舞是体现舞伴之间的内心世界、表现爱情的一种舞蹈，它有身体起伏、倾斜、摆荡和反身的特点。

(二)华尔兹的握抱姿势

1. 闭式舞姿(见图 7-30)

(1)男子握姿：①直立，两脚并拢，挺胸立腰，收腹微提臀，两膝自然放松。②左手与女伴右手掌心对掌心相握，虎口向上，前臂与大臂的夹角为 135 度左右，高度与女体右耳峰水平相平。③右手五指并拢，轻轻置于女伴左肩胛骨下端，前臂与大臂夹角为 75 度。④头部自然挺直，目光从女伴右肩方向看出。⑤身位稍向女士右侧偏移约 1/2 距离。

(2)女子握姿：①直立，两脚并拢，膝关节放松，收腹提臀，紧腰向后上方打开。②右手与男伴左手掌心对掌心相握，轻轻挂在男伴左手虎口上。③左手在男伴右肩袖处轻轻搁置，用虎口轻轻扶住男伴的三角肌。④头部略微向左倾斜，目光从男伴右肩方向看出。⑤身位稍向男士右侧偏移约 1/2 距离。

图 7-30

2. 散式舞姿(见图 7-31)

在闭式舞姿的基础上，男伴将头及上身略向左打开，女伴将头及上身略向右打开，男女伴的头向同一方向看出，腰胯部接触同闭式舞姿。

图 7-31

(二)华尔兹舞的步伐及练习方法

在学习华尔兹舞之前，为了掌握正确的运步方法，基本的升降规律和节奏感，必须先进

行基本步的练习，以男伴为准，有前进并换步和后退并换步。

1. 华尔兹舞的基本步伐及练习方法

(1)前进并换步(见表 7-1、表 7-2)：

表 7-1　　男士动作

步数	节拍	步法	脚法	方位	重心升降	转度	反身动作	倾斜
1	1	左脚前进	跟掌	面向舞程线	结尾开始上升	不转		
2	2	右脚经左脚横步	掌	面向舞程线	继续上升			左
3	3	左脚并于右脚	掌	面向舞程线	继续上升结尾下降			左
4	1	右脚前进	跟掌	面向舞程线	结尾开始上升			
5	2	左脚经右脚横步	掌	面向舞程线	继续上升			右
6	3	右脚并于左脚	掌	面向舞程线	继续上升结尾下降			右

注：表格中的方位是指在一个舞步结束时，双脚(并非身体)在舞池中指示的方向。下同。

表 7-2　　女士动作

步数	节拍	步法	脚法	方位	重心升降	转度	反身动作	倾斜
1	1	右脚后退	掌跟	背向舞程线	结尾开始上升	不转		
2	2	左脚经右脚横步	掌	背向舞程线	继续上升			右
3	3	右脚并于左脚	掌	背向舞程线	继续上升结尾下降			右
4	1	左脚后退	掌跟	背向舞程线	结尾开始上升			
5	2	右脚经左脚横步	掌	背向舞程线	继续上升			左
6	3	左脚并于右脚	掌	背向舞程线	继续上升结尾下降			左

动作提示：在这个动作的配合中，处于后退的一方一定要给前进的一方让开位置，第一步中身体没有任何变化，在跳第二步时，男女伴的身体要向侧做倾斜，升到最高点时，重心落下后才能够走下一个步法。

(2)后退并换步(见表 7-3、表 7-4)：

表 7-3　　男士动作

步数	节拍	步法	脚法	方位	重心升降	转度	反身动作	倾斜
1	1	右脚后退	掌跟	背向舞程线	结尾开始上升	不转		
2	2	左脚经右脚横步	掌	背向舞程线	继续上升			右
3	3	右脚并于左脚	掌	背向舞程线	继续上升结尾下降			右
4	1	左脚后退	跟掌	背向舞程线	结尾开始上升			
5	2	右脚经左脚横步	掌	背向舞程线	继续上升			左
6	3	左脚并于右脚	掌	背向舞程线	继续上升结尾下降			左

表 7-4　　女士动作

步数	节拍	步法	脚法	方位	重心升降	转度	反身动作	倾斜
1	1	右脚后退	掌跟	面向舞程线	结尾开始上升			
2	2	左脚经右脚横步	掌	面向舞程线	继续上升			右
3	3	右脚并于左脚	掌	面向舞程线	继续上升结尾下降			右
4	1	左脚后退	掌跟	面向舞程线	结尾开始上升			
5	2	右脚经左脚横步	掌	面向舞程线	继续上升			左
6	3	左脚并于右脚	掌	面向舞程线	继续上升结尾下降			左

（二）华尔兹舞的单元步法及练习方法

华尔兹舞的单元步法是基本步法的连贯、汇总，是在基本步法的基础上得以完成的。单元步伐的学习，是练习华尔兹舞的重要环节。

1. 前进直步（见表 7-5、表 7-6，见图 7-32）

表 7-5　　男士动作

步数	节拍	步法	脚法	方位	重心升降	转度	倾斜
1	1	左脚前进	跟掌	面向舞程线	结尾开始上升	不转	
2	2	右脚前进	跟掌	面向舞程线	继续上升		
3	3	左脚并于右脚旁	掌	面向舞程线	继续上升结尾下降		
4	1	右脚前进	跟掌	面向舞程线	结尾开始上升		
5	2	左脚前进	跟掌	面向舞程线	继续上升		
6	3	右脚并于左脚旁	掌	面向舞程线	继续上升结尾下降		

表 7-6　　女士动作

步数	节拍	步法	脚法	方位	重心升降	转度	倾斜
1	1	右脚后退	掌跟	面向舞程线	结尾开始上升	不转	
2	2	左脚后退	掌跟	面向舞程线	继续上升		
3	3	右脚并于左脚旁	掌	背向舞程线	继续上升结尾下降		
4	1	左脚后退	掌跟	背向舞程线	结尾开始上升		
5	2	右脚后退	掌跟	背向舞程线	继续上升		
6	3	左脚并于右脚旁	掌	背向舞程线	继续上升结尾下降		

图 7-32

2. 后退直步(见图 7-33)

动作同前进直步,方向相反。

图 7-33

3. 前进横步(见表 7-7、表 7-8,见图 7-34)

表 7-7 男士动作

步数	节拍	步法	脚法	方位	升降	转度	倾斜
1	1	左脚前进	跟掌	面向舞程线	结尾开始上升	不转	
2	2	右脚经左脚旁横步	掌	面向舞程线	继续上升		左
3	3	左脚并于右脚	掌	面向舞程线	继续上升结尾下降		左
4	1	右脚前进	跟掌	面向舞程线	结尾开始上升		
5	2	左脚经右脚旁横步	掌	面向舞程线	继续上升		右
6	3	右脚并于左脚	掌	面向舞程线	继续上升结尾下降		右

表 7-8　　女士动作

步数	节拍	步法	脚法	方位	重心升降	转度	倾斜
1	1	右脚后退	掌跟	背向舞程线	结尾开始上升	不转	
2	2	左脚经右脚旁横步	掌	背向舞程线	继续上升		右
3	3	右脚并于左脚	掌	背向舞程线	继续上升结尾下降		
4	1	左脚后退	掌跟	背向舞程线	结尾开始上升		
5	2	右脚经左脚旁横步	掌	背向舞程线	继续上升		左
6	3	左脚并于右脚	掌	背向舞程线	继续上升结尾下降		左

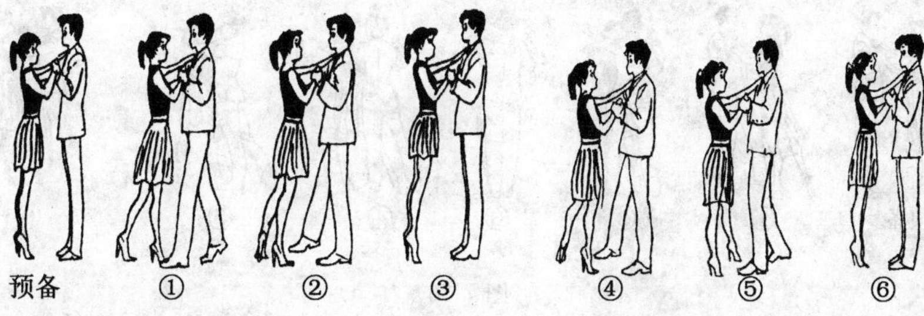

图 7-34

4. 后退横步(见图 7-35)

动作同前进横步、方向相反。

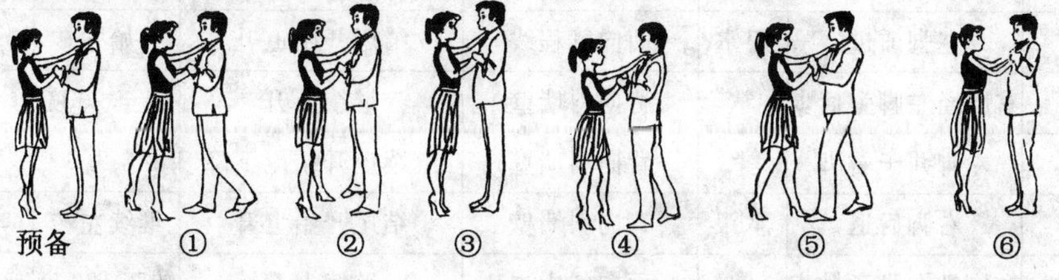

图 7-35

5. 右转步(90 度×2)(见表 7-9、7-10,见图 7-36)

表 7-9　　男士动作

步数	节拍	步法	脚法	方位	重心升降	转度	倾斜
1	1	右脚前进	跟掌	面向斜墙壁	结尾开始上升	开始右转	
2	2	左脚经右脚旁横步	掌	背向斜中央	继续上升	转至 90 度	右
3	3	右脚并于左脚	掌	背向斜中央	继续上升结尾下降		右
4	1	左脚后退(稍向外侧)	掌跟	背向舞程线	结尾开始上升	继续右转	
5	2	右脚经左脚旁横步	掌	面向斜中央	继续上升	转至 90 度	左
6	3	左脚并于右脚	掌	面向斜中央	继续上升结尾下降		左

表 7-10 女士动作

步数	节拍	步法	脚法	方位	重心升降	转度	倾斜
1	1	左脚后退	掌跟	背向斜墙壁	结尾开始上升	开始右转	
2	2	右脚经左脚旁横步	掌	面向斜中央	继续上升	转至 90 度	左
3	3	左脚并于右脚	掌	面向斜中央	继续上升结尾下降		左
4	1	右脚前进	跟掌	面向舞程线	结尾开始上升	继续右转	
5	2	左脚经右脚旁横步	掌	背向斜中央	继续上升	转至 180 度	右
6	3	右脚并于左脚	掌	背向斜中央	继续上升结尾下降		右

预备

①

②

③

④

⑤

⑥

图 7-36

6. 左转步(90 度×2)(见表 7-11、表 7-12,见图 7-37)

表 7-11 男士动作

步数	节拍	步法	脚法	方位	重心升降	转度	倾斜
1	1	左脚前进	跟掌	面向舞程线	结尾开始上升	开始左转	
2	2	右脚经左脚旁横步	掌	背向斜墙壁	继续上升	转至 90 度	左
3	3	左脚并于右脚	掌	背向斜墙壁	继续上升结尾下降		左
4	1	右脚后退	掌跟	背向斜墙壁	结尾开始上升	继续左转	
5	2	左脚经右脚旁横步	掌	面向斜中央	继续上升	转至 180 度	右
6	3	右脚并于左脚	掌	面向斜中央	继续上升结尾下降		右

表 7-12 女士动作

步数	节拍	步法	脚法	方位	重心升降	转度	倾斜
1	1	右脚后退	掌跟	背向舞程线	结尾开始上升	开始左转	
2	2	左脚经右脚旁横步	掌	面向斜墙壁	继续上升	转至 90 度	右
3	3	右脚并于左脚	掌	面向斜墙壁	继续上升结尾下降		右
4	1	左脚前进	跟掌	面向斜墙壁	结尾开始上升	继续左转	
5	2	右脚经左脚旁横步	掌	背向斜中央	继续上升	转至 180 度	左
6	3	左脚并于右脚	掌	背向斜中央	继续上升结尾下降		左

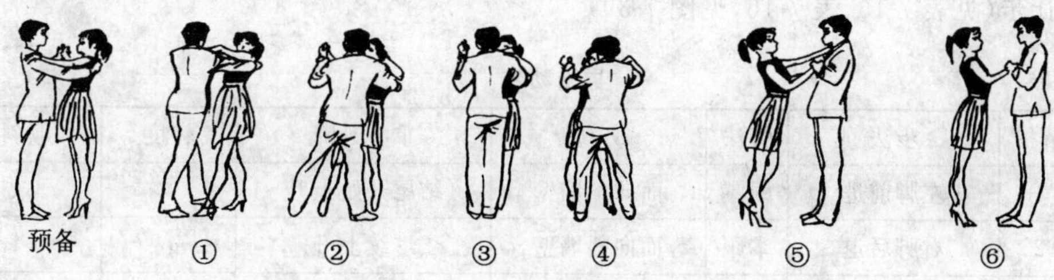

图 7-37

7. 右旋转步(见表 7-13、表 7-14,见图 7-38)

表 7-13 男士动作

步数	节拍	步法	脚法	方位	重心升降	转度	倾斜
1	1	左脚后退 上体后倾(右反身)让位于女士通过	掌跟	背对舞程线	结尾开始上升	开始右转	
2	2	右脚前进	跟掌	面向斜中央	继续上升	转至 180 度	右
3	3	左脚后退(偏外)	掌跟	面向斜墙壁	继续上升结尾下降	转至 270 度	
4	1	右脚后退	掌跟	面向斜墙壁	结尾开始上升		
5	2	左脚经右脚旁横步	掌	面向斜墙壁	继续上升		右
6	3	右脚并于左脚	掌	面向斜墙壁	继续上升结尾下降		右

表 7-14 女士动作

步数	节拍	步法	脚法	方位	重心升降	转度	倾斜
1	1	右脚前进(较大)	跟掌	面向舞程线	结尾开始上升	开始右转	
2	2	左脚前进(较小)	跟掌	背向斜中央	继续上升	转至 180 度	左
3	3	右脚前进(偏外)	跟掌	背向斜墙壁	继续上升结尾下降	转至 270 度	
4	1	左脚前进	跟掌	背向斜墙壁	结尾开始上升		
5	2	右脚经左脚旁横步	掌	背向斜墙壁	继续上升		左
6	3	左脚并于右脚	掌	背向斜墙壁	继续上升结尾下降		左

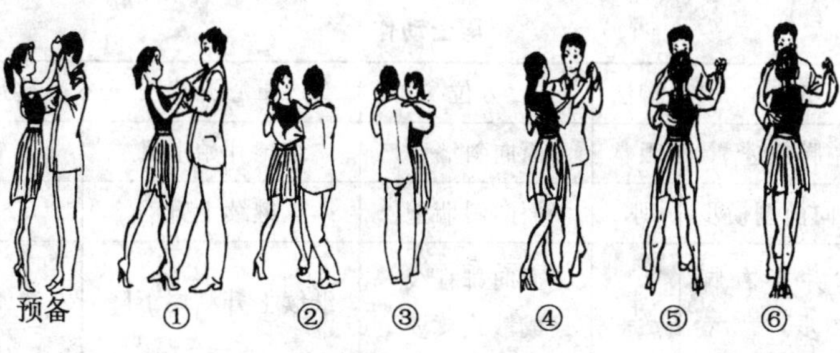

图 3-38

8. 让步(见表7-15、表7-16,见图7-39)

表7-15　男士动作

步数	节拍	步法	脚法	方位	重心升降	转度	倾斜
1	1	左脚前进	跟掌	面向斜墙壁	结尾开始上升		
2	2	右脚后退	掌跟	面向斜墙壁	继续上升		
3	3	左脚并于右脚	掌	面向斜墙壁	继续上升结尾下降		
4	1	右脚后退	掌跟	换线面向斜墙壁	结尾开始上升	开始左转	
5	2	左脚经右脚旁横步	掌	面向斜墙壁	继续上升	转至90度	右
6	3	右脚并于左脚	掌	面向斜墙壁	继续上升结尾下降		右

表7-16　女士动作

步数	节拍	步法	脚法	方位	重心升降	转度	倾斜
1	1	右脚后退	掌跟	背向斜墙壁	结尾开始上升		
2	2	左脚前进	跟掌	背向斜墙壁	继续上升		
3	3	右脚并于左脚	掌	背向斜墙壁	继续上升结尾下降		
4	1	左脚前进	跟掌	换线背向斜墙壁	结尾开始上升	开始左传	
5	2	右脚经左脚旁横步	掌	背向斜墙壁	继续上升	转至90度	左
6	3	左脚并于右脚	掌	背向斜墙壁	继续上升结尾下降		左

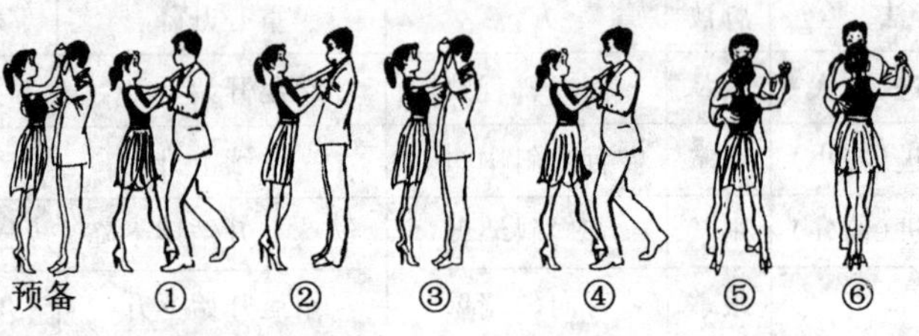

图7-39

9. 并进步(见表7-17、表7-18,见图7-40)

表7-17　男士动作

步数	节拍	步法	脚法	方位	重心升降	转度	倾斜
1	1	左脚前进	跟掌	面向斜墙壁	结尾开始上升	不转	
2	2	右脚向前侧横步	掌	面向斜墙壁	继续上升		
3	3	左脚并于右脚后(锁步)	掌	面向舞程线成散式舞姿	继续上升结尾下降	左转45度	

续表

步数	节拍	步法	脚法	方位	重心升降	转度	倾斜
4	1	右脚在左脚前交叉前进	跟掌	面向舞程线	结尾开始上升		
5	1/2& 1/2	左脚前进右脚并于左脚后(锁步)	跟掌	面向舞程线	继续上升		
6	3	左脚前进	跟掌	面向舞程线	继续上升结尾下降		
7	1	右脚前进	跟掌	面向墙壁	结尾开始上升	右转 90 度	
8	2	左脚经右脚旁横步	掌	背向斜中央	继续上升	续转 45 度	右
9	3	右脚并于左脚	掌	背向斜中央	继续上升结尾下降		右

表 7-18　女士动作

步数	节拍	步法	脚法	方位	重心升降	转度	倾斜
1	1	右脚后退	掌跟	背向斜墙壁	结尾开始上升	不转	
2	2	左脚向后侧横步	掌	背向斜墙壁	继续上升		
3	3	右脚后退在左脚后(锁步)	掌跟	面向舞程线 成散式舞姿	继续上升,结尾下降	右转 45 度	
4	1	左脚在右脚前交叉前进	跟掌	背向舞程线	结尾开始上升	左转 180 度	
5	1/2& 1/2	右脚后退左脚并于右脚前(锁步)	掌跟	背向舞程线	继续上升		
6	3	右脚后退	掌跟	背向舞程线	继续上升结尾下降		
7	1	左脚后退	掌跟	背向墙壁	结尾开始上升	右转 90 度	
8	2	右脚经左脚旁横步	掌	面向斜中央	继续上升	续转 45 度	左
9	3	左脚并于右脚	掌	面向斜中央	继续上升结尾下降		左

图 7-40

10. 交叉步(见表 7-19、表 7-20,见图 7-41)

表 7-19 男士动作

步数	节拍	步法	脚法	方位	重心升降	转度	倾斜
1	1	左脚经右前方落在女士左脚外延	跟掌	面向斜墙壁	结尾开始上升	右转 45 度	
2	2	右脚前进	跟掌	面向斜墙壁	继续上升		
3	3	左脚并于右脚	掌	面向斜中央	继续上升结尾下降	左转 90 度	
4	1	右脚向左前方落于女士右脚外延	跟掌	面向斜中央	结尾开始上升		
5	2	左脚前进	跟掌	面向斜中央	继续上升		
6	3	右脚并于左脚	掌	面向斜墙壁	继续上升结尾下降		

表 7-20 女士动作

步数	节拍	步法	脚法	方位	重心升降	转度	倾斜
1	1	右脚向左后方退	掌跟	背向斜墙壁	结尾开始上升	右转 45 度	
2	2	左脚后退	掌跟	背向斜墙壁	继续上升		
3	3	右脚并于左脚	掌	背向斜中央	继续上升结尾下降	左转 90 度	
4	1	左脚向右后方退	掌跟	背向斜中央	结尾开始上升		
5	2	右脚后退	掌跟	背向斜中央	继续上升		
6	3	左脚并于右脚	掌	背向斜墙壁	继续上升结尾下降	右转 90 度	

注:交叉步可以重复多次,可以反方向做即男女作变换。

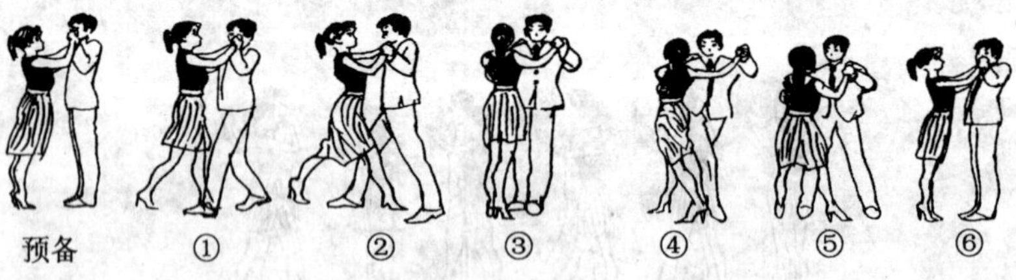

图 7-41

第八章　形体训练

第一节　形体训练概述

形体训练作为一门课程，有着完整的知识体系和逻辑体系。它应当在知识架构、训练程序上体现知、情、意、行的认知规律，体现由易到难、由浅入深、由近及远、由此及彼的教学规律。因此，课程包括基础知识和基本理论部分、基本训练部分和基本技能部分。通过讲练结合、以练为主的教学方法，培养学生的创造能力和实践能力。形体训练要科学化。科学化的训练，主张以科学理论为指导，从自身的生理、心理、体能、体型、体力的实际出发，循序渐进，持之以恒。不攀比，不盲从，不追风，不拔苗助长，不东施效颦。形体训练，是以人体科学理论为基础，通过各种身体练习以增进健康、增强体质、塑造体型、训练仪态、陶冶情操，它是一个有目的、有计划、有组织的教育过程。

一、形体训练的特点

形体训练，是一门塑造人体美的科学，它以强身健体、美化体型、端正姿态的独到效果，赢得了社会的公认和人们的喜爱。它把音乐、舞蹈、体育融为一体，创造了一种既能锻炼身体，又能塑造形体；既能陶冶情操，又能进行艺术创造；既健身又健心的综合身体活动，最终达到美的效果。

形体，是包括人的表情、姿态和体型在内的人的外在形象的总和。形体训练，是以科学的理论（生理学、美学、伦理学、心理学等）为指导，旨在完善完美人的形体的训练科学。

形体训练既是身体活动，又是心理活动，形体训练与心理健康之间，是一种相互作用、相互制约的关系。心理健康对于个体学习和掌握动作技能，提高训练效果和培养坚持锻炼的意志具有重要的作用；反过来，形体训练也有助于增进人的心理健康。此外，形体训练能矫正骨骼的形态，青少年的骨骼中软骨成分较多，骨组织的水分和有机物质（骨胶元）多，无机盐（磷酸钙、碳酸钙）少，骨密度较差。骨富有弹性而坚固性不足，骨的形态结构易随着人体内外环境的变化而改变。易导致"X"型腿、弓背、扣肩等日常生活中不正确的站、走、坐姿势、现象，而这些对形体美都有直接的影响。经常接受训练，能使不良骨形在训练动作的压力和拉力作用下，向正确方向发展，矫正骨形，健美身材。长期坚持形体训练，还有利于增强骨的抗折、抗压和抗扭能力。

二、形体训练的作用

青春期，不仅是身体生长发育的阶段，而且还是塑造优美形体的最佳时期。在这个时期，科学地安排训练的内容不仅可以改变形体的原始状态，而且还可以培养坐、立、行等正确姿态和高雅的气质。形体训练，以自己丰富的内容和独特的形式，在培养着学生们的正确审

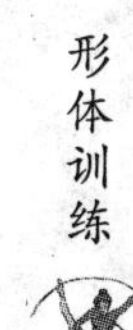

美观。优美欢快的音乐，丰富多彩的动作，矫健匀称的体型，五颜六色的服装，构成了一幅美的画图。学生们在形体练习中不仅心情愉快，精神上得到满足，而且可以使他们懂得什么是美的动作、美的仪表、美的心灵，提高他们对美的感受、鉴赏、表现和创造的能力。形体训练还能培养奋发向上、拼搏进取的集体主义精神，磨炼刻苦、顽强、坚毅等意志品质。形体训练中的课堂练习任务，若不经过努力是无法完成的，它需要学生的勇敢、顽强、坚毅。在集体练习中，需要学生团结、协作、守纪。正是在那些改变形体的一定强度的练习和提高姿态的控制力的训练中，在教师有秩序的指挥和严格要求下，这些优良的思想品质逐步形成。因此，形体训练是当代青年人实现全面发展的有效方法之一。

形体训练要与日常生活、学习、工作行为紧密结合。形体训练塑造了健美的体型和优雅的姿态，应该表现在学生日常学习生活的行为中，"坐有坐相"，"站有站相"，"走有走相"，坐得端庄，站得挺拔，走得优雅。但是，我们发现许多学生在训练时与日常的生活中有较大的差别，判若两人。当我们的训练还没有达到动作定型的阶段时，需要的是人的约束力和自控力。要有意识地要求自己姿势正确，姿态优美，时时提醒自己不做不文雅的动作。为此，其一，在形体训练的课堂上，不仅要完成课上的练习，而且还要布置课后的作业。这个作业不是书面上的，而是对课下的实际行为的检查。其二，学校要开展日常行为举止评比活动，评选班级和个人之星。其三，建立学生之间、师生之间互促互帮互查制度，形成"学以致用"的良好学习风气。为实现形体训练的目的，为更好地完成形体训练的任务，为培养气质形象俱佳的优秀合格人才而努力。

第二节　身体各部位的训练方法

为塑造形体美，可对身体局部进行锻炼，例如对颈、肩、胸、背、腹、腰与背、胯与臀、大腿、小腿等部位进行规范训练，可使人健壮丰满，肢体匀称和谐，肌肉线条清晰而富于弹性，关节灵活。同时还可以防止身体机能和肌肉老化，预防和克服各部位的畸形发展和疾病。

(一)美颈的修习方法

现代社会各界人士都非常注重个人的形象与修养，那么一旦你发现自己的脖颈粗了、双下巴出现了、脂肪重叠了，怎么办?

1. 肌肉结构

颈部的两侧是由颈阔肌和胸锁乳突肌等肌肉组成，这些肌肉由耳根一直伸展到锁骨和胸骨。颈背部是由颈椎骨上的斜方肌组成，一直上伸到头的下部。

2. 颈部锻炼方法

练习一(见图 8-1)

预备姿势：两腿开立，双手交叉握于头后。

基本技术：用力将头慢慢拉向前屈。同时颈部肌肉做退让工作用力，直到头被拉着屈至最大限度。然后头后仰，同时双手用力前拉，头对抗后仰。

重复次数：8～12 次。

要求：练习时，用力舒缓，动作慢而匀速。

图 8-1

练习二(见图 8-2)

预备姿势:两腿开立,左手中指按压右太阳穴。

基本技术:用左手将头往左侧扳,颈部肌肉用力收缩克服左扳力,使头慢慢屈向左侧,控制 5 秒后还原。然后换右手向右侧扳。

重复次数:4~8 次。

要求:练习时,肩要下沉。

图 8-2

练习三(见图 8-3)

预备姿势:两腿开立,双手叉腰。

基本技术:头颈自然放松,向左慢慢转头,当下巴转到肩部时,控制 5 秒后还原。然后向右转。

重复次数:4~8 次。

要求:练习时,头要正,不要抬下颌。

图 8-3

练习四(见图 8-4)

预备姿势:两腿开立,双手叉腰。

基本技术:头向左转,慢慢抬头,控制 5 秒后还原。然后换方向练习。

重复次数:4~8 次。

要求:练习时,对抗肌要相对放松。

图 8-4

练习五(见图 8-5)

预备姿势:两腿开立,两臂背后。

基本技术:低头,半蹲,同时头向后仰,控制 2 秒。

重复次数:4~8 次。

要求:头后仰时要匀速,上体要挺胸、塌腰。

图 8-5

练习六(见图 8-6)

预备姿势:两腿开立,双手叉腰。

基本技术:头向前移,颈部向前探,还原成预备姿势。此练习也可采用坐姿进行。

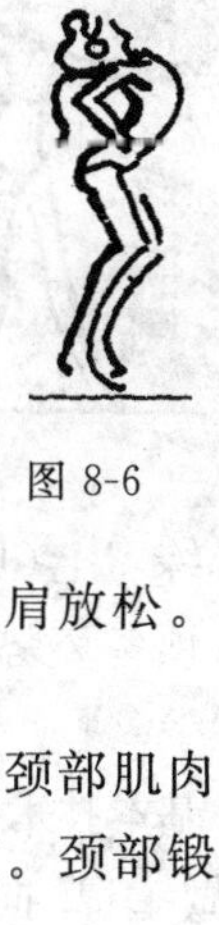

图 8-6

重复次数:4~8 次。

要求:身体正直,不能前倾,肩放松。

练习七(见图 8-7)

预备姿势:两腿开立,双手叉腰。基本技术:头慢慢向左绕环一周,然后再右绕环一周。

重复次数:4 次。

要求:绕环时,对抗肌要相对放松。

图 8-7

3. 颈部锻炼的作用

通过头颈部运动,可以锻炼颈部肌肉,使颈部正直而显得修长,防止肌肉松弛和脂肪堆积,减少脸部和颈部的皮肤皱纹。颈部锻炼不仅可以防止该部位的关节病患,而且还可以防止严重的椎骨肌肉萎缩症。

(二)肩背的修习方法

出现端肩、斜肩、背肩、扣肩等现象,一与自幼畸形有关,二与后天不正确的站、立、行的生活方式有关,怎样矫正?

1. 肌肉结构

三角肌环抱着肱骨关节,从而形成了肩膀的柔和曲线。这块肌肉十分重要,它的一头连接着胳膊,其扇形部分延伸到锁骨和胛骨。三角肌呈圆形,包括使手臂向前运动的前纤维,

使手臂侧举的外侧纤维以及使手臂后摆的后纤维。三角肌的均衡发展协调着肩部运动。

2. 肩部锻炼方法

练习一(见图 8-8)

预备姿势:两腿开立,两臂垂于体侧。

基本技术:双肩慢慢上提至耳朵下方,然后下沉,颈部伸长。

重复次数:20～25 次。

要求:颈与头不要前探。

图 8-8

练习二(见图 8-9)

预备姿势:两腿开立,双手叉腰。

基本技术:左肩向前摆,同时右肩稍向后摆。然后做右肩向前摆,左肩向后摆。

重复次数:20～25 次。

要求:肘关节摆动不要过大。

图 8-9

练习三(见图 8-10)

预备姿势:自然站立,手持哑铃,两臂自然下垂。

基本技术:直臂前摆,当两臂与肩平行时还原。

重复次数:16～20 次。

要求:身体始终保持正直。

图 8-10

练习四(见图 8-11)

预备姿势:两腿开立,上体前屈与地面平行,双手持哑铃自然下垂。

基本技术:双手正握哑铃,由体侧做直臂后上举,然后还原。

重复次数:12～20 次。

要求:手臂后上举时,要高于双肩。

图 8-11

练习五(见图 8-12)

预备姿势:两臂侧举,握拳。

基本技术:体前直臂快速交叉,中途不得停顿,两臂侧摆时要有力。

重复次数:30～40 次。

要求:双拳始终紧握。

图 8-12

练习六(见图 8-13)

预备姿势:坐立,手持哑铃,两臂自然下垂,后背贴紧椅背。

基本技术:直臂交替做前举、上举练习。

重复次数:16～20 次。

要求:上体始终保持正直。

图 8-13

练习七(见图 8-14)

预备姿势:两腿开立,双手握拳。

基本技术:以小臂带动大臂,做直臂向前或向后大绕环。

重复次数:25～30 次。

要求:身体保持正直。

图 8-14

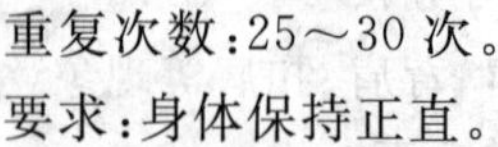

练习八(见图 8-15)

预备姿势:两腿开立,双手握拳。一臂上举,一臂下垂。

基本技术:两臂依次上举后振。

重复次数:25~30 次。

要求:两臂伸直。

图 8-15

练习九(见图 8-16)

预备姿势:身体直立,两臂侧举。

基本技术:两臂伸直,手、臂、肩以各自关节为轴自行绕环。

重复次数:20~25 次。

要求:速度均匀,不要太快,绕环要充分。

图 8-16

3. 肩部锻炼的作用

肩部练习,可以促进胸部肌肉和骨骼的活动,增强胸部的柔韧性,对保持和发展胸肌、促进血液循环、加强呼吸都很有益。

通过肩部锻炼,可以使人无论从外表还是体内器官都产生可观的变化,特别是脊柱和肩胛骨受益最为明显。

(三)胸部饱满的修习方法

拥有傲人的美胸,是社会各年龄层次女性的追求,如何才能满足自己的愿望呢?

1. 肌肉结构

胸大肌是从乳房下向上和向四周扩展的厚厚的一层褶,从而形成了胸部曲线。胸小肌位于胸大肌深层,它越过和高于胸大肌,在锁骨下部使胸部凸起。在胸外部,发达的胸肌起着决定的作用。从乳房外部和肩部各胸肌的末梢同前三角肌汇合在一起,形成了漂亮的肌肉条,从而突出了腋窝的凹形,使前三角肌至胸的部位得以充实。

2. 胸部锻炼方法

练习一(见图 8 17)

预备姿势:两腿开立,两臂垂于体侧。

基本技术:匀速挺胸,使肩外展,然后匀速含胸,使两肩内合,胸廓内收。

重复次数:25~30 次。

要求:速度要均匀,动作要缓慢。

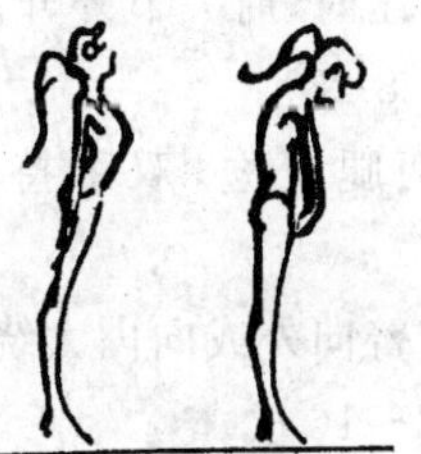
图 8-17

练习二(见图 8-18)

预备姿势:两腿开立,两臂胸前平屈,两手握拳,拳心向下。

基本技术:拉臂振肩扩胸,然后两臂经前举伸直向后拉臂扩胸。

重复次数:20~25 次。

要求:扩胸时,两臂保持水平,胸向前挺。

图 8-18

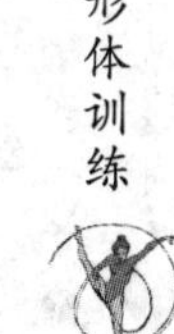

练习三(见图 8-19)

基本技术:两臂稍屈于体前交叉,双手握拳,头稍低。然后两臂经前摆至侧上举,抬头拉胸。

图 8-19

练习四(见图 8-20)

预备姿势;两腿开立,两臂垂于体侧,双手握拳。

基本技术:两臂经前至上举后振,同时稍抬头。然后两臂经前向后摆,同时稍低头。

重复次数:20~25 次。

要求:两臂上举时要吸气,下落时呼气。

图 8-20

练习五(见图 8-21)

预备姿势:跪立,双手体前撑地。

基本技术:屈臂,上体前倾至胸部触地,同时抬头,屈膝,小腿抬起。然后还原。

重复次数:16~20 次。

图 8-21

练习六(见图 8-22)

预备姿势:俯撑,身体保持平直。

基本技术:屈臂,身体下落,然后臂伸直,将身体撑起。

重复次数:8~16 次。

要求:身体下压时,肘关节外开。

图 8-22

练习七(见图 8-23)

预备姿势:两腿开立,双手持哑铃于体前交叉。

基本技术:直臂向外或向内大绕环。

重复次数:12~16 次。

要求:身体保持正直。

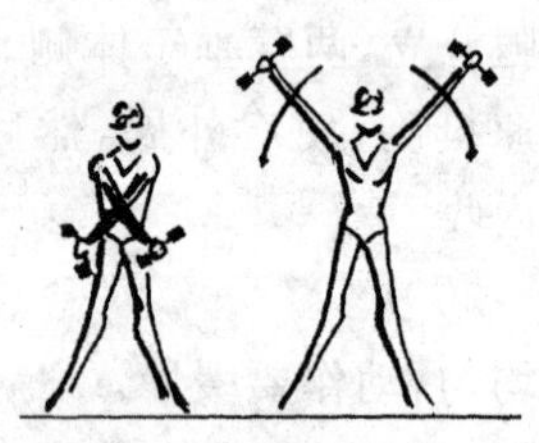

图 8-23

3. 胸部锻炼的作用

经常进行胸部锻炼,可使胸廓更好地发育,增大肺活量,同时对乳房发育十分有益,应经常进行胸部锻炼,防止乳房下垂和乳腺炎,使胸部保持健美。

(四)背部的修习方法

如何解决腰部臃肿、背部窄小的难题?只要你能持之以恒地坚持以下的练习,你的愿望一定会实现。

1. 肌肉结构

背浅层肌由位于颈项部和背上部皮下的斜方肌等组成,并构成了后颈。斜方肌被脊椎沟一分为二,一侧成三角形,伸向脑下部和第十个脊椎骨之间,另一侧与肩部相连。

背阔肌为人体最大的阔肌,位于腰背下部,加长了背部。上部被斜方肌所遮盖,往下直延伸到最后一条肋骨和骨盆部位。

还有一些体积不大的肌肉，对固定肩胛骨起着十分重要的作用，它们位于斜方肌和背阔肌之间。

2. 背部锻炼方法

练习一(见图 8-24)

预备姿势：两腿开立，双手体后五指交叉。

基本技术：两臂伸直，双手用力上提，挟背抬头。然后上体慢慢前屈，同时两臂用力上抬，还原。

图 8-24

重复次数：8～16 次。

要求：速度要均匀。

练习二(见图 8-25)

预备姿势：双手体后撑椅(或床)边，屈臂屈膝，椅前下蹲。

基本技术：两臂撑起同时挺胸抬头，然后下蹲还原。

图 8-25

重复次数：16～20 次。

练习三(见图 8-26)

预备姿势：两腿开立，上体前屈与地面平行，手持哑铃拳心朝后，两臂自然下垂。

基本技术：两臂沿身体两侧往后摆，同时双肩向后上提，努力使肩胛骨合拢。

图 8-26

重复次数：16～20 次。

练习四(见图 8-27)

预备姿势：两腿开立，上体前屈与地面平行，手持哑铃，两臂自然下垂。

基本技术：上体保持不动，两臂侧摆至平举。然后还原。

图 8-27

重复次数：16～20 次。

要求：两臂要摆至与肩平行。

练习五(见图 8-28)

预备姿势：两腿开立，上体前屈与地面平行，手持哑铃，两臂自然下垂。

基本技术：屈肘，将哑铃提拉至腹部，抬头挟背。然后还原。

重复次数：16～20 次。

图 8-28

3. 背部锻炼的作用

通过背部锻炼，可以预防和矫正驼背现象，削减背部脂肪，强健颈后部肌肉、三角肌和背阔肌，使形体挺拔健美。

(五)腹部的修习方法

1. 肌肉结构

腹肌由腹直肌、腹外斜肌、腹内斜肌和腹横肌组成，这些肌肉使腹部坚实而富有弹性。

腹直肌位于腹前壁正中线两侧。腹外斜肌位于腹前外侧面浅层，组成侧腹壁。腹内斜肌在腹外斜肌深层。肌纤维由外下方向内上方斜行。腹横肌在腹内斜肌深层，由于肌纤维

是横向的，能维持和增加腹压，保持人体内脏各就其位。

2. 腹部锻炼方法

练习一（见图 8-29）

预备姿势：仰卧，两臂伸直上举。

基本技术：弯曲两腿，将双膝提至胸部，上体同时前倾，双手抱住小腿，然后还原。

图 8-29

重复次数：16～20 次。

要求：速度不要太快。

练习二（见图 8-30）

预备姿势：仰卧，两臂伸直于体侧，头部抬起。

基本技术：保持头部抬起，两腿伸直上举，然后还原。

重复次数：16～20 次。

图 8-30

练习三（见图 8-31）

预备姿势：仰卧，两腿弯曲，两臂、头后屈。

基本技术：上体抬起到一定高度（主体与地面夹角约 40 度），然后慢慢还原。

图 8-31

重复次数：16～20 次。

要求：肘关节始终向侧，不要内扣。

练习四（见图 8-32）

预备姿势：仰卧，两臂伸直上举，两腿分开。

基本技术：向左、右两腿的方向依次做仰卧起坐练习。

复次数：16～ 20 次。

图 8-32

要求：起坐时，努力使头部贴近膝盖。

练习五（见图 8-33）

预备姿势：仰卧，两臂伸直于体侧，头部抬起。

基本技术：两腿伸直抬起（腿与地面夹角约 30 度），在空中向左右方向依次画圆（每个方向各 10 次），然后还原。

重复次数：2～4 次。

要求：头部始终抬起。

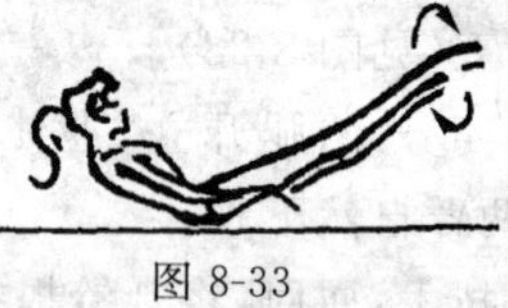

图 8-33

练习六（见图 8-34）

预备姿势，仰卧，两臂伸直于体侧。

基本技术：两腿伸直，在空中做上下交叉动作。

重复次数：25～30 次。

要求：头部始终抬起。

图 8-34

练习七(见图 8-35)

预备姿势:仰卧,腿并拢屈膝,脚离地面 10 厘米。

基本技术:小腹用力使腿部举起,臀部离地,然后还原。

图 8-35

重复次数:25～30 次。

要求:腿一定要弯曲,下落时脚不能着地。

练习八(见图 8-36)

预备姿势:坐立,两臂伸直于体后支撑,屈膝抬腿,使双膝尽力靠近胸部。

基本技术:双膝位置不动,小腿做屈伸动作。

图 8-36

重复次数:25～30 次。

练习九(见图 8-37)

预备姿势:两腿并拢伸直,肘支撑,上体抬起 45 度。

基本技术:一腿前屈收至胸前,另一腿前伸离地 10 厘米。两腿交替进行。

图 8-37

重复次数:30～40 次。

练习十(见图 8-38)

预备姿势:仰卧,两腿上举交叉,两臂于体侧。

基木技术,腹肌收缩,两腿用力上举,使臀部离地,然后还原。

重复次数:25～30 次。

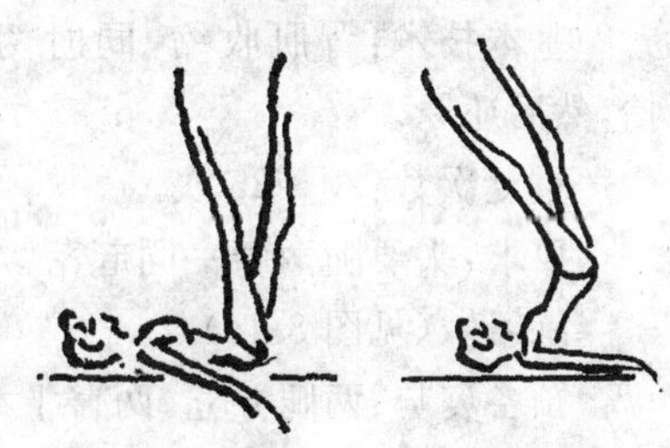
图 8-38

3. 锻炼的作用

进行腹部锻炼,可以防止腹部肌肉松弛,削减皮下脂肪,同时对腹腔和盆腔内组织器官起到良好的按摩作用。

(六)背部修习的方法

1. 肌肉结构

腰背肌是伏于脊柱两侧的长长的两条肌肉,它从下腰部起,上延到斜方肌覆盖的颈部止。

2. 背部锻炼方法

练习一(见图 8-39)

预备姿势:跪坐,两臂上举,双手同握一个哑铃。

基本技术:上体前屈,臀部稍抬起,同时双手持哑铃接近地面。然后腰背肌收缩,上体伸展,同时两臂后振。

重复次数:16～20 次。

要求:两臂贴紧耳朵,速度不要太快。

图 8-39

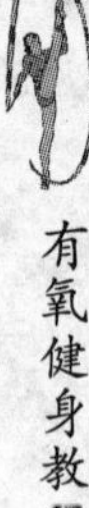

练习二(见图 8-40)

预备姿势:两腿开立,两臂上举。

基本技术:身体右转,做体前屈,然后还原,再向左转体重复此动作。

重复次数:16～20 次。

要求:体前屈时,两腿两臂都要伸直,上体做最大限度的弯曲。

图 8-40

练习三(见图 8-41)

预备姿势:两腿开立,双手叉腰。

基本技术:随着节奏感较强的音乐,胯向左右摆动,也可做胯的前后摆动。

重复次数:40～50 次。

要求:摆动幅度由小到大。

图 8-41

练习四(见图 8-42)

预备姿势:坐立,双手撑地,两腿并拢垂直上举。

基本技术:两腿稍下降,然后向身体左右两侧依次摆动。

重复次数:16～20 次。

要求:两腿要伸直。

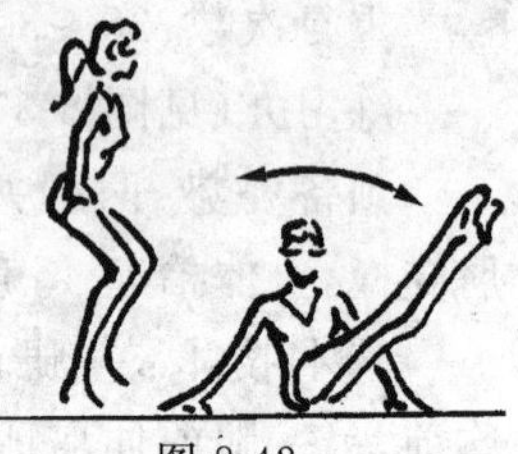
图 8-42

练习五(见图 8-43)

预备姿势:俯卧,身体放松,两臂伸直上举。

基本技术:背肌收缩,同时两腿和两臂上抬,然后还原。

重复次数:20～25 次。

要求:头要随两臂一同起落。

图 8-43

练习六(见图 8-44)

预备姿势:两腿并立,两臂上举,两手相握。

基本技术:身体尽力向一侧弯曲,同时胯部向反方向移动,由体前慢慢半圆还原。再向反方向依次重复此动作。

重复次数:16～20 次。

图 8-44

练习七(见图 8-45)

预备姿势:两腿开立,两臂上举,双手同握一个哑铃。

基本技术:沿不同方向做全身大绕环。一个方向重复 8 次后,再换另一方向。

要求:两臂始终贴紧双耳。

图 8-45

练习八(见图 8-46)

预备姿势:屈肘撑地,两腿并拢伸直。

基本技术:两臂伸直,将身体撑起,挺腹,收臀,头后仰。然后还原。

重复次数:16～20 次。

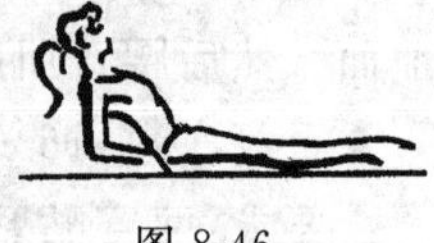
图 8-46

练习九(见图 8-47)

预备姿势:仰卧,两腿伸直分开,两臂于体侧。

基本技术:两臂不动,向上挺髋,后背、腰、臀部的肌肉收缩,使身体挺直成反弓形,然后还原。

图 8-47

练习十(见图 8-48)

预备姿势:两腿前后开立,两臂上举,双手同握一个哑铃。

基本技术:上体前屈,使哑铃靠近脚部。然后收缩腰背肌肉,上体慢慢伸直,两臂上举。两腿位置依次交替。

重复次数:16～20 次。

要求:两臂两腿都要伸直。

图 8-48

3. 腰背部锻炼的作用

进行腰背部锻炼,可以预防脊柱肌肉的萎缩,防止由此而引起的脊柱弯曲,同时可以防治慢性腰肌劳损。腰背系列练习配合背部肌肉训练可矫正因不正确的姿势而对胸腔、乳房以及心理上产生的不良影响。腰背肌肉对肩胛骨也有固定作用,从而可改变腰背部的线条。

(七)胯和臀部修习的方法

1. 肌肉结构

胯由骨盆、骨盆带和体积较大的肌肉群组成。一般来说,女子胯部脂肪比男子厚得多。但不论男女,胯部肌肉都是大而坚实且富有生气。

臀部主要由臀小肌、臀中肌和臀大肌组成。臀大肌覆盖在大腿后部肌肉的上部。臀中肌大部分在臀大肌的深层,一部分位于臀部的上部和侧面。臀小肌位于上述二肌肉的深层。

2. 胯和臀部锻炼方法

练习一(见图 8-49)

预备姿势:俯卧,两腿伸直,两臂前举。

基本技术:左右腿依次上抬,臀肌收缩。

重复次数:30～40 次。

要求:抬腿时,头部不要抬起。

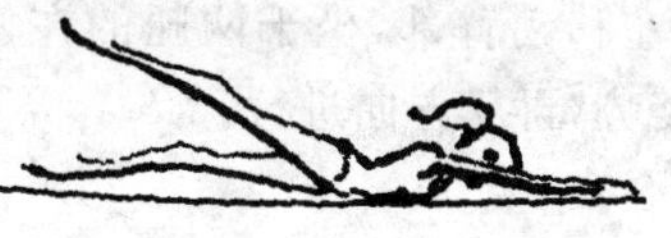

图 8-49

练习二(见图 8-50)

预备姿势:仰卧,屈膝分腿,两臂于体侧。

基本技术:臀部肌肉用力收缩,两腿蹬伸,向上挺髋,控制 2 秒。然后臀部下落,还原成预备姿势。

重复次数:20～25 次。

要求:挺髋时,臀部肌肉收紧。

图 8-50

练习三(见图 8-51)

预备姿势:跪卧,臀部坐在足跟部,低头,两臂上举。

基本技术:身体前移,两臂撑起,同时抬头,左腿用力后踢。左腿落下,还原成预备姿势。然后换右腿做。

图 8-51

重复次数:20～25 次。

要求:踢腿方向要正。

练习四(见图 8-52)

预备姿势:右侧卧,上体和腿的夹角为 90 度。腿并拢伸直勾脚。

图 8-52

基本技术:左腿上抬,与头部同高度,然后落下还原,重复做 20 次后,换方向练习。

练习五(见图 8-53)

预备姿势:跪坐,低头,两臂前举。

基本技术:身体前移,两臂撑起,同时抬头,左腿用力向左侧踢起,然后还原,重复做 20 次后,换方向练习。

图 8-53

练习六(见图 8-54)

预备姿势:两腿开立,膝微屈,双手叉腰。

基本技术:胯部向后收,同时臀部上翘,挺胸、塌腰。然后胯部前挺,同时收缩臀部肌肉。

图 8-54

重复次数:30～40 次。

要求:速度不要太快。

练习七(见图 8-55)

预备姿势:跪立,两臂侧举。

基本技术:向左移动臀部,坐于两腿的左侧。然后还原成预备姿势,再反方向进行。

图 8-55

练习八(见图 8-56)

预备姿势:两腿开立,膝盖稍屈,双手叉腰。

基本技术:胯部从右侧经前、左、后做绕环 5 周,然后反方向再做 5 周。

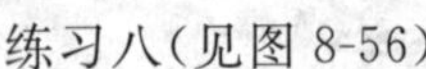

要求:腰以上部位不要晃动。

3. 胯臀部锻炼的作用

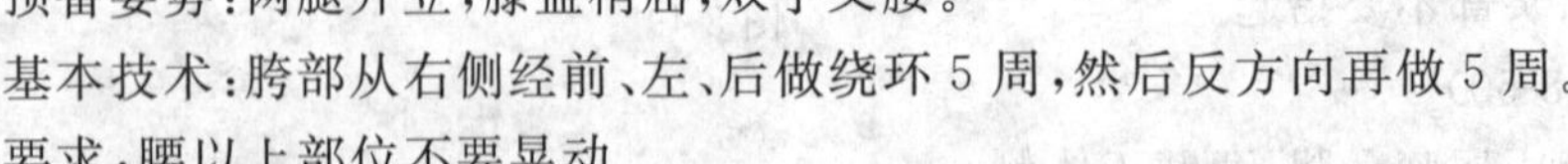

经常进行胯臀部锻炼,可以提高胯关节的灵活性,减少臀部脂肪堆积,使臀位上提,臀部肌肉紧而富有弹性。

图 8-56

(八)大腿修习的方法

1. 肌肉结构

大腿主要由三组肌肉组成,即前外侧群、后群和内侧群。

前外侧群由股四头肌、缝匠肌和阔筋膜张肌组成。后群由股二头肌、半腱和半膜肌组成。内侧群则由耻骨肌、长收肌、短收肌和大收肌组成。

2. 大腿部锻炼方法

练习一(见图 8-57)

预备姿势:仰卧,两臂侧举,两腿并拢上举。

基本技术:两腿侧屈,足心相对,然后两腿伸直外展,再还原成预备姿势。

重复次数:16～20 次。

要求:腰部不要离地。

图 8-57.

练习二(见图 8-58)

预备姿势:身体直立,双手扶把杆(或椅子)。

基本技术:用力向侧踢腿。

重复次数:每条腿各踢 20 次。

要求:大腿外旋,脚背向上。

图 8-58

练习三(见图 8-59)

预备姿势:左侧卧,两腿并拢。

基本技术:右腿屈膝,右足尖触左膝部。右腿向上伸直外展,左腿上举与右腿并拢。然后左腿先慢慢放下,接着右腿再慢慢放下,还原成预备姿势。

重复次数:左、右腿各做 16～20 次。

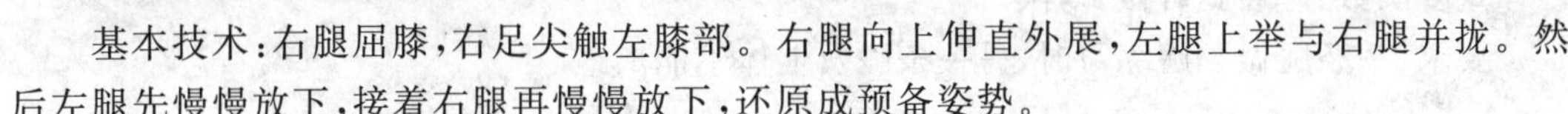

图 8-59

练习四(见图 8-60)

预备姿势:身体直立,一手扶把杆侧举。

基本技术:直腿前后摆动。

重复次数:左右腿各做 20 次。

要求:后摆腿时,身体要正直。

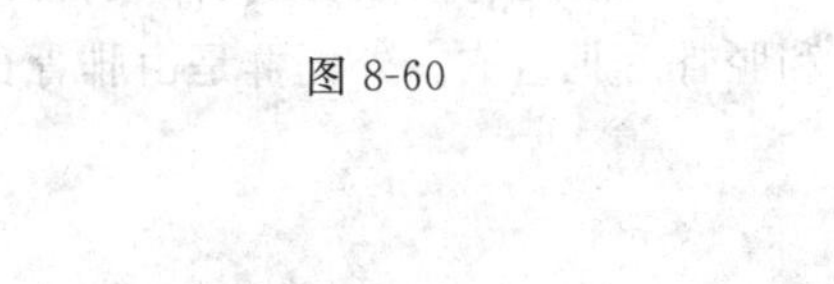

图 8-60

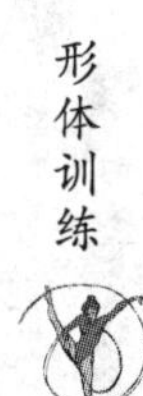

练习五(见图 8-61)

预备姿势:身体直立,双手扶椅子。

基本技术:手扶椅子下蹲,然后站起还原。

重复次数:20～25 次。

要求:下蹲时,脚跟不要离地。

图 8-61

练习六(见图 8-62)

预备姿势:两腿开立,双手叉腰。

基本技术:两腿弯曲,膝外旋,同时脚跟抬起。

可复次数要求,重复次数:30～40 次。

要求:上体保持直立。

图 8-62

练习七(见图 8-63)

预备姿势:俯卧,两腿伸直并拢,肘支撑上体抬起。

基本技术:两腿向上做弯举,同时勾脚,使脚跟尽量接近臀部,然后还原。

重复次数:30～40 次。

要求:做动作时,肩部下沉,躯干贴紧垫子。

图 8-63

练习八(见图 8-64)

预备姿势:仰卧,两腿伸直并拢,两臂侧举。

基本技术:左腿由右腿开始做骗腿。左腿从右侧经上举,绕至左上方,再经左下绕至还原。

重复次数:左右腿各做 10 次。

要求:一条腿做骗腿练习时,另一条腿及上体不能离地。

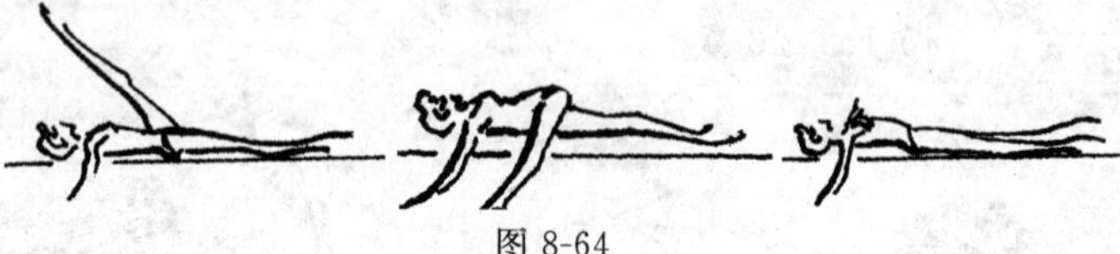

图 8-64

3. 大腿部锻炼的作用

大腿肌肉锻炼对稳固臀部的线条、维护骨盆和脊柱的位置以及增强骨盆底肌肉有很大益处。坚持进行腿部锻炼,可以保持腿部围度适中,减少大腿脂肪堆积,使下肢修长,体态健美。

大腿肌肉的锻炼配合腹部肌肉锻炼还可以增强静脉的血液交换循环,治愈因缺乏锻炼或长期坐着不动所造成的静脉曲张。

(六)小腿修习的方法

1. 肌肉结构

小腿肌肉和大腿肌肉一样也是由三部分肌肉群组成,即前群、后群和外侧群。

前群由胫骨前肌、趾长伸肌和拇长伸肌组成。后群由小腿三头肌、趾长屈肌、拇长屈肌和胫骨后肌组成。外侧群是由腓骨长肌、腓骨短肌组成。

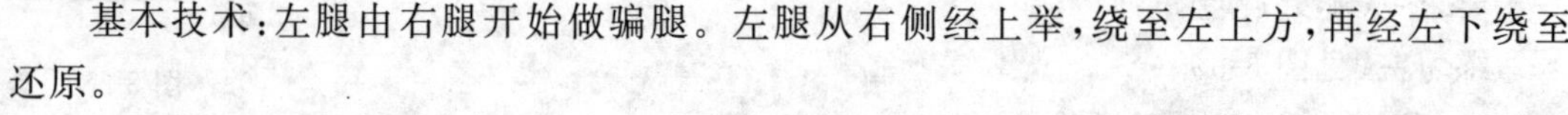

2. 小腿部锻炼方法

练习一(见图 8-65)

图 8-65

预备姿势:两腿开立,双手叉腰。

基本技术:足跟用力向上提起,然后足跟下落,但不着地。

重复次数:20~25 次。

要求:力量不要过大或过猛。

练习二(见图 8-66)

图 8-66

预备姿势:坐立,两臂体后撑地,两腿伸直并拢,绷脚。

基本技术:足背屈,足趾张开。然后足背伸,还原成预备姿势。

重复次数:20~30 次。

要求:速度不要太快。

练习三(见图 8-67)

图 8-67

预备姿势:仰卧,一条腿由双手扶持上举,另一条腿屈膝。

基本技术:上举的腿以踝关节为轴,在空中沿顺时针和逆时针方向依次画圆。

重复次数:左右腿各做 15 次。

要求:尽力收缩小腿肌肉。

练习四(见图 8-68)

图 8-68

预备姿势:双手在足尖前约 1 米处撑地,臀部上提。

基本技术:左腿弯曲,搭在右腿外侧,右脚跟下压着地,静止用力 10 秒钟,然后换腿再做。

重复次数:左右腿各做 5 次。

练习五(见图 8-69)

图 8-69

预备姿势:背靠椅子坐下,右屈膝,前脚掌着地,左腿置于右腿上。

基本技术:以左踝关节为轴,勾脚、绷脚练习,或用脚尖依次向右方向画圆。

重复次数:左右腿各做 15 次。

要求:速度不要太快。

3. 小腿部锻炼的作用

通过锻炼,可以消除膝部周围的脂肪,加强腿部内侧肌肉,弥补两腿相并时出现的空隙。可使小腿肌肉健美,小腿肚位上提,令小腿修长优美。

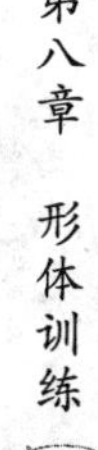

第九章　有氧踏板操

有氧踏板操，顾名思义就是在踏板上进行的有氧健身操，被称为最经典的美腿运动。这种运动在美国风靡了40年，至今仍备受喜爱。借助一块高度可调的踏板，通过各种踏上踏下带有转体和跳跃的动作，达到心肺功能的锻炼。因其动感、激情的特点和对女性腿、臀的良好塑体作用，踏板操在健身房久盛不衰，被人们视为经典的健身方式之一，更是一种日益时尚的减肥方法。下面就让我们一起走进有氧踏板的精彩世界。

一、有氧踏板操的起源与发展

（一）有氧踏板操的起源

有氧踏板操是在有氧健身操的基础上发展而来的，它以踏板为主，结合一些徒手动作或轻器械，是在音乐的伴奏下所进行的一项综合性体育锻炼。

有氧踏板操于1968年于美国开始盛行，因其趣味性和娱乐性而很快风靡世界。踏板操是有氧运动的一种，是以强壮身体、改善形体、陶冶情操为目的，其动作简单易学，内容丰富有趣，在长时间和适量的运动中，能够有效地塑造形体，提高心肺功能，展现健力美。具体地说，经常参加有氧踏板操练习，可以增强体质，增进健康，促进肌肉全面发展，提高工作能力。目前国内外较大的健身房都开设了有氧踏板操的课程，国内高校根据其实际情况，开展情况不一。有氧踏板操具有独特的健身效果，深受广大健身爱好者的喜爱。

有氧踏板操通过增加踏板的高度，来提高运动强度和难度，无须加快动作的节奏。通过练习，不但可以强化膝关节周围的肌群，而且可以提高肌肉弹性和关节的灵活性，同时还可以强化下半身肌群，是一种低冲击、全身心的安全的有氧运动。有氧踏板操适合各种不同体能的人练习，练习者不一定具有很高的跳操水平，因为踏板操受器械的局限，动作简单易学，动作节奏适中，较容易掌握，练习者可以从一些简单动作开始，平衡上、下板，均匀呼吸，待动作熟练和运动强度适应后，逐渐增加手臂和腿的配合动作。踏板的高度要逐渐增高，这样才能达到很好的效果。

（二）有氧踏板操的发展

有氧踏板操作为健美操的一种在国际上日益成为时尚的减肥方法，其原因是踏板操是把体能测试中的台阶练习与健美操的动作和步伐结合，放在特制踏板上完成，因此，它具备了健美操的所有特点，再加上其高度可以调节，健身者可以根据自身情况很容易地保持运动减肥的有效强度，更有效地提高自身的协调性。另一个原因是踏板操安全性较好。由于踏板操主要是在踏板上不停地上下移动，跳跃性动作相对较少，自然使下肢关节具有明显的屈伸和缓冲，这样就能够大大减轻对各关节的冲击，最大限度上避免了长时间跳跃造成的运动损伤。最主要的原因是其具有明显耗能减脂及改善肌肉线条的功效。目前踏板操刚刚引入到我国，一些对踏板操不太了解的朋友担心进行踏板操训练容易使腿部肌肉过度发达，使腿变粗，其实这种担心是没有必要的。持有这种观点的朋友主要是对健身知识缺乏进一步的了解，另一方面盲目认为踏板操在国外成为健身会重要课程的原因是国外女性追求肌肉发达。其实不然，在当今信息、交通如此发达的社会，追求人体美和人体美的标准越来越不受地域和种族的限制，更何况尽管人种不同，但其基本运动生理机制是一样的，发达肌肉的途径是相同的——发达肌肉必要的三个条件是营养、休息和肌肉抗阻做功，先不说营养和休息，发达肌肉最有效的方法是进行大重量、少次数的高强度的负重抗阻练习。踏板操作为有氧健美操的一种形式，是在供氧充足的状态下进行的长时间的、中低强度的练习，肌肉的发达是和做功所需要的强度相适应的，这种中低强度，只能使腿部结实起来，肌肉的线条更修长，能有效地解决臀部下垂的问题，加之踏板操动作中的舒展与伸拉，可以使练习者动作更灵活、更轻盈。另一方面，踏板具有一定高度，完成同样动作自然比在平地上耗能要多，同时在饮食得当的情况下，减脂的效果将更加明显。

二、有氧踏板常识

踏板操是能有效提高有氧运动水平的中高强度的有氧运动。有氧踏板操非常具有挑战性和娱乐性，它能提高练习者的协调能力和全身的力量控制。因为我们可以通过调整踏板的垫板高度来调节运动强度，完成同样的动作，踏板高度高则运动强度大，能量消耗也大，反之，则小。这样，健身者就可以根据自身条件和锻炼目的选择不同高度的踏板。

1. 踏板操运动的优缺点

有氧踏板操运动增加了一或两块的垫块，就增加了运动的难度、强度，动作的变化就会更丰富。此外，通过踏板操运动更能提高人的心肺功能、提高人的协调性和灵敏性，增强下肢力量。

适应人群：它是适合所有的人锻炼，尤其是长期坐办公室、腿部缺乏锻炼的女性，以及希望自己的腿部变得结实健康、改变臀部下垂的状态的人士。

运动功效：对腿和臀部有塑形作用。在完成所有上、下踏板的动作中，主动肌都是大腿(股四头肌)及臀部肌肉(臀大肌)。也就是主要用力的肌肉是大腿及臀部肌肉，它们要克服的阻力为重力，而这个阻力相对最大力量要小很多。因此踏板属于长时间的小重量抗阻肌肉练习，能够起到消耗腿部、臀部多余脂肪，达到突出肌肉线条而又不增加肌肉围度的作用，对塑造健美的腿部和臀部有很好的帮助。

不足之处：由于脚部的上下板动作太多，如果不协调、技术掌握不好容易造成膝盖、脚踝的受伤。

踏板操主要有三大基本技术：重心移动、缓冲及控制身体。

2. 音乐选择

踏板课一般选用节奏清晰，节拍在126～128拍/分的音乐。因为踏板的高度决定我们完成动作时间较在平地上要长，另外踏板也增加了完成动作的难度，所以选择较慢的音乐有利于自如、安全、到位地完成动作。

3. 踏板介绍

踏板的尺寸一般是长90～110厘米，宽40厘，最低高度一般为10厘米，可自行调节，一般5厘米为一档。踏板高度越高，对脚的负荷越重，运动的强度就越大。伴随着动感的音乐，音乐速度一般在118～122拍/分之间，在塑料板上有节奏地上下舞动，会比单纯的跳操有趣。

4. 上板安全常识

合理地使用踏板是上好踏板操课的有力保障，在选择踏板高度时，一定要因人而异、因课而异。如果想增加运动强度，可以增加踏板高度，加大手臂动作幅度，随着练习者运动强度的不断增加，练习者的板上运动技术会逐渐熟练。

(1)练习前需要准备和注意的有：①健美操服、运动鞋；②上课前一定注意自己活动一下手腕、脚腕、膝关节；③踏板放置要正确，平稳，初学者应主动咨询教练；④上踏板时脚尖从上至下接触踏板，不要使踏板向前，身体中心垂直踏板；⑤为确保安全，初学者选择初级课程；⑥避免在一节踏板课中间进入，造成不必要的受伤；⑦若发生意外情况，如腿部疲劳、人体局部出现痛状不适、眩晕、心率过快等，可停止练习。

(2)上下板的姿势：不少人在第一次跳时两条小腿会酸痛难忍。专家指出，跳踏板操会使腿部和臀部有酸痛的感觉，但不会到难以忍受的地步，这可能与学员姿势不正确有关，如上板时应该脚后跟先落地，然后脚尖才落地。如果总是脚尖先落地的话，则会让小腿肌肉过于受力，不仅形成酸痛，而且还会使小腿肌肉劳损，从而对关节造成运动冲击。

(3)重心下压：跳踏板操时动作尽量向下压，这样做也使身体重心下压，站得更稳。上踏板时要重心先上去后脚才落地，要站在踏板中间，才不会出现踏空和重心不稳而摔跤的状况。

(4)服装：服装要穿弹性好的衣服，成分以棉、莱卡为宜。当然你还应该穿运动鞋，气垫式的更好，这样可以起到缓冲的作用。有些人赤脚跳 Step，其实这样很容易损伤脚踝。

5. 注意事项

(1)除点板外，尽量用整个脚掌触板面。

(2)上板时，身体重心要及时跟进处于踏板正上方。

(3)体侧对板时，尽管先上靠近板的一侧腿。

(4)上、下板时，支撑腿保持一定的弯曲，上板时，脚跟先触板块过渡整个脚掌触板；下板时，前脚掌先触地缓冲过渡到整个脚掌。

三、有氧踏板操的基本技术和基本动作

掌握有氧踏板操的基本技术和动作，是练习有氧踏板操的关键。

(一)基本技术与动作

踏板操具有有氧运动的健身功能，它能全面提高身体的协调性、心肺功能和肌肉耐力。

踏板动作包括板上动作、板下动作、上下板连接动作。独立的板上板下动作都是健美操基本动作及其变形。

1. 点板类

即单脚依次点板。一侧脚触板，但重心始终在踏板外，包括正点板、侧点板、交叉点板。图 9-1 为正点板 1～4 拍，5～8 拍重复。

图 9-1

做领先上板和领先下板为同侧腿，如踏步式上下板、V 字上下板、转板、穿越板。

做领先上板和领先下板为异侧腿：如上板吸腿、上板踢腿、上板后屈腿等（包括方向变化）。

2. 基本步伐

即双腿依次上下板类。重心由踏板外到踏板上再到踏板外。

图 9-2 为踏步式上下板 1～4 拍，5～8 拍重复。

图 9-2

图 9-3 为 V 字上下板 1～4 拍，5～8 拍重复。

图 9-3

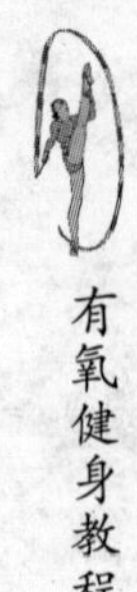

附　录

IACCA 国际全明星啦啦队竞赛评分规则

一、总则

（一）啦啦队定义

英文 cheerleading，起源于美国的一项现代体育运动。是指在音乐的衬托下，通过运动员完成高超的啦啦队特殊运动技巧并结合各种舞蹈动作，集中体现青春活力、健康向上的团队精神，并追求最高团队荣誉感的一项体育运动。

1. 舞蹈啦啦队项目定义

以舞蹈动作为主，通过展示各种舞蹈技巧和元素并可结合道具为基本内容的团队竞赛项目。

2. 技巧啦啦队项目定义

以翻腾、托举、抛接、金字塔组合、舞蹈动作、过渡连接及口号等形式为基本内容的团队竞赛项目。

（二）竞赛性质及种类

1. 竞赛性质

国际全明星啦啦队锦标赛和啦啦队世界杯赛是国际全明星啦啦队协会的正式比赛。

2. 竞赛种类

竞标赛、世界杯、大奖赛、冠军赛、公开赛、挑战赛、分区赛、邀请赛、擂台赛等。

（三）竞赛项目

1. 规定套路

规定套路是指中国大学生健美操艺术体操协会啦啦队专项委员会审定的运动员等级规定套路。

2. 舞蹈自编套路

舞蹈自编套路是以舞蹈动作为主，通过展示各种舞蹈技巧和元素并结合道具为基本内容的团队竞赛项目。

3. 技巧自编套路

技巧自编套路是以翻腾、托举、抛接、金字塔组合、舞蹈动作、过渡连接及口号等形式为基本内容的团队竞赛项目。

（四）成套音乐时间

1. 规定套路音乐时间

成套时间为 1 分 30 秒，前后有 10 秒的宽容度。从第一个声音开始响起计时，从最后一个声音结束时完成计时。

2. 自编套路音乐时间

成套时间为 2 分 30 秒，前后有 10 秒的宽容度。从第一个声音开始响起计时，从最后一个声音结束时完成计时。

3. 上场时间

运动员被叫到后 20 秒内必须上场。超过 20 秒将给予减分，超过 60 秒将取消比赛资格。

(五)参赛人数及竞赛分组

1. 人数

6～30 人(性别不限)。

2. 竞赛分组

国际组、公开组、大学体育院校系组(含高水平运动队)、大学普通院系组、中学组、小学组、儿童组、奥林匹克组(残障人士)。

(六)竞赛程序

比赛进行预赛和决赛两个程序。

(七)出场顺序

1. 预赛出场顺序

由抽签决定，抽签在比赛前由大会竞赛部门负责抽签决定。

2. 决赛出场顺序

由预赛成绩决定，预赛成绩排名前者后入场，排名后者先入场。

(八)竞赛场地

1. 赛台

赛台高 80～100 厘米，后面有背景遮挡，赛台不得小于 13×13 平方米。

2. 比赛地板

比赛区域 12×12 平方米，标志带 5 厘米宽的红带或白带，标志带是场地的一部分。

(九)化妆，比赛着装与道具

1. 化妆

整洁与适宜的运动员外衣。

2. 比赛服装

整体上以紧身为主。运动员必须穿着合适内衣，服装上禁止描绘战争、暴力、宗教信仰和性爱主题的元素。服装可适当修饰。领奖时必须穿比赛服。

(1)技巧啦啦队比赛服装：

女：连体装短裙(长袖、短袖、单袖、无袖)，分体装背心与短裙(长袖、短袖、单袖、无袖)。

男：分体短袖及长裤和分体长袖及长裤(上衣长度合体，设计不得露脐)。

(2)舞蹈啦啦队比赛服装：

女：允许穿技巧啦啦队同样服装外，还可穿短裤与长裤。

男：分体短袖及长裤和分体长袖及长裤(上衣长度合体，设计不得露脐)。

(十)比赛鞋袜

技巧啦啦队必须穿白色轻便运动鞋和白色运动袜，技巧啦啦队比赛禁止穿丝袜。舞蹈啦啦队可穿舞蹈鞋或爵士舞鞋，颜色不限，不可赤脚。

（十一）饰物

不得佩戴任何首饰，包括耳环、手链、脚链、戒指、项链等等。

（十二）道具

1. 规定动作

在规定动作中可以使用彩色花球，彩色花球应醒目而吸引观众，道具大小应适当。

2. 自编成套

可以根据需要使用道具，如标志牌、麦克风、旗、横幅、花球、充气棒等。

（十三）比赛音乐

自备 2 盘 CD，一盘比赛用，一盘备用。

二、啦啦队规定套路评分

成套内容包括：成套编排 50 分（特定动作）、完成情况 50 分。

（一）成套编排：50 分

成套动作必须与规定动作保持一致。在规定动作之外的自编动作要运用各种啦啦队基本手位、步伐、跳步并结合其他舞蹈元素、道具、口号等元素创编，利用多种空间转换、方向与队形变化展示出啦啦队运动项目特征和团队风采。

（二）完成情况：50 分

成套动作中所有动作都应正确完美地完成。包括正确的身体姿态、手位、技术技巧、难度动作、道具运用、动作清晰、动作力度、一致性、表现力、音乐合拍等内容，未达到完美完成则按以下因素根据实际完成情况进行扣分。

三、舞蹈啦啦队自编套路评分

成套内容包括：成套编排 50 分（特定动作）、完成情况 50 分、难度动作。

（一）成套编排：50 分

动作必须根据音乐来设计，具有舞蹈啦啦队的项目特征；运用各种啦啦队基本手位、步伐、跳步并结合多种舞蹈元素、道具、口号等元素创编，通过多种空间转换、方向与队形变化展示出舞蹈啦啦队运动项目特征和团队风采。舞蹈啦啦队中出现翻腾动作不视为难度。舞蹈啦啦队可以出现具有舞蹈主题的托举造型，但不得超高。该造型仅作为成套素材出现。

运动员在成套动作中必须通过各种方式表现出自信与健康的活力；每个队伍必须通过各种必要的方式包装自己，从而展示本队最佳风采。

（二）完成情况：50 分

成套动作中所有动作都应正确完美完成。包括正确的身体姿态、手位、技术技巧、难度动作、道具运用、动作清晰、动作力度、一致性、表现力、音乐合拍等内容，未达到完美完成则按以下因素根据实际完成情况进行扣分。

（三）难度动作：累计得分

在舞蹈啦啦队中，3 类难度中每类必须最少各出现 1 次。每缺少一类由难度评判员减 1 分；成套中最多可以做 15 个难度，每超过一个难度，减 1 分。

啦啦队竞赛评分表

预赛(　　)　决赛(　　)

中国大学生健美操艺术体操协会(啦啦队规定套路)竞赛艺术评分表

时间：　年　月　日　总赛程第　场.组别：

第　场.组别：

参赛单位：　　舞蹈(　　)　技巧(　　)

评分内容总50分	非常好	好	满意	差	不可接受	单项得分
动作设计10分	10～8	7～6	5～4	3～2	1～0	
主题与技术风格10分	10～8	7～6	5～4	3～2	1～0	
过渡与连接10分	10～8	7～6	5～4	3～2	1～0	
音乐与动作合拍10分	10～8	7～6	5～4	3～2	1～0	
表演与包装10分	10～8	7～6	5～4	3～2	1～0	

得分：

※特定动作	减分标准	单项减分
A. 4×8拍啦啦队基本手位组合	缺少减1分	
B. 4×8拍口号	缺少减1分	
C. 队形变化不得少于5次	缺少减1分	
D. 每个8拍必须出现1次方向变化	缺少减1分	

特定减分：

单项得分－单项减分＝艺术得分：

评判员号码：　　签名：

时间：　年　月　日

预赛(　　)　决赛(　　)

裁剪线

预赛(　　)　决赛(　　)

啦啦队规定套路艺术评判员点评表

时间：　年　月　日　总赛程第　场.组别：

参赛单位：

舞蹈(　　)　技巧(　　)

优点：

不足：

评判员号码：签名：

时间：　年　月　日

预赛(　　)　决赛(　　)

国际全明星啦啦队(舞蹈啦啦队自编套路)
舞蹈啦啦队
竞赛艺术评分表
时间： 年 月 日．总赛程第 场．组别：

总赛程第 场．组别：
参赛单位： 舞蹈( ) 技巧( )

评分内容总 50 分	非常好	好	满意	差	不可接受	单项得分
动作设计 10 分	10～8	7～6	5～4	3～2	1～0	
主题与技术风格 10 分	10～8	7～6	5～4	3～2	1～0	
过渡与连接 10 分	10～8	7～6	5～4	3～2	1～0	
音乐与动作合拍 10 分	10～8	7～6	5～4	3～2	1～0	
表演与包装 10 分	10～8	7～6	5～4	3～2	1～0	

得分：

※特定动作	减分标准	单项减分
A. 成套中必须出现一组 2×8 拍的对比组合动作	缺少减 1 分	
B. 成套中必须出现一组 4×8 拍啦啦队基本手位组合	缺少减 1 分	
C. 成套中队型变化不得少于 5 次	缺少减 1 分	
D. 成套中每个 8 拍必须出现 1 次方向变化	超过每次减 1 分	
E. 成套中每 4 个 8 拍必须出现 1 次上下空间变化	超过每次减 1 分	
F. 成套中必须集中出现一组 68 拍个性舞蹈动作组合	缺少减 1 分	

特定减分：单项得分－单项减分＝艺术得分：
评判员号码： 签名：
时间： 年 月 日

裁剪线

国际全明星啦啦队
艺术评判员点评表
时间： 年 月 日

参赛单位：
舞蹈( ) 技巧( )

优点：

不足：

评判员号码：签名：
时间： 年 月 日
预赛( ) 决赛( )

中国学生健身健美操竞赛评分规则

• 总 则

1.1 宗旨

为中国学生健身健美操竞赛提供客观统一的竞赛规则。

为评判员公正、准确地评分提供客观依据。

为参赛者提供赛前训练和比赛的指导依据。

为中国学生开展健身健美操运动的规范性文件。

1.2 竞赛性质

A. 全国大学生运动会健身健美操比赛

B. 全国中学生运动会健身健美操比赛

C. 中国学生健身健美操锦标赛

D. 中国学生健康活力大赛

1.3 参赛资格

凡是我国全日制大(中)学、高(中)等专科学校,民办及私立大(中)学的在校在籍学生。参赛运动员必须是政治思想进步,作风正派,遵守学校各有关规定,文化课考试合格,并经医院检查身体健康者。

1.4 竞赛项目

A. 规定套路:中国学生健美操艺术体操协会审定的规定套路动作。

B. 徒手自编套路:各种符合规则及规程要求的比赛套路动作。

C. 轻器械自编套路:所有非徒手的套路都属于轻器械比赛,但是无论借助什么器械都要体现该器械的健身价值,同时突出该器械练习的特点和趣味性。

1.5 成套动作时间

自编成套动作时间为 2′30″±10″(从第一个可听见的声音开始,到最后一个声音结束,不包括提示音)。

1.6 参赛人数与更换运动员

A. 每队参赛人数为 6~8 人,性别不限。

B. 如有特殊情况更换运动员时,需持有效证明,经组委会同意方可更换。

1.7 竞赛场地

A. 赛台

赛台高 80~90 厘米,后面有背景遮挡,赛台不得少于 14×14 平方米。

B. 竞赛区域

比赛场地可为地板或地毯,要清楚地标出 12×12 平方米的比赛区域。标志带为 5 厘米宽的醒目色带,标志带是场地的一部分。

C. 座位区

12×12 平方米

视线员△

记录组

报告员 放音台

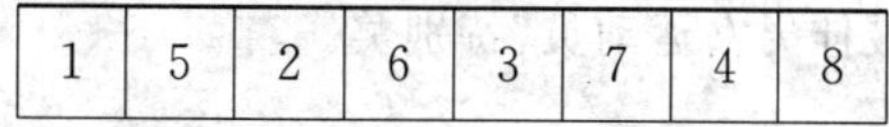

高级评判组

注:1~4 为艺术评判。

5~8 为完成评判。

1.8 竞赛程序

A. 比赛采用预赛和决赛。

B. 赛程分为片区赛和总决赛。

1.9 出场顺序

预赛和决赛出场顺序由抽签决定，抽签在赛前一天进行，由竞赛部门负责抽签决定。

1.10 评分方法及计分方法

A. 评分方法：比赛采用公开示分的方法。评判员评分精确到 0.1 分，运动员最后得分精确到 0.01 分。

B. 计分方法：成套动作的得分为艺术得分与完成得分之和，艺术分和完成分各为 10 分，成套动作满分为 20 分。各组评判员评分去掉一个最高分和一个最低分，中间两名评判员评分的平均分为该组评判得分，两组评判得分相加减去评判长扣分即为最后得分。

C. 最后得分高者名次列前，若得分相等，名次排列取决顺序为最高艺术分、最高完成分；若成绩再相等，则名次并列。

D. 不接受对评分结果的抗议。

1.11 音乐

A. 音响设备：音响设备应基本达到专业水准，常规放音设备必须包括 CD 机、录音机及调音台等设备。

B. 特定要求。

C. 音乐的质量应达到专业水准。

D. 音乐速度为每分钟 136～156 拍。

E. 可以使用一首或多首乐曲混合的音乐，可加入特殊音效，音乐节奏明快、清晰、风格热情、奔放、动感、具有震撼力。

F. 音乐必须录制在 CD 或普通录音带的“A”面开头，自备两份比赛音乐用带(必须备有录音带音乐)。

1.12 服装及仪容

A. 外表：整洁与适宜的运动员外表，女运动员的头发须梳系于头后，头发不得遮挡脸部。

B. 着装：可根据成套动作的整体风格选择服装，服装整体紧身为主、材质和款式不限，但必须适宜运动，运动员可穿短裤或长裤，连体式或分体式，服装上可有简单修饰、但不允许使用悬垂饰物，禁止配戴饰物(含首饰、手表等)；禁止穿描绘战争、暴力、宗教信仰和性爱为主题的服装，运动员必须穿白色运动鞋和运动袜，化妆应适度。

1.13 特别奖项

A. 特设“最佳编排”、“最佳完成”、“最佳表现”特别奖。

B. 特评“最佳教练”、“最佳男女运动员”特别奖。

1.14 奖励

根据比赛规程的规定而确定奖励办法。

• 成套动作评分

2.1 成套动作的评分因素

A. 艺术编排：艺术分为 10 分，对任何有艺术价值的编排给予评价。

B. 完成情况：完成分为 10 分，对任何偏离完美完成的所有动作错误给予减分。

C. 评判长减分。

2.2 艺术编排的评分因素及标准

A. 成套编排　　5分

B. 音乐　　1分

C. 风格与主题　　1分

D. 创造性　　1分

E. 表演　　2分

2.2.1 成套编排(5分)

·成套动作的设计应舒展、优美、大方、健康、有动感,应符合健身健美操项目的特征和年龄特点,动作组合应充分体现出协调性与多样性,动作内容的选择与安排在成套动作中要有很好的均衡性。

·过渡与连接:过渡动作必须动感、平滑、流畅地将三个空间(地面、站立、腾空)的使用穿插起来;连接动作必须要把在同一空间完成的组合和动作衔接起来,并富有创造性与连贯性。

·开始和结束动作:开始和结束动作设计清楚,要与成套动作协调、连接流畅、自然;开始和结束允许出现托举动作,但不允许出现违例动作。

·配合和托举动作:动作设计巧妙、造型优美、完成流畅;成套动作中至少出现2次身体接触的配合动作;成套动作中托举的数量必须为3次。

·依次动作:运动员可以依次或分批做动作,任何一名运动员停顿节拍不超过1×8拍。

·动作设计不提倡选择难度动作,如出现此类动作,不予加分,对出现的错误予以减分。

·场地及空间:成套动作应均衡、合理、充分地使用场地和空间,要充分使用场地每一个区域充分利用三维空间和方向的变化。

·队形与路线:成套动作的队形变化应自然、迅速、流畅、美观、清晰。成套动作中至少出现6次队形变化,移动路线要合理使用四种以上(前、后、左、右、对角等)。

·违例动作:成套动作不允许出现违例动作。

·轻器械自编套路强调器械属性的运用充分、合理。

·成套动作步伐必须包括14个基本步伐及其变化步伐:踏步(March)、曼波步(Mambo)、一字步(Easy Walk)、V字步(V Step)、单并步(Step Touch)、后屈腿(Step Curl)、侧抬膝(Step Knee)、双并步(Two Step)、后交叉步(Grapevine)、向前走(Walk Forward)、脚跟前点(Heel Tap)、脚尖测点(Side Tap)、脚尖后点(Toe Back)、依次抬膝(Knee Lift)等14个基本步伐以及各种基本步伐的变形动作。

·步伐组合应体现各种基本步伐的强度、节奏、平面的变化,应以高低冲击动作为主。

·操化动作:以14个基本步伐组合上肢及身体其他部位的动作形式。操化动作应体现组合形式的多样性,动作变化的多样性和复杂性。

·轻器械自编操化动作强调要符合该器械的特点和动作规范,同时明确练习部位。

2.2.2 音乐(1分)

·音乐的选配应保持完整性,并与成套动作风格协调,有利于表现运动员的个性特点与技术风格。

·成套动作按音乐的结构、风格及乐句实现编排。

·成套动作的表演要与音乐风格相吻合。

· 音乐的质量、音效，要有专业水准和有意义。

2.2.3 风格与主题(1 分)

· 成套动作的编排要根据音乐风格、特点来设定一个表现主题或风格。

· 通过成套动作中的配合动作、表现力及音乐的含义来表达风格或主题。

· 主题可以表现剧情，是靠音乐、表演、服装、造型等元素来实现。

· 成套动作的主题是体现是否具有风格和观赏性的关键。

2.2.4 独创性(1 分)

· 成套动作的编排要突出独一无二的风格，风格是艺术创新的关键。

· 风格的主线要紧紧围绕健美操的特征，鼓励多元素编排的风格，纯粹的操化动作堆积是没有创造性的。

· 围绕健美操项目特征特点和器械组合的一切创新都是提倡的。

2.2.5 表演(2 分)

运动员动作表演要充分体现表现力、自信力和感染力，以及通过服装、音乐的合理使用，使成套动作形成良好的氛围及整体效果。

· 表现力：运动员通过娴熟的动作技巧、通过自身的活力、热情和全身心投入的激情来吸引观众的能力。

· 自信力：运动员充满自信的良好自我感觉。

· 感染力：运动员与观众目光持续接触的能力，并最终感染观众。

· 表演的动作应与音乐主题、风格融为一体，要与音乐的拍节相吻合、并配合乐句。

· 动作表演就是演绎音乐的内涵，要充分体现主题内涵，这是最值得倡导的表演。

2.3 完成情况的评分因素及标准

2.3.1 技术技巧：指完美完成所有动作的能力

· 身体姿态控制能力：在完成动作时始终保持身体正确姿态的能力。

· 动作的力度：成套动作的力度、爆发力、肌肉耐久力。力度是通过动作快速准确到位的延伸制动控制来实现的，动作要松而不懈、力而不僵。

· 动作的准确性：动作技术规范、部位准确、清楚，动作方向清楚，完美控制。开始与结束动作要清楚。运动员的节奏感与动作的韵律性应保持协调一致，完美体现动作的弹动与控制。

· 动作的熟练性：动作技术纯熟，轻松流畅。

· 动作的幅度：动作幅度要大，但要避免“过伸”动作和大幅度的反关节动。

· 器械使用的熟练性、正确性、有效性：不熟练，不正确，没有效果或相反效果的动作，给予减分。

2.3.2 一致性：指作为一个整体完成动作的能力

· 运动范围：整体完成动作时的运动范围一致。

· 动作强度：所有运动员完成动作应体现均衡与一致的运动强度。

· 表演技巧：所有运动员应具有一致的表演技巧。

2.4 评判长减分

A. 音乐问题

· 时间不足或超过规定时间 5″内　　　　减 0.5 分

·时间不足或超过规定时间 5″外　　　　　减 1 分

·音乐速度不符合要求　　　　　　　　　减 0.5 分

·音乐质量差　　　　　　　　　　　　　最多减 0.5 分

B. 出场

·运动员被叫到后 20 秒钟未出场　　　　减 0.5 分

·运动员被叫到后 60 秒钟未出场　　　　弃权

C. 运动员的着装仪容不符合规定　　　　减 0.5 分

·露出身体的隐私部位

·运动员没有着护体内衣

·运动员运动中露出内衣

·运动员怪异发型及肤色

·运动员头发遮盖脸部

·运动员发带、鞋带散开或脱落

·男或女运动员的着装与仪表不协调一致

D. 出界　　　　　　　　　　　　　　　减 0.2 分

E. 违例动作　　　　　　　　　　　　　减 1 分

F. 任何轻器械与运动员的结合失误按下列情况扣分：

·界内脱离器械扣 0.5 分。

·器械脱离界外，捡回器械，扣 1 分。

·器械脱离界外，运动员不捡起而继续做动作判为失去器械，扣 2 分。

·任何伤害到其他运动员的器械使用或失误，被判为严重失误，扣 2 分。

· 违例动作

为了保持健美操的特色，对不利于健身健美操发展的其他项目的表现形式，以及身体各关节过分伸展与过分弯曲的易损伤身体的动作应禁止使用。

·所有沿矢状轴或横轴翻转的动作。

·所有高于 30 度的水平支撑动作。

·任何与身体的自然姿态完全相反的动作。如：反背弓、背部挤压、膝转、足尖起、仰卧翻臀等。

·使用爆发性加速或减速动作。如：抽踢等。

·任何马戏或杂技动作。

·抛接动作：抛是指由同伴抛起或借助同伴的力量弹起至腾空位置，腾空是指一个人不触及地面或同伴。根据以上原则，违例动作举例如下：

体操动作类：	艺术体操和舞蹈类：
桥	挺身跳
躯干后屈	劈叉后屈体跳
各种滚翻	结环跳
各种倒立	站立后搬腿劈叉
各种软翻、手翻、空翻	鹿结环跳
屈伸起	膝转、颈转、背转

托马斯全旋

双腿全旋

水平旋转跳(旋子)

武术动作类:

侧踹

抽踢

其他:

躺地翻臀

跪地足尖起

• 纪律处罚

5.1 警告

对以下情况给予警告:

· 出现在禁止场地。

· 不文明的举止。

· 不尊重评判员和官员。

· 非运动员举止。

5.2 处罚

对无故弃权、罢赛、罢奖以及不服从裁决等违反体育道德行为举止者,取消名次、停赛一年、通报批评,并报上级主管部门备案。

• 特殊情况

6.1 以下被视为特殊情况

·播放错音乐带。

·由于音响设备而出现的音乐问题。

·由于设备问题而出现的干扰,如停电、舞台坍塌等。

·运动员责任外的情况而引起的比赛中断或终止。

·运动员在遇到以上情况发生时,应立即停止做动作,成套动作结束后提出的抗议将不被接受。

·根据评判长的决定,运动员在问题解决后可重做,原先分数无效。

上述情况以外的问题,将由总评判长根据情况解决,总评判长的决定为最后决定。

本规则解释权属教育部中国学生健美操艺术体操协会所有。

教育部中国学生健美操艺术体操协会

2005 年 6 月 6 日

参考文献

[1]肖光来.健美操.北京:人民体育出版社,2004

[2]王洪.健美操教程.北京:人民体育出版社,2000

[3]编委会组编.新世纪体育——健美操.北京:高等教育出版社,2005

[4]董治君.健身时空.哈尔滨:黑龙江教育出版社,2003

[5]马鸿韬,健美操运动教程.北京:北京体育大学出版社,2007

[6]健美操指导员培训教材.国家体育总局体操运动管理中心审定,2004

[7]全国大众健美操比赛评分规则.国家体育总局体操运动管理中心审定,2003

[8]大众健美操等级图解.国家体育总局体操运动管理中心审定,2004

[9]莫汉.纯粹瑜伽——印度瑜伽习练手册.北京:中国轻工业出版社,2005

[10]张蕙兰,柏忠言.瑜伽气功与冥想.北京:人民体育出版社,1996

[11]林敏.清心瑜伽.广州:广东教育出版社,2004

[12]林晓海.瑜伽经典教程.北京:中国纺织出版社,2007

[13]诺娃贝琳.瑜伽手册.北京:人民日报出版社,2004

[14]格林·霍斯特等.有氧训练教练员手册.北京:北京体育大学出版社,2002

[15]谭淑萍.实用踏板操.北京:人民体育出版社,1998

[16]王国勇.健身健美操指导手册.上海:上海财经大学出版社,2005

[17]张晓威.定向运动.北京:星球地图出版社,2003

[18]岳根强.定向运动.北京:军事谊文出版社,2004

[19]裴竞波等.游泳.北京:北京体育大学出版社,2004

[20]梅雪雄等.游泳.北京:高等教育出版社,2002

[21]吴绚华等.游泳.北京:高等教育出版社,1988

[22]梁凌.拉丁有氧塑身操.大连:大连音像出版社,2006

[23]肖昌等.激情拉丁操 .北京:农村读物出版社,2004

[24]谷丽霞.健美操·艺术体操·体育舞蹈·健美.济南:山东大学出版社,2003

[25]徐中秋,邱建刚.国际全明星啦啦队竞赛评分规则.成都:成都电子科技大学出版社,2006

[26]中国健身网——啦啦队.http:www.csara.cn

图书在版编目(CIP)数据

有氧健身教程/张颖主编．—济南：山东大学出版社，2008.9
ISBN 978-7-5607-3659-4

Ⅰ．有...
Ⅱ．张...
Ⅲ．气体代谢(运动生理)－健身运动－高等学校－教材
Ⅳ．G883

中国版本图书馆 CIP 数据核字(2008)第 146340 号

山东大学出版社出版发行
(山东省济南市山大南路 27 号　邮政编码：250100)
山 东 省 新 华 书 店 经 销
日照阳光广告彩印包装有限公司印刷
787×1092 毫米　1/16　11.5 印张　250 千字
2008 年 9 月第 1 版　2008 年 9 月第 1 次印刷
定价：20.00 元